공포와 불안의 심리학

달을 긷는 우물

공포와 불안의 심리학

2023년 3월 15일 초판 1쇄

지은이	폴 디엘
옮긴이	김성민
펴낸곳	도서출판 달을 긷는 우물
등록	2023년 02월 20일 제 838-06-02216호
주소	경기도 과천시 관문로 92 힐스테이트 과천중앙 101동 1621호
전화	02-6012-3319
e-mail	souyou67@gmail.com
홈페이지	https://blog.naver.com/puitsdelalune
ISBN	979-11-91335-04-0 03180
값	22,000원

Paul Diel
La Peur et l'angoisse
Copyright © 1956, 1968, 1985, Editions Payot,
© 1992, 2004, Editions Payot & Rivages
All rights reserved.

Korean translation copyright © 2023 by Editions Le Puits de la Lune

이 책의 한국어판 저작권은 Editions Payot& Rivages와 독점 계약한 도서출판 달을 긷는 우물 에 있습니다. 저작권법에 의하여 한국 내에서 보호를 받는 저작물이므로 무단 전재 및 복제를 금합니다.

공포와 불안의 심리학

폴 디엘 지음
김성민 옮김

역자 서문

    이 책은 『동기부여의 심리학』과 함께 저자 폴 디엘의 대표작에 속한다. 지난 1956년 이 책의 초판이 출판되었을 때 많은 독자들은 그의 독창적인 생각에 매료되었다. 그가 이 책에서 인간의 공포와 불안을 생물학, 천문학, 인류학, 종교학의 연구 결과들과 함께 진화의 관점에서 살펴보고, 새로운 형이상학을 전개하여 의미를 찾는 현대인들에게 새로운 길을 제시했기 때문이다. 그에 의하면 인간은 본능의 지배만 받는 다른 동물들과 달리 생각하는 동물(animal pensant)로서 여러 가지 욕망들 사이에서 조화를 이루려고 한다. 다른 동물들은 단세포생물로부터 유인원에 이르기까지 외부의 자극 때문에 생기는 흥분을 반사 행동을 통하여 해소시켰지만 인간의 수준에 이르러서는 단순한 반사(réflexe)에 머무르지 않고 반성(réflexion)을 통하여 좀 더 정교하게 반응하는 것이다. 내면세계에서 비롯되거나 외부세계의 자극 때문에 생긴 본능적 욕구를 즉각적으로 충족시키지 않고, 좀 더 정신적인 방식으로 처리하는 것이다. 그것은 인간에게 정신(esprit)이 생겼기 때문인데, 정신은 인간이 외적 환경뿐만 아니라 내적 환경에도 더 잘 적응하기 위해서 생긴 진화의 산물이다. 따라서 디엘은 인간의 역사는 진화의 역사이며, 인간에게 진화에의 충동은 생래적인 것이라고 강조하였다.
    생물학 연구에 의하면 모든 생명체는 외부에서 자극이 오면 그것이 감당할 만하면 그것과 맞서 싸우려고 공격하면서 반응하고, 감당할 만하지 못하면 도주(逃走)한다. 모든 생명체는 외부의 자극 앞에서 분노나 공포를 느끼면서 공격과 도주라는 전형적인 반응을 하는 것이다. 그러나 인간의 수준에 와서는 외부의 자극이 있을 경우 반성을 통해서 즉각적으로 반응하지 않고, 에너지를 유보(retention)하기도 한다. 그에게 있는 다른 욕구들과 조화를 이룰 수 있는 방도를 찾으면서 더 큰 만족을 얻으려고 하는 것이다. 디엘은 이런 에너지의 유보는 진화의 원동력이며, 인간을 정신화와 승화로 이끄는 중요한 기제라고 생각하였다. 사실, 인간의 반성 능력도 곤충들의 더듬이 작용이 진화된 것이다. 곤충들은 외부의 자극을 탐지할 때 더듬이를 사용하는데 그것이 정신의 영역에서 반성을 통한 암중모색으로 된 것이다. 같은 맥락에서 공격과 도주는 정신적인 영역에서 인력(引力)과 척력(斥力) 또는 사랑과 미움과 유비적인 관계에 있다. 사람들은 그의 생존에 도움이 되는 것들을 사랑하면서 가까이 하고, 도움이 되지 않는 것들은 미워하고 멀리하면서 반응하는 것이다.

한편 불안은 현존하는 위험 앞에서 느끼는 공포와 달리 위험이 없는 상황에서도 상상을 통해서 느껴지는 감정인데 디엘은 불안은 외부의 자극으로 인한 불쾌감을 없애고 평안을 누리려고 하는 고통이고, 삶의 방향감각을 상실하여 혼돈 속에서 살다가 올바른 방향을 찾아서 살려는 욕구에서 나오는 감정이라고 주장하였다. 불안은 사람들에게 불쾌한 감정이지만, 정신적으로 더 나은 선택을 하려는 정신 기제라는 것이다. 그러나 상상력이 고조돼서 생기는 병적 불안은 그와 다르다. 병적 불안은 사람들을 위축시키고 적응하지 못하게 하기 때문이다. 그래서 디엘은 이 책에서 병적 불안이 생기는 원인에 대해서 살펴보면서 불안이 사람들을 어떻게 더 성숙하게 변환시킬 수 있는가 하는 것에 대해서 살펴보았다. 그 자신 역시 깊은 불안 속에서 헤맸던 시절이 있었기 때문이다.

그러면서 디엘은 불안을 하위-의식(sub-conscient)과 상위-의식(sur-conscient) 사이의 갈등에서 비롯된다고 주장했는데, 하위-의식과 상위-의식은 그가 고안한 심리학 용어이다. 그는 현대 심층심리학의 선구자들인 프로이드, 아들러, 융의 영향을 받았지만, 그들과 달리 인간의 정신을 의식, 초-의식(extraconscient)으로 나누었고, 초-의식을 다시 무의식, 하위-의식, 상위-의식으로 나누었다. 그 가운데서 상위-의식은 글자 그대로 의식보다 높은 내용을 가진 심급(審級)으로 고상한 상상력의 원천이고, 직관의 산실이며 윤리적 특성을 가지고 있다. 그래서 상징으로 가득 찬 신화를 만든 것도 상위-의식이다. 디엘에 의하면 사람들에게 죄의식을 불러일으키는 것도 상위-의식인데, 죄의식은 사람들에게 고통을 주려는 것이 아니라 더 높은 정신성으로 나아가게 하려는 목적적 의미를 가지고 있다. 사람들이 그의 본질적 욕망을 망각하고, 지나친 물질적 욕망, 성적 욕망, 세속적 욕망에 빠져 있을 때, 그 욕망들을 비판하고, 그것들이 다른 욕망들과 조화될 수 있도록 촉구한다는 것이다.

그 반면에 하위-의식은 동물의 본능처럼 주변 상황들을 예측하고, 자동적으로 반응하면서 개체의 안전을 도모하려고 한다. 따라서 외부의 자극이 지각될 때 사람들에게는 먼저 하위-의식이 작용하여 생명을 보존하려고 한다. 그러나 하위-의식은 본능처럼 통제 불가능하고, 자아-중심성, 이기주의, 욕구의 맹목적 추구 등으로 전개되어 삶의 방향감각을 잃게 하면서 부적응을 야기하기도 한다. 그 결과 정신의 통일성이 깨지고 정신적 해리 등 병리 현상들이 생기는데, 디엘은 내적 성찰(introspection)을 통해서 하위-의식의 작용들을 규명해야 한다고 강조하였다. 그때 사람들을 병적인 상태에 빠트리는 것들은 허영심, 잘못된 죄의식, 다른 사람들에 대한 비난, 자기 자신에 대한 감상성 등이다. 이것들은 사람들의 본질적 욕망, 즉 욕망들 사이의 조화를 이루어서 좀 더 정신화된 상태로 나아가려는 진화적 충동을 망각하고, 본능적 욕구만 추구하려고 할 때 느껴지는 죄의식을 호도하기 위하여 악순환의 고리를 만들면서 정신체계 전체를 혼란에 빠트리기 때문이다.

그래서 디엘은 사람들은 생명의 본질적 부름인 진화의 충동을 직시하고, 명료한 의식 상태에서 욕망들을 조화시켜야 한다고 강조하였다. 그러나 사람들은 대부분의 경우 반쯤만 의식화된 상태에서 동물들의 본능과 다를 바 없는 하위-의식의 충동에 휩쓸리고, 그에게 진정한 만족을 가져다준다고 유혹하는 상상력에 휩쓸려서 물질적 욕망, 성적 욕망, 세속적 욕망을 추구하다가 죄의식과 불안에 시달린다. 그래서 디엘은 사람들이 숙고(délibération)를 통하여 인간의 본질적 욕망의 부름을 듣고 나아가야 한다고 강조하였다. 사람들이 삶의 진정한 기쁨(joie)을 맛볼 수 있는 것은 그 순간이다. 사람들이 생명을 본성을 따라서 살 때가 물질적이거나 성적인 욕구를 충족시킬 때보다 더 자기 자신이 살아 있으며, 생명의 긴 흐름을 따라서 의미 있게 산다고 느끼기 때문이다. 그가 사람들이 동물들처럼 즉각적인 반응을 하기보다 숙고를 통하여 에너지의 방출을 유보하라고 강조했던 것은 그 때문이다. 또한 디엘은 정신 건강을 위해서는 수용(acceptation)이 필요하다고 덧붙였다. 사람들은 그들이 처한 수많은 상황 가운데서 변화시킬 수 있는 것들은 변화시켜야 하지만 변화시킬 수 없는 것들은 받아들여야 한다고 주장했던 것이다. 그러나 많은 사람들은 변화시킬 수 없는 것까지 변화시키려고 하면서 여러 가지 난처한 상황에 빠져들고는 한다.

디엘이 인간의 내면에 진화에의 충동이 내재해 있다고 주장한 것은 생명의 신비에 대한 그의 사상 때문이었다. 그는 인간의 삶과 생명에는 이성을 통해서는 도저히 설명할 수 없는 신비가 존재한다고 생각하였다. 그것은 동물이나 사람들이 그의 생존에 필요한 먹이나 죽여야 하는 천적(天敵)들에 대해서는 학습을 통해서가 아니라 전-지식의 형태로 타고나며, 생명의 진화를 긴 안목에서 살펴보면 생명에는 어떤 방향을 향해서 나아가게 하는 목적성이 내장되었다고 설명할 수밖에 없다고 생각했던 것이다. 그래서 삶의 신비에 대한 체험은 사람들에게 정령숭배나 영혼에 대한 신앙, 신(神)에 대한 생각을 불러일으켰으며, 그것들은 세계 여러 민족들의 신화에 반영되어 있다. 그러나 디엘은 유물론자들의 절대 물질에 대한 생각을 배격하듯이 유심론자들의 절대 정신이나 신의 존재에 대해서도 배격한다. 그 대신 그것들을 삶의 신비에 대한 상징적 표현으로 읽을 것을 강조한다. 이렇게 볼 때, 디엘이 믿는 것은 생명체를 어떤 방향으로 이끌어가는 힘, 좀 더 진화시키려는 어떤 힘—진화는 여러 가지 욕망들을 조화시키면서 더 정신화되게 하는 것이다—을 믿는 것 같다.

그러므로 디엘에게 삶의 궁극적 목적은 그의 내면에 있는 진화의 충동(élan)을 따라서 욕망들을 조화시키면서 생명을 꽃피우는 것이라는 생각이 든다. 그런 생각에서 그는 인간의 내면에는 사람들을 그런 방향으로 이끄는 윤리적 법칙이 존재하는 듯하다고 강조하였다. 그래서 사람들이 그 법칙을 따라서 살 때, 그들은 그들이 살아 있다는 것에서 기쁨을 느낄 수 있고, 그의 삶은 의미 충만해진다. 그런 맥락에서 디엘은 삶의 기쁨은 삶에 대한 사랑과 같은 말이라고 주장하였다. 그런 기쁨을 누릴 때, 자신의 삶을 사랑하지 않을 수 없기 때문이다.

이렇게 볼 때 인간의 공포와 불안이라는 감정을 다룬 디엘의 심리학 서적은 심리학 서적이 아니라 형이상학을 다룬 철학 서적 같기도 하다. 그렇지만 이 책은 철학책처럼 딱딱하거나 당위(當爲)를 강요하지 않고, 내면을 관찰하게 한다. 그래서 여러 가지 면에서 디엘을 후원했던 물리학자 아인슈타인은 디엘의 이런 생각을 가리켜서 새로운 형이상학으로서 의미를 찾아서 고뇌하는 현대인들에게 새로운 빛을 던져 줄 수 있을 것이라고 극찬하였다. 아무쪼록 디엘의 사상이 많은 사람들에게 새로운 인도자-이상(idéal-guide)이 되었으면 한다.

2023. 1. 21.

月汀.

차례

역자 서문	4
서문	11
서언	13

제1부 고전 심리학과 내적 성찰의 심리학에서의 불안

제1장/ 정신내적 불안과 역동성   21
    불안의 원천   21
    정신내적 불안과 방법론적 연구   24

제2장/ 고전 심리학에서의 불안   42
    리보의 불안   43
    뒤마와 쟈네의 불안   62
    정신분석학에서의 불안   74

제3장/ 생명과학의 기반   87
    기계론과 목적론   87
    초월과 실존   89
    사고의 방법론적 기초에 대한 연구   100
    데카르트적 인식론으로부터 내적 성찰의 심리학으로   105
    방법론적 결론   113

제2부 불안과 진화

제1장/ 발달의 형태와 불안   123
    흥분성   123
    자극하는 것과 자극 받는 것   123
    유보   137

제2장/ 인간의 불안   148
    인간의 정신체계의 구조   148
    상상력과 인식   148
    의지와 사고   149
    의식적인 삶   150
    의식과 초-의식   152

제3장/ 불안과 불안의 초-의식적 변환   167
    상상력에 의한 도피   175
    병적 고뇌와 명료한 공격   182

제4장/ 죄책으로 인한 불안과 윤리적 해방   188
    죄책으로 인한 불안의 억압은 본질적 패배이다   193
    도덕은 쾌락의 경제학이다   196
    책임성   200
    내적성찰의 방법   202
    가치의 내재성   212

제5장/ 죽음에 대한 불안   220

서문

　모든 생명체들이 언뜻언뜻 느끼는 아주 심한 걱정(inquiétude)은 불안(angoisse)의 씨앗으로 사람들이 환경에 진화적으로 적응하는데 좋은 수단이 된다. 진화의 목표는 살아 있는 모든 유기체들이 그들에게 종종 적대적일 수 있는 환경에 대한 의존에서 비롯된 불만족을 극복하는 것이기 때문이다. 우선, 불안은 극복되어야 하는 내재적 욕구라서 진화적 현상이다. 불안이 병리적이고, 퇴행적 현상으로 되는 것은 인간이 의식적 선택을 할 수 있으며, 그에 따라서 실수를 저지를 수 있는 존재이기 때문인 것이다. 따라서 불안에 대한 연구에서는 유기적 측면을 소홀히 해서도 안 되지만 무엇보다도 먼저 내면적으로 깊이 경험되는 정신내적 현상이라는 사실을 잊어서는 안 된다. 불안과 불안이 가져올 수 있는 변환의 역동성에 대한 연구에는 내적인 관찰이 필요한 것이다. 그래서 그런 방법론을 충족시키기 위해서 저자는 정신기능을 단지 유기체의 부대현상으로 밖에 보지 않는, 현대 사회에 널리 퍼진 경향에 대해서 비판적인 입장을 취하였다.[1] 따라서 본서의 제1부에서는 불안에 대한 연구의 기반이 되는 여러 가지 다른 설명들, 즉 유심론과 유물론, 목적론과 기계론, 고전 심리학과 정신분석학 등을 살

---

[1]　불안의 중심적 현상을 두뇌 호르몬의 작용과 생리적인 면에서의 공동의 결정으로 보는 현대의 연구는 상당히 기뻐할 만한 것이다. 그러나 『그리스 신화의 상징주의』(1954)에 있는 "아스클레피오스의 신화"의 다음과 같은 글귀를 상기하는 것도 중요할 것이다. "이상적인 것은 정신적 동기뿐만 아니라 생리적 원인이 결합된 것이라는 사실을 깨닫는 것이다. 현대 정신의학의 혼란은 그것이 이 두 가지 분야를 같이 아우르지 못했다는 점에서 온다. 말하자면, 생리학적 분야에서 다 설명될 수 없는 것을 정신적인 것으로 설명하고, 정신적인 분야에서 다 설명될 수 없는 것을 생리적인 것으로 설명하지 못하는 것이다(제인 디엘의 주, 1978).

펴본 다음 본 연구의 기본적인 가설을 제시하였다. 저자는 신체뿐만 아니라 정신체계의 진화의 기반이 되는 생물학적 측면에서의 종합적 요인들을 찾으려고 했던 것이다. 이 책의 목표는 삶의 의미는 그 어떤 초월적이고, 형이상학적인 사변 없이 규정된다는 것을 제시하려는 것이다. 생명의 가치(삶의 방향과 의미)는 모든 자연적이고, 병적 형태의 불안을 극복하려는 노력, 말하자면 인간의 본질적 욕망에 있다. 생명은 욕망과 욕망 충족의 수단을 가치 있게 하고, 조화를 이루게 하는 정신의 명료성(lucidité de l'esprit)을 향하여 진화하며, 내재적 가치를 실현시킨다. 사람들은 그 자신이 책임져야 하는 이 발달에의 노력을 충분히 감당하지 않는 한 정서적으로 눈이 멀고, 불안해한다. 모든 형태의 마음의 병은 정감적으로 잘못된 가치 평가의 결과인 것이다. 왜곡되어 있고, 왜곡을 조장하는 잘못된 가치 평가의 경향은 사회적인 측면에서 개인을 혼란시키는 거짓된 위안, 즉 도덕화하거나 비도덕화하는 이데올로기들을 만들고, 개인적인 측면에서는 사회를 오염시키면서 거짓된 위안을 정당화하고, 잘못된 동기들을 만드는데, 그것들은 사람들이 무의미한 반응을 하는 내적 원인이 된다.

    그러나 의미 있게 진화하려는 본질적 욕망은 진화를 이끄는 고통을 통해서 지속된다. 그와 반면에 진화를 억압하면 개인적 불안은 여러 가지 병적 양태로 나타나고, 집단적으로도 위협적이고, 오해 받는 형태(통속화)[2]의 혼란을 초래한다. 유전적인 관점에서 볼 때, 과거의 진화는 미래의 진화에 대한 믿음을 제공한다. 우리 시대의 위대성은 우리에게 경계심을 촉구하고, 점점 더 커지는 혼란에도 불구하고, 인간의 진화적이고, 명료한 적응에의 욕구가 인간의 개인적 불안과 사회적 불안에 대한 연구를 촉구하고, 새로운 과학의 세기로 이끌 수 있는 출구를 찾도록 한다는 데 있다.

폴 디엘

---

2   cf. Paul Diel, 김성민 옮김, 『동기부여의 심리학』 (서울: 달을 긷는 우물, 2022), "통속화" 부분을 참조하시오.

서언

 심리학은 지금 형성 과정에 있는 학문이다. 심리학은 아직 안정된 자리를 확립하지 못하였고, 학문적 방법론도 다 찾지 못한 것이다. 이것은 심리학파들 사이의 내적 투쟁의 열기를 설명해줄 뿐만 아니라 어떤 종류의 약점, 즉 형성 과정 중에 있는 다른 모든 학문들의 특성이 심리학에도 존재한다는 사실을 설명해주기도 한다. 심리학파들 사이의 논쟁은 그것을 말한다. 그래서 심리학에서는 공동 연구가 이루어지는 대신 이론이 너무 다양해서 서로를 막고 있다. 실험심리학, 행동주의 심리학, 심층심리학 사이의 연구는 전혀 이루어지지 않는 것이다.
 물리학에서 이런 불화가 자란다면 사람들은 어떻게 생각할까? 예를 들어서 말하자면, 기계공학의 전문가가 그의 하위 분야에 대해서 거의 알지 못하거나 광학 연구자가 전자공학이나 음향학에 별다른 관심도 보이지 않고 그것들에 관한 연구를 못하겠다고 하면 어떻게 될까?
 심리학의 가장 기본적인 연구는 끊임없이 학파들 사이의 논쟁을 불러일으키는 비객관성에 관한 상호 비난의 비밀스러운 원인(내적 동기)을 파헤치는 것과 관계가 없지 않을까?
 심리학은 정신체계의 논리를 연구하는 학문이다. 말하자면, 사고의 객관성을 다룬다. 그런데 인간의 사고는 언제나 논리적이고, 객관적이지만은 않다. 그것은 주관성에 의해서 흐려지기 쉬운 것이다. 심지어 비논리성이 정점에 도달하여 오류가 진실로 여겨지기도 한다. 사실이 그렇다면, 내적 동기의 심리학이 아니면 어떤 학문이 필수적인 기본적 연구를 수행할 수 있을까? 객관성의 조건에 대한 분석과 사고라는 정신적 특성의 비객관성을 분석할 수 있겠는가? 정신의 자기-비판의 도움 없이 어떻게 그것을 할 것인가? 객관적인 자기-비판의 통일된 방법론의 부재 때문이 아니라면 학파들 사이의 이론 논쟁은 어디서 오는가?

심리학이 그것의 가장 중요한 구상(構想), 즉 생명의 과학이 되고, 의미 있는 행위의 과학으로 될 수 있게 된 것은 이 근본적인 요청을 감당하면서부터이다.

최근의 심리학자들 가운데서 가장 객관적이고, 혜안을 가졌던 윌리엄 제임스가 이런 상황에 대해서 『심리학 개요』(Précis de psychologie)에 요약한 것은 다음과 같다. "따라서 우리가 심리학이 자연과학이라고 말할 때, 우리는 심리학이 결국 단단한 기반 위에 기초를 두고 있다는 기대를 하지 않도록 조심해야 한다. 그와 반대로, 이 특성은 심리학의 취약성, 즉 그것의 모든 발화(發話)에서 형이상학적 비판을 하는 학문, 말하자면 그 가설과 기본적인 자료들이 개인적이고, 절대적인 가치를 가지기는커녕 그것을 넘어가는 이론들과 관계되고, 그에 따라서 다시 생각해야 하고, 재구성되어야 하는 학문의 취약성을 고발한다. 간단히 말해서, 심리학을 자연과학으로 만드는 것은 심리학의 권위를 고양시키는 것이 아니라 폄하하는 것이 된다. … 우리는 그 관계들을 설정하는 기본적 법칙들(우리가 가지고 있지도 않은)의 용어들조차 알지 못한다. 이것이 과학인가? 그것은 단지 희망이다. 우리에게는 이 과학에서 제외되어야 하는 자료들만이 있다."

"이 자료들과 관계되는 이론들을 수정할 수 있고, 심리학을 넘어서는 심리학의 기본적인 데이터들은" 인식론적 성격을 띤다. 인식론적 심화를 통해서 "기본적인 자료들을 생각하고, 새롭게 재구성하려는" 사람은 어느 누구나 모든 사람들에게 아주 심한 비난을 받을 위험에 처하게 된다. 윌리엄 제임스가 말하였듯이, 심리학이 현 상태에서 "그의 모든 발화 속에서 형이상학을 스며 나오게" 할지라도, 수정하려는 모든 시도들은 반(反)-과학적이고, 사변적이라는 비난을 받는다.

현재 형태의 심리학이 거의 예외적으로 정신병의 임상적 관찰로부터 이루어졌다고 말하는 것이 잘못된 말일까? 심리학은 고전적인 형태에서 볼 때 그 공헌을 결코 무시할 수 없는 위대한 정신과의사들의 작업이지만, 그것은 기본적인 연구에 거의 도움이 되지 않는다. 자연히 그들에게 정신질환은 무엇보다도 먼저 기질적 원인을 찾는 것이 중요한 (그것만은 아니었을지라도) 다른 질환들 가운데 하나였을 뿐이다. 거기에서 고전 심리학의 기반이 물질-신체를 심리적이고, 정신적인 것보다 우선시하는 유기체론(organicisme)이고, 정신적인 것을 희생시키면서 몸을 관찰하는 연구 방법이 유래하였다. 그러나 정신병리가 오직 기질적(organique) 원인에 의해서만 생기는 것이라고 선포된다면, 다른 모든 정신적 상태들, 즉 정신체계의 작용들 모두는 단지 기질적 원인에 의한 것이라고 여겨진다. 그런데 정신질환은 불안한 상태와 관계된다는 부정할 수 없는 특성 때문에 다른 기질적 질병들과 구별되지만 불안 자체는 순전히 기질적 상태로 알려져 있다. 그럼에도 불구하고 불안이 내면에서만 경험된다는 사실, 즉 부정할 수 없는 불안의 정신내적 특성은 우리에게 신중한 태도를 취하게 한다. 그러나 전체적으로 볼 때, 유기론자들의 가설과 임상적 관찰은 우리로 하여금 이 작은 함정을 뛰어넘게 하고, 거기에 걸려 넘어지지 않게 한다.

진실은 함정이 있는 불안의 문제가 사실 심리학과 심리학의 관찰 방법의 인식론적 기반의 바로 그 밑바닥에 있다는 데 있다.

불안은 정신적 현상인 만큼 기질적 현상이기도 하다. 이런 주장은 그 어떤 정신-신체적 유기체 반응의 출현에서도 마찬가지다. 심지어 가장 추상적 작용인 사고의 기저에도 의심으로부터 인식의 기쁨에 이르기까지 감정에 의해서 뒷받침되며, 그에 따라서 내분비적 반응이 동반된다. 내적으로 체험되는 모든 정신 작용들인 욕망, 의지, 사고 가운데서 불안은 기본적인 정동(émotion)과 가장 직접적으로 연결되어 있다. 불안은 내적으로 체험된다는 특성 때문에 정신내적 작용들 전체의 조화가 깨어졌다는 지표이며, 그 지표는 내분비적 측면의 고장과 몸에 문제가 생겼다는 것을 나타낸다.

불안에 의한 신체적 장애는 상해 때문에 생긴 것이라기보다는 경련성 체질에 의한 것이라는 점을 강조하는 것이 중요하다. 그래서 영향을 받는 장기(臟器)를 세밀하게 조사를 할지라도 그 어떤 신체적 기능장애도 찾지 못하는 경우가 많다. 이런 현상은 의학에 널리 알려져 있으며, "정신-신체적 증상"이라는 이름으로 분류된다.

정신의학은 불안이 가진 정신적 측면을 무시하면서 그 연구 대상의 성격에 따라서 오직 외부적 관찰에 의해서만 접근할 권리가 있는 과학 가운데 하나로 분류된다. 다시 말해서, 소위 객관적 방법론을 부여 받았다고 믿는 것이다.

심리학은 행동의 문제에 대한 외적 관찰을 통해서 과학의 영역으로 들어오려고 한다. 심리학의 이런 조사 방법론은 심리학의 과학적 가치의 기준으로 되었고, 그에 따라서 무시당했던 정신내적인 것들을 살펴보려는 모든 시도는 결국 반-과학적인 것으로 지탄받는다.

그러나 유기체론적 기반과 외적 관찰법은 가설(postulat)의 수준으로 잘못 고양된 것으로서, 단지 하나의 작업가설일 뿐이다. 예상했던 것은 언제나 그대로 실현되지 않는 법이다. 심리학과 심리학의 여러 분파들은 우리가 눈으로 보듯이 그렇게 과학적으로만 시행되지 않는다. 불안을 오직 기질적 측면에만 바탕을 두고 연구하려는 가설을 수정해야 하지 않을까? 그 가설은 하나의 도그마가 아닐까? 불안의 문제에 접근하는 방식에서 확인된 장애물은 우리가 그것을 받아들이는 만큼 무시해도 되지 않을까? 무시되었던 정신내적인 것들은 그의 욕망, 불안, 기쁨의 정신내적 자료들을 가지고 살 수밖에 없는 사람은 물론 그 목적이 정신에 대한 이해에 있는 과학 모두에 결정적으로 중요하지 않을까?

심리학은 연구 대상이 주체, 즉 살아 있는 존재라는 점에서 다른 모든 과학들과 구별된다. 주체를 하나의 대상으로만 연구하는 것은 과학 연구에서 본질적 목표, 즉 생명을 제거하는 것이 되지 않을까? 그것이 내적으로 겪는 불안이 아니라면, 사람들에게 본질적인 불안은 어떤 것일까?

　정신내적인 것의 존재는 그것이 정말 내적으로 체험되기 때문에 완전히 무시해버리기에는 너무 분명하다. 또한 심리학은 정신내적 기능들의 특성을 지닌 어휘들을 사용한다. 우리는 감정, 의지, 사고 등의 존재를 부정할 수 없는 것이다. 그러나 우리는 그것들의 내적 특성과 반응의 범위를 분명히 하려고 하기보다는 내적 자료들을 여러 가지 다양한 실험적이고 임상적인 관찰 과정에서 나온 불명확한 용어 속에 내버려두려고 한다.

　더 나아가서 이런 다양한 연구 방향들이 각자의 영역에서 가치 있는 결과들을 이미 얻었다는 사실을 강조하지 않는 것은 옳지 않다. 외적으로 관찰 가능한 행동은 과학 연구에 생리적, 생물학적, 사회학적 계열의 복합적인 문제들을 제기하는 것이다. 그러나 이 모든 문제들에는 심리학적 측면이 있다. 인간의 반응성(réactivité)이 외부(환경과 몸)에서 오는 자극에 대한 반응인 것은 틀림없다. 그러나 이 반응은 동기화하는 평가로부터 만들어진 정신내적 작업이다. 일상생활에서—다른 사람으로부터 관찰된 반응을 볼 때—어느 누구도 그가 미리 자신 안에서 감지한 다음 그것이 관찰 대상이 되는 내적 동기라고 결론 내리지 않을 수 없는 것이다.

　이렇게 설명하는 방식은 심리학자들에게 심리학적 재능이 완전히 부족하다는 것을 보여준다. 그리고 소위 객관적이라는 방법을 위하여 정신내적인 것이 완전히 억압되어야 한다는 것을 받아들일 이유는 전혀 없다. 또한 그것은 종종 임상적이거나 실험적인 관찰을 통해서 얻은 물질적 설명을 하는데 어느 정도 고백적인 방식으로 중요한 역할을 한다. 심리학의 모든 분파들에 암묵적으로 존재하는 공통적 기반인 정신내적인 것들 가운데 어떤 것들은 분명히 내적인 작용에 대한 연구에 특별히 주의를 기울이게 한다. 그러나 명시적으로 받아들여진 기반(유기체론적 도그마를 과학적인 것으로 여기는)에 대한 충성 때문에 내적으로 체험한 것을 분석하려는 시도들은 그 심층적인 의도들까지 규명하는데 이르지 못한다. 분석학파들까지 연구 대상에 알맞은 특별한 방법을 고안하는 대신 단지 불안해하는 환자 속에서 내적으로 체험되는 것을 살펴보려고만 하는 것이다. 따라서 그것은 오직 외부에서 관찰되는 것(현재나 과거의 외상)에 대한 조사의 대상이 될 뿐이다.

인문과학의 유기체론적 기반과 그 결과, 말하자면 외적 관찰이라는 도그마는 다음과 같은 사이비-논법에 의한 것이다: 주체에 대한 관찰은 주관적인 것이다: 따라서 모든 과학, 심지어 심리학도 주관성을 피하기 위하여 오직 대상(몸, 환경, 타자)에 대한 관찰에 의해서만 수행되어야 한다. 그러나 그 결과는 전제가 모순되지 않을 경우에만 반박할 수 없을 것이다.

이 연구의 의도는 불안의 다양한 표현들을 그것들의 정신내적 원인(동기화)에 따라서 분석하는 것이다. 그렇게 하기 위하여, 나중에 더 근본적으로 공격할지라도, 무엇보다도 먼저 주요한 장애물을 앞에 두고 분석 계획을 그 앞에 제시해야 한다.

그러나 이제부터는 과학적인 것이라는 말의 기준이 현재 사용 중인 방법에 있으며, 그 방법으로 접근할 수 없는 현상들을 배제시키는데 있지 않다는 것을 힘주어 강조해야 한다. 과학의 목적은 현존하는 어떤 현상들에 대한 진리를 탐구하는 것이고, 그에 따라서 내적 기능을 연구하는 것이기 때문이다. 거기에는 아무리 그것이 새롭고, 특이할지라도 적절한 방법을 고안해야 한다.

제1부
고전 심리학과 내적 성찰의 심리학에서의 불안

제1장
정신내적 불안과 역동성

불안의 원천

"불안"(angoisse)이라는 용어는 일반적으로 너무 광범위하거나 그와 달리 너무 제한되게 쓰여진다.

너무 광범위하다는 말은 불안이 흔히 공포와 혼동되기 때문이다. 하지만 불안의 독특한 특징은 우리가 앞으로 전개하는 과정에서 분명하게 드러날 것이다.

너무 제한적이라는 말은 그 용어 전체에 정신질환을 구성하는 부정적 측면만 담겨져 있기 때문이다. 하지만 병적 불안은 근본적인 "고뇌"(angoissement)[3]의 한 측면만 나타낼 뿐이다. 병적 불안은 매우 주목할 만한 형태이지만 불안의 모든 것을 나타내지는 않는다.

이런 주장이 얼핏 보기에는 모순되는 것처럼 보이지만, 불안은 본래 인간의 발달에서 매우 중요한 현상이다. 그러나 그것이 아무리 주목할 만할지라도, 병적 기능들은 본래 인간의 발달이 오랜 과정을 걸쳐서 이루어진다는 특성 때문에 감지하기가 여간 어려운 것이 아니라는 것을 감안해야만 한다.

산다는 것은 느끼는 것이고, 느끼는 것은 불만족 상태와 만족 상태 사이를 오가는 것이다. 이 반대되는 상태는 인간의 수준에서 불안과 기쁨이라는 분명하게 구별되는 감정의 형태로 나타난다. 인간의 삶에는 진화의 뒤늦은 산물로서 감정의 범위가 있고, 기쁨과 불안 사이를 오가는 진동을 가

---

3 "고뇌"(苦惱)라는 용어는 불안 현상 전체를 가리키려고 사용된다.

지고 있는데, 그것은 동물의 삶을 지배하는 기본적 정동성(émotivité)을 가지고 생각해야만 유전적으로 이해 가능하다. 인간의 수준에서도 분화된 감정들은 부분적으로 무의식적이고, 정동적인 것이다. 그것들은 의식적으로 더 명료하게 인식되고, 앞을 예견하면서 의지적으로 통제되기를 바란다.

발달의 관점에서 볼 때, 삶에는 근본적인 걱정(inquiétude), 즉 불안의 싹을 극복하는 것 이외에 다른 것이 있을 수 없다. 걱정은 매우 중요한 욕구의 충족을 방해하려는 주변 세계에 따라서 일어나기 때문에 살아 있는 모든 존재의 공통적인 특성을 담고 있다. 사람들이 즉각적으로 경험하는 걱정과 그것을 매개하는 세계 사이에는 몸이 있다. 걱정은 신체적인 것들을 통해서 나타나는 것이다. 그러나 걱정은 마음에 새겨지지 않는 한 생기지 않는데, 그 새겨진 것이 바로 정신적인 삶이다. 신체적인 것과 정신적인 것은 처음부터 분리되지 않고, 그것들은 인간 발달의 모든 과정들 속에 남아 있다. 그것은 생명체가 적대적 환경에 적응하려는 노력인 것이다.

생물학은 신체의 진화적 적응에 대해서 연구한다. 그러나 형태적 변이는 외부에서 관찰하는 것에서 벗어난 정신적인 삶과 관계되는 중요한 변환을 확인할 수 있는 지표이다. 사람들이 근본적인 걱정을 극복하면서 적응하려고 노력할 때, 정신적인 측면에서 더 예민한 형태가 만들어지고, 삶의 점점 더 커지는 복잡성은 새롭고, 불안한 어려움들을 만들어낸다. 우리 삶에서 어쩔 수 없는 걱정들은 수많은 불만족들을 낳고, 더 많아지고 강화된 불안이 불가피하게 뒤따른다. 그래서 더 명료하고, 의지적인 정신 기능이 요청된다.

고뇌에 찬 걱정은 정신적 형태로 나타난 진화의 동력이다. 그것은 불안이 변환의 촉매로 작용하도록 역동적으로 작용한다. 불안의 생물-유전적 역동성은 진화 과정에서 스스로를 진정(鎭靜)시키려는 수단을 찾다가 동물의 본능적인 예견 능력을 창조하였다. 그러다가 진화의 추진력을 따라서 결국 좀 더 높은 정신체계의 기능을 낳았다. 그것이 인간의 반(半)-무의식적, 반(半)-의식적 정신 구조이다. 이 구조의 단일한 기원이 근본적 걱정이기 때문에 그 구조는 단일체, 즉 "전체"로 되어 있다. 그 구조는 진정을 찾는데 더 효과적이고, 더 명료하기 때문에 더 위에 존재한다.

진화의 매개체인 정신적 고통과 불안은 인간의 수준에서만 발견되는 병리적 고뇌와 달리 자연스러운 현상이다.

인간의 불안은 자연스러운 상태에서 한편으로는 불만족한 가운데서 가장 강력한 만족인 기쁨(성격이 건강하게 발전해서 승화하는)을 가지고 평안을 누리려는 고통이고, 다른 한편으로는 방향을 상실하여 감정적으로 맹목적인 가운데서 명료한 방향(올바른 생각을 가지고, 정신화 된 상태)을 찾아서 더 발달하려는 분투이다. 그러나 사람들에게는 반-의식적 수준에서 불안을 조장하는 역동인 또 다른 분열이 생긴다. 평안을 가져다주는 수단은 자동적으로 생기지 않고, 오류가 있을 수 있는 반성(réflexion)을 통해서 생기는 것이다. 불안의 역동은 발달적인 것만이 아니라 퇴보도 가져다주는 것이다. 정신적으로 발달하려는 노력은 불안의 경감을 가져오기 때문에 이런 노력을 일부러 게을리 하거나 덜하면 불안이 진정되기보다는 고조된다. 정신화-승화 대신 퇴폐가 생기는 것이다. 불안의 퇴폐적 고조는 단지 고통의 형태로만 나타나지 않고, 삶의 치명적인 방향감각 상실로도 나타난다. 불안이 고조되면 사람들은 정신이 나가고, 건강하지 않게 되며, 병적인 상태에 빠지는 것이다. 불안은 인간적인 수준에서 정신의 발달을 가져오기도 하지만, 불안이 지나치게 병적으로 되고, 퇴화되면 정신적 왜곡을 가져오고, 개인적으로는 물론 사회적 질서를 병적으로 만드는 것이다.

그러므로 심리학의 진정한 과제로서 정신 기능의 이해는 불안의 싹인 근본적인 걱정으로부터 시작하여 더 높은 기능의 진화적 기원과 퇴폐의 위험을 살펴보는 것으로 된다. 극복을 했거나 고조되었거나 할 것 없이 모든 불안의 형태들은 중요한 걱정과 변환의 역동이라는 공통의 뿌리를 가지고 있다. 인간의 여러 가지 불안들과 기쁨들은 서로 독립적으로 존재하지 않는 것이다. 그것들은 모두 어떤 때는 승화를 가져오고, 어떤 때는 퇴폐적으로 되는 부단한 정신내적 작업의 결과들이다. 이런 승화와 퇴폐는 미래 행동의 동기가 된다. 인간의 동기들은 반(半)만 명료한 반성에서 나온 것으로서 결코 정적(靜的)이지 않다. 승화가 퇴폐로 될 수 있고, 퇴폐가 승화로 나아갈 수도 있다. 인간의 운명은 끊임없는 정신의 변환에 달려 있는 것이다.

정신의 내면에서 경험되는 불안은 삶의 가장 중요한 문제이다. 불안을 생물학적-정신적 뿌리로부터 시작하여 부분적으로 의식에 느껴질 수 있는 다양한 형태에 이르기까지 이해하는 것은 인간의 진화적 충동을 이해하려는 것이다. 그래서 그것은 그 실현 방법까지 살펴보면서 그것을 통하여 삶의 의미와 삶에 내재된 가치를 탐색하려는 것이 된다.

정신내적 불안과 방법론적 연구

우리는 여태까지 여러 가지 가설들을 종합적으로 살펴보았다. 이런 가설은 우리가 충분히 고려할 만한 가치를 지니고 있다. 그러나 그것이 입증 가능할 것인가? 그것을 입증하려면 그것이 동물의 삶에서부터 인간의 삶에 이르기까지 아주 자세하게 확인될 수 있도록 살펴보아야 한다. 이 연구가 하려는 것은 바로 그것이다.

정신의 내면에서 경험되는 정신내적 불안을 파악하고, 세밀하게 분류하려면 정신의 내면을 꿰뚫고 들어갈 수 있는 탐구 방법이 필요하다. 그런데 문제를 제기하고, 과학에 방법론을 제시하라고 하는 것은 삶 자체다. 작업가설이 올바를 경우, 직접적으로 경험되는 불안은 삶이 과학에 제기하는 중심적인 문제가 될 것이다. 정신의 발달에는 불안을 극복하려는 목적 이외에 그 어떤 다른 것도 없기 때문이다.

정신내적 불안은 강한 동기력으로 작용한다. 그래서 그 진정한 특성을 이해하려면 내적 동기화 전체를 연구해야 한다. 내적인 삶을 구성하는 모든 현상들을 연구해야 하는 것이다.

그 점에 있어서, 우리가 여기에서 말하는 가설들은 동기화에 대해서 먼

저 연구한 결과라는 것을 지적해야 한다.[4]

　어느 누구도 내적인 삶의 존재에 대해서 부정할 수는 없다. 어떤 방법을 통해서 그 연구를 거부하려면 상당한 대가를 치러야 한다. 심리학적 관찰은 정신의 내면에 체계적으로 접근할 수 없기 때문에 기질적 불안에 대한 연구에 제한되어 있다. 그래서 다른 모든 과학 연구와 마찬가지로 논증을 더 전개하기 위하여 관찰한 것들을 종합하기에 충분히 넓은 기반을 발견하여 결국 법칙들을 수립하는 데까지 나아가지 못한다. 우리는 정신기능을 일반적이고, 유전적인 방식으로 설명하려고 정신내적인 것을 점점 더 그렇게 분석하려는 혁신적 경향이 확산되는 것을 본다. 현존하는 모든 형태의 정신분석학은 그런 목적을 가지고 해석 방법을 사용하는데, 우리는 그것이 고백되지는 않았지만 일종의 내적 성찰의 방법을 사용하지 않았는지 질문할 수 있다. 그러나 객관성이라는 이상에 서 있는 고전 심리학은 그들을 비난한다.

　다른 모든 정신적 탐색들과 구별하기 위하여 동기부여의 심리학은 처음부터 가설로 제시된 것들을 가지고 동기들에 대한 연구를 하며, 분석한다. "내면에 대한 관찰"에 집중하는 것이다.

　고전 심리학은 객관성의 원리로 '외부로부터의 관찰'을 주장한다. 그것은 비-객관성의 원리를 자기-관찰에서 보고, 그것을 병적인 것이라고 규정하는 것이다.

　내면에 대한 탐색 방법으로서 내면의 관찰은 주체(sujet)의 내면 깊은 곳에 있는 불편부당한 정신의 특성을 살펴봄으로써 객관성을 추구한다. 내면의 관찰은 체계적으로 안내하면서 비객관성의 원리, 즉 편파성이 병적인 내적 성찰에만 해당되는 것이 아니라는 것을 보여준다. 또한 편파성은 외부세계에 대한 관찰에도 비-객관성을 띠게 한다. 특히 다른 사람에 대한 관찰, 즉 다른 사람의 행동을 관찰할 때도 어느 정도 편파성이 나타난다.

4　Paul Diel, 『동기부여의 심리학』 (서울: 달을 긷는 우물, 2022).

편파성은 내적 "고뇌"에 의한 맹목적이고, 방향을 상실한 정감(情感)의 결과이다. 객관성의 원리는 정감의 정화로부터 얻은 주체의 객관화에서만 얻어지는 것이다. 이 둘 사이의 공통점은 관점의 차이가 어떻든지 간에 서로의 합의점을 찾을 수 있다는 희망을 주는 객관성에 대한 근심이다. 그러므로 고전 심리학의 관점에서 선택한 입장을 취하기 위하여 일시적으로나마 불안을 표시하지 않아야 한다.

내면의 관찰은 병적인 내적 성찰과 혼동되지 않아야 하는데, 병적인 내적 성찰은 모든 종류의 객관성과 반대된다. 그러나 병적인 내적 성찰이 있다고 해서 객관적인 내적 성찰을 하지 못하라는 법은 없다. 그것은 오히려 피해야 하는 잘못을 보여줄 뿐이다. 이런 잘못은 잘 살펴보아야 한다. 그것이 그 자신에 대한 비-객관성의 원인이고, 그의 정신체계와 작용에 대한 비-객관성의 원인이기 때문이다. 병적인 내적 성찰은 병적 불안의 결과인데, 심리학자는 비-객관성에 빠지지 않도록 내적 성찰을 하지 말아야 한다고 주장하기도 한다. 그러나 이것은 병적 불안이 모든 사람들에게 어느 정도 존재하고, 극복될 수 없다는 사실을 보여주는 것이 아닐까? 왜곡된 불안은 모든 사람들의 깊은 내면에 있으며, 심지어 심리학자도 불안해 한다는 사실의 확인은 심리학의 뛰어난 통찰이다. 이런 확인은 심리학의 진정한 문제를 말해 준다: 모든 사람들에게 정신내적 불안(angoisse intrapsychique)이 존재한다는 것이다. 사람들이 객관적으로 되지 못하게 하는 원리인 정신내적 불안을 극복할 수 없다는 것은 정신내적 불안을 내면에 대한 불안으로 변환시키고, 그렇게 함으로써 심리학의 진정한 문제에 접근하지 못하게 하며, 해결하지 못하게 하는 것은 아닐까?

그러나 심리학을 제일 처음 비판했던 오귀스트 콩트가 내적 성찰이 없이는 심리학이 불가능하다는 것을 깨달았지만, 내적 성찰이 병적인 것이 아니라면 주관적인 것이 틀림없다고 믿으면서 그 어려움을 해결하기 위하여 심리학을 과학의 영역에서 완전히 제외시켰다. 그래서 고전 심리학은 그런 비판을 받아들이면서 자기-정죄에서 벗어나려고 내면의 관찰에서 벗어나려고만 한다.

우리는 여기에서 내면의 관찰을 타기시하는 서로 화해할 수 없는 하나의 독특한 교리에 빠져서 분열된 과학이 보여주는 당혹스러운 광경의 역사적 원인을 본다. 하지만 이런 만장일치적 지탄은 심리학에 아무 도움도 주지 못한다. 이렇게 이구동성으로 하는 지탄은 심리학 연구의 가장 특별하고, 효과적인 수단을 부당하게 비난하는 오류이다. 내적 성찰에 대한 정죄는 그것이 정당화되든지, 정당화될 수 없든지 간에 심리학에 좋지 않은 영향을 미친다. 내적 성찰이 잘못된 것이라면, 그것은 본래 내적 특성이 있는 대상에 대한 연구를 하지 못하게 함으로써 심리학의 진정한 인식 가능성, 즉 심리학의 과학적 연구 자체에 의문을 제기하게 한다. 그 반면에 그 정죄가 정당화될 수 없다면, 그 비난은 객관적 판단으로 위장한 주관적 편견의 결과로 드러날 것이다. 그러므로 그것이 너무 집요해서 정신체계에 대한 연구의 중심을 차지할 정도로 된 편견의 특별한 성격이 어디에서 비롯되었는지 자문해 보아야 한다. 그러나 어느 누구도 그런 비난을 귀담아 들으려고 하지 않는다. 여기에서 이런 포기 반응은 내적 불안의 결과일 수 있으며, 그 성격은 정신내적 불안의 다양한 형태들에 대한 현재의 연구가 진행됨에 따라서 점점 더 분명해 질 것이다.

이제부터 우리는 내면의 관찰이 사실 사람들에게 가장 자연스럽고, 가장 필수적인 작용이며, 그런 이유 때문에 그것은 보통 본능적이고, 무의식적으로 이루어진다고 주장할 수 있다. 음식과 소화가 몸에 필수적이듯이 내적 성찰은 정신에 필수적이다. 정신체계, 즉 욕망, 의지, 사고 등 정신 작용 전체는 흥분의 유입에 의해서 자양분을 공급받고, 그것들이 질서 있게 작용하도록 한다. 외부적 자극에 의한 흥분은 정신내적 작업에 의해서 처리되는 것이다. 그것을 위하여 어느 정도 내적 성찰에 의한 주의가 기울여져야 하지만 많은 것들은 일반적으로 의식의 문턱을 넘지 못한다. 분명하게 하는 정신의 기능으로서 "정신내적 소화 작용"은 건강한 형태 아래서 명료성(lucidité)을 지향한다. 그러나 그것의 본능적 작업은 충분히 명료하지 않은 반성으로 인한 내적 성찰 때문에 방해 받을 수 있다. 그것으로부터 정신 체계의 모든 병적 왜곡의 진정한 원인인 병적인 내적 성찰이 생긴다. 따라서 정신의 본성으로서 왜곡의 원인을 이해하고, 내적 성찰을 규명하는 것은 하나이고, 같은 것이다. 본능적으로나 의식적으로 내적 성찰을 미리 하려는 목적은 앞으로 하려는 행동의 동기가 될 뿐만 아니라 (그렇게 함으로써 인간관계와 사회적 활동의 측면에 도움이 된다) 서로를 이해하거나 오해하는데도 영향을 미친다. 다른 사람을 움직이게 하고, 자기 자신의 내적인 노력의 결과로서 자신의 성격을 규정하려는 동기들은 투사적인 내적 성찰에 의해서 밖에는 이해되지 않는다. 말하자면 그 전에 자기-관찰에 의해서 얻어진 본능적이거나 명료한 인식의 투사에 의해서 얻어지는 것이다. 병적인 내적 성찰은 그 자신과 다른 사람에 대해서 병적인 해석을 하게 한다. 명료한 자기-관찰만이 다른 사람의 성격과 의도들을 명료하게 파악하게 하는 것이다. 다른 사람의 성격에 대한 해석은 자기-관찰이 체계적으로 될 때에만 객관적이고, 과학적으로 된다.

  그러므로 문제의 범위는 그의 그 자신과의 관계를 넘어선다. 그것은 사람들 사이의 상호-반응으로 확장되는 것이다. 이것은 심리학자는 아니었지만 모든 종류의 연구를 강하게 꿰뚫어 볼 수 있었던 위대한 과학자가 제기한 다음과 같은 판단에서도 뒷받침된다. 이것은 알버트 아인슈타인이 저자에게 보낸 1946년 6월 2일자 편지를 독일어에서 옮긴 것이다. "우리가 '객관적인' 것이라고 부를 수 있는 유일한 심리학적 방법론은 파블로프와 행동주의에서 사용하는 방법론이지만 그것들은 단지 정신현상의 표면만 연구할 수 있을 따름입니다. 다른 모든 정신적 조사 방법들 가운데서 내적 성찰, 다시 말해서 내적으로 체험된 정신적 표현들을 의식화하는 것은 간접적인 방식으로나마 본질적인 역할을 하지 않을까 합니다. 엄밀하게 말해서, 나는 심리학적 인식의 주된 원천을 은폐하려는 현재의 풍조에는 문제가 있다고 생각합니다."

정신내적 불안을 연구할 때 어떤 방법론을 적용할까 하는 걱정을 하지 않으면서 연구할 수 있다면 얼마나 좋겠는가? 내적 성찰의 문제는 심리학이 태동되었던 까마득한 시원(始原)에서부터 심리학에 내재해 있었다. 그리고 그것을 제대로 활용하지 못했던 것이 오늘날까지 인문과학의 발달을 방해하고 있다. 그 결과 "그대 자신을 알라"라는 신화적이고, 철학적인 기술은 자신에 대한 인식을 인간에 대한 탐구에서 가장 비과학적인 것으로 비난받는 저주로 대체되었다. 과학적 평가의 기준은 이제 자기 자신에 대한 인식을 체계적으로 살펴보기 위하여 과학-이전의 단계를 뛰어넘는 대신 본래 인간과 인간의 운명을 고찰하려고 추구했던 깊은 직관을 근본적으로 거부하는 방식으로 이루어졌다. 인간의 문제의 본질적 측면에 대한 심층적 고찰은 어느 정도 무시되었다. 그러나 내면에 대한 관찰을 옹호하는 사람들이 가장 저명한 심리학자들 사이에서 계속 이어져 왔다는 것은 흥미 있는 일이다. 오늘날까지 심리학사에서 그렇게 주장했던 수많은 증언들을 모두 다 열거할 수는 없을 것이다.

여기에서는 단지 저명한 정신과의사 바룩(H. Baruk)의 주장을 소개하는 것으로 충분하다. "관찰자들은 이런 객관적인 방법을 가지고 그 현상들을 움직이는 내면의 삶에 조금도 참여하지 않으면서 연구한다. 이런 연구 절차는 물질적 계열로 이루어진 표출에 대한 연구와 외부에서 어느 정도 냉정하게 분석해야 하고, 측정 요소가 포함된 기본적인 심리학적 요인들에 대한 연구에서는 탁월하다. 그러나 이 방법을 가지고 어떻게 개인들과 사회 전체를 움직이게 하는 심층적 감정들을 이해할 수 있을까? 선과 악의 반응들을 이해할 수 있겠는가? 하는 말이다. 예를 들어서, 공평무사한 것과 그렇지 않은 것에 대해서 연구하려는 관찰자를 생각해 보자. 그가 만일 불공평한 처사 때문에 고통 받은 적이 없었다면, 그는 아무렇지도 않게 그에게 나타나는 갈등들의 세밀한 점에 이르기까지 관심을 가지고 조사할 수는 없을 것이다. 그의 내면에 불공평에 의한 고통을 줄이려는 강력한 정감적 동력이 없다면, 그는 그 어떤 시도도 하지 못할 것이라는 말이다."⁵ 그는 또 이렇게 말하였다. "우리는 왜 그런지도 모르면서 어떤 사람에게 어떤 인상을 받고, 어떤 경향을 느낄 수 있다. 이런 인상을 주는 정신적 요인들은 모호하고, 잠재의식적이지만, 그럼에도 불구하고 작용한다. 그러나 그것들은 조금씩, 조금씩 분명해진다. 이 인상들은 적어도 사람들에게 좋거나, 좋지 않은 기억을 남겼던 여러 가지 상황들이나 태도와 관계될 수 있다. 그때 그것은 이제 더 이상 막연한 인상이 아니다. 그리고 사람들은 그들이 왜 그랬는지 알게 된다. 그때 질문은 그치게 된다. 잠재의식에서 의식으로 넘어가는 것이다. 이 작업은 무엇보다도 먼저 초점을 맞추고, 반성하는 정신적 작업을 제안한다. 더 나아가서 그 작업에는 자기 자신에 대한 완벽한 성실성이 필요하다. 우리는 우리의 약점들을 더 잘 알고, 그 원인들을 찾아서 공포를 느끼지 않고 발견할 수 있도록 그 존재를 부정할 수도 있는 인상들이 의식에 떠오르는 것을 두려워해서는 안 된다. 이것이 우리 인격에 조화를 이루고, 우리 자신을 통제하고, 그 결과 자유를 얻을 수 있는 필수 조건이다."⁶

이것이 내면의 관찰에 대한 변호가 아니라면, 무엇인가? 이 인용문이 그 절차를 정확하게 기술했는지 여부는 그렇게 중요하지 않다. 몇 줄 안 되는 문장에서 그 방법을 모두 기술하기는 불가능하기 때문이다.

그럼에도 불구하고 여기에서 이 인용문을 소개한 것은 무엇보다도 먼저 이 인용문이 정신의 내면성에 대한 모든 관찰의 본질적 조건을 완벽하게 나타내기 때문이다: 우리의 약점들을 더 잘 알고, 그 원인들을 찾아서 공포를 느끼지 않고 발견할 수 있도록 의식에 떠오르게 하는 것을 두려워해서는 안 되는 것이다. 이 구절이 말하듯이, 내면에 대한 관찰의 어려움과 그것을 체계적으로 시행하는데 따르는 혐오는 모든 사람들의 내면에는 한 사람의 예외도 없이 자신의 약점을 부정하려는 경향이 있다는 사실에 있다.

5　H. Baruk, *Psychiatre morale, expérimentale, individuelle et sociale*, Paris, PUF, 1950, 7.
6　*Ibid.*, 168.

자신의 약점에 대한 확인은 그에게 객관적으로 그 사실을 감당할 수 있는 정신력이 부족할 경우 참을 수 없는 고통, 말하자면 공포에까지 이를 수 있는 불안을 불러일으킨다. 그 자신의 수많은 약점들에 대한 고백 앞에서 느껴지는 공포는 오직 정신내적으로만 체험될 수 있다. 그것은 그 어떤 외적 관찰로도 파악할 수 없는 가장 본질적이고, 가장 내면적인 감정이라는 말이다. 우리의 행동은 단지 상황적인 어려움 때문에 생기는 여러 가지 약점들만 나타낼 뿐이다. 그러나 이 다양한 약점들이 아무리 외적으로만 확인될 수 있을지라도 그것들 역시 정신내적 원인 때문에 생긴다. 그것을 방어하려는 에너지가 근심, 초조, 협박, 양심 등 여러 가지 우발적인 불안 때문에 억제되거나 흡수되는 것이다. 따라서 고백해야 하는 불안은 그 안에 모든 우발적이고 다양한 부정적인 에너지가 농축된 본질적인 형태의 불안이다. 그러므로 그 자신에 대한 진실을 이렇게 부정하려는 경향의 극복, 다시 말해서 종종 결함이 있는 인간 행동의 내적 원인을 부정하려는 경향을 극복하는 것은 여러 가지 불안(이것이 결함의 은밀한 동기들이다)들을 정신화된 고백이 되게 한다. 그들을 객관적 관찰로부터 보호하려는 왜곡된 지지에서 벗어나게 하는 것이다: 그것이 그들의 다양한 불안들을 분석할 수 있게 한다. 그런 까닭에 내면의 관찰법은 결코 정신내적 불안의 연구 방법의 틀을 벗어나지 않는다. 오히려 그것은 고뇌에 찬 정신내면의 객관적인 연구에 잘 들어맞는다.

정신내적 불안에 대한 연구에 행해지는 비난으로서 연구의 방법론으로까지 승격된 내적 성찰의 거부는 제임스 레인지(James Lange)와 브리쏘(Brissaud)의 이론에 가장 농축된 형태로 나타난다. 이 두 이론에서는 정신내적인 것이 부정되거나 적어도 무시해도 되는 사실로 다루어지는 것이다.
브리쏘는 근심(anxiété)과 불안(angoisse)을 구분한다. 그는 불안이 내적으로 경험되는 것이 아니라는 이론을 수립하려는 생각에서 이 두 용어의 일반적이고, 언어학적 의미를 무시하고, 그 용어들에 제한적인 의미를 부여한다. 브리쏘에 의하면, 불안은 기질적 교란의 합체이고, 근심은 기질적 불안의 정감적 반향이다.

물론 이런 반향이 존재하기는 한다. 그것은 유기체의 감각이 정감적인 삶에 반향을 일으킨 현상으로서, "체감"(cénesthésie, 건강 상태나 허탈감 따위로 몸 전체에 느껴지는 막연한 감각―역자 주)이라는 이름으로 알려진 현상이다.

그러나 불안에 의한 체감인 건강염려증은 내적 불안의 수많은 형태 가운데 단지 하나일 뿐이다. 이 이론은 이렇게 정신적 불안의 다른 모든 표출들을 무시하면서, 다시 말해서 근심이나 "내면의 불안"이라고 부르는 체감적 불안만 연구할 수 있는 유일한 "내적" 현상으로 취급되면서 놀랍게도 관심사를 내면으로부터 외부로 돌린다. 그때 체감적 근심은 기질적이고, 환경적인 문제의 내적 반향에 불과한 것으로 된다. 그리고 그 결론은 원인에 대한 욕구 때문에 수립된 것으로서 전제에 의한 것보다 더 일관성 있게 설명된다. 그러나 그런 설명은 "불안"이라는 단어의 일반적 용법에 반하여 불안의 문제는 근본적으로 연구되기에는 너무 외적 장애만 고려하는 것이 아닐까? 하는 생각이 든다. 이렇게 생리학이 신경 중추에서 정감적이고 인식론적인 현상들의 기질적 원인을 찾아낼 때 그런 생각들은 더욱더 가설적으로 된다. 그래서 브리쏘에 따르면, 체감적 근심이라고 부르는 것도 기질적 장애인 두뇌의 현상이고, "불안"은 연수(延髓)의 장애로 된다. 그러면 모든 형태의 불안, 즉 내적이고 환경적 불안은 유기적 원인으로 환원된다. 우리는 여기에서 이렇게 환원시키는 일반론이나 환원의 특별한 가설에 대해서 더 깊이 논의하려고 하지는 않는다. 다만 문제를 생리학적 측면에서 보는 것을 무시하지 않아야 할 테지만, 그것을 정신적인 측면과 혼동하지 않아야 한다는 점은 강조해야 한다. 쥘리에트 부토니에(Juliette Boutonier)는 불안에 관해서 쓴 아주 흥미로운 책에서 이런 혼란에 대해서 분명히 말한다. 그녀는 아직도 매우 유행하고 있는 브리쏘의 이론에 대해서 다소 약화된 형태로 그녀의 반대를 아주 잘 드러내고 있다. 다음은 그녀가 그 주제에 대해서 한 말이다: "불안을 하나의 신체적 감각, 다시 말해서 신체의 어떤 상태 이외에 다른 어느 것도 아니라고 하는 것, 또는 그렇게 만드는 것은 잘못을 범하는 것이다. 그렇지 않으면 그렇게 하려는 것이다." 그러면서 그녀는 다음과 같이 덧붙였다. "그렇게 정의하는 것은 불완전하고, 결국 막다른 골목으로 나아가게 하는 낡아빠진 방법이다. 사람들은 불안에 대해서 제대로 설명하지도 않고, 거기에서 정신적인 것을 제거한 채 '기질적인 것'이라는 꼬리표를 붙이기 위하여 근심(anxiété)을 불안이라고 보려고 하기 때문이다. 근심에 기질적인 것이 있기는 하다. 그래서 사람들은 끊임없이 근심을 불안이라고 부르려고 한다."[7]

제임스 레인지의 이론은 불안에서 정신적인 문제를 더 근본적으로 제거한다.

이 이론을 따르면 정감(affectivité, 기본적인 정동과 미묘한 감정)과 심지어 "체감"(cénesthésie), 즉 전체로서의 정신 기능까지 기질적인 것과 환경적인 것의 부수 현상일 뿐이다. 이 이론은 매우 과학적인 환경 바깥에서도 통용이 보장된다는 역설에 의해서 요약된다: "우리는 슬프기 때문에 울지 않는다. 그러나 우리가 울기 때문에 슬프다." 이것은 기질적인 것을 위하여 정신내적인 것을 무시하려는 경향을 정당화시키려는 가장 급진적인 시도이다. 그리고 그것은 동시에 원인을 찾으려는 욕구에 의해서 만들어졌고, 모든 실험에서 벗어난 이론으로 승격된 사변적이고, 자의적인 오해의 가장 완전하고, 전형적인 예이다. 이론으로 위장한 역설은 특히 카농(Cannon)과 쉐링턴(Sherington) 이후 그것을 거부하려는 데까지 도달한 수많은 논란을 불러일으켰지만, 이 지나친 이론의 최종적 실패가 기질적인 것의 우월성을 말하는 교리에 대한 신용을 실추시켰다고 말할 수는 없다.

그러나 모든 사람들은 외적 상황에 의하여 낙담된 상태, 예를 들어서 말하자면 사랑하는 이의 상실 등에서 눈물은 슬픔이라는 불안이 회고적 형

---

[7] Juliette Boutonier, *L'angoisse*, Paris: PUF, 1945, 29.

태로 격화된 결과 터져 나온다는 것을 생생한 경험을 통해서 안다. 그리고 조금이라도 그 속을 더 깊이 살펴보면, 일반적인 계열의 이 내적 원인에 좀 더 특별한 계열의 내적 원인의 사슬이 덧붙여질 때에만 슬픔이 격화된다는 것을 알게 된다. 우리는 상상력이 불러일으킨 기억을 통해서 우리가 죽은 이와 정감적으로 이어져 있다는 것을 느낄 때 눈물이 터져 나오는 것이다. 그런데 우리가 이 내적 원인을 좀 더 깊이 분석하면, 눈물의 자세한 원인과 동기들이 매우 다양하고, 종종 모순된다는 것을 주목할 수 있다. 그것들은 진정한 고통, 후회, 미래에 혼자될 것이라는 불안, 자기-연민 등이다. 여기에는 밝힐 수 없는 동기들도 덧붙일 수 있는데, 예를 들어서 그 자신의 고통을 과시하려는 욕구도 있을 수 있다. 심지어 눈물을 자아내는 동기가 비논리적이거나 마술적인 성격을 가질 수도 있는데, 그것은 상상 속에서 죽은 이가 무덤을 넘어서서 관객이 될 수도 있으며, 그때는 고통을 극대화시켜서 그를 달래주는 것이 중요하게 된다. 어느 정도 비밀스러운 이런 원인들이 무한하게 많을 수 있다는 사실 앞에서 눈물의 분비를 생리적 측면에서만 보려고 하는 것은 얼마나 부조리한 일인가! 그러나 쉽게 감지되고, 인정되기에는 너무 고통스러워서 부분적으로 감춰진 이런 동기들 앞에서 인간 정신의 내면성을 직면하지 않으려고 외부에서 관찰할 수 있는 생리적 효과만 살펴보려는 시도들은 어떻게 된 일인가? 지금 사람들이 비록 내면에 대한 관찰을 거의 하지 않으려는 풍조에도 불구하고, 오류를 줄이기 위하여 길고, 자세하게 토론하는 것이 더 의미 있는 일이 아닐까?

과학의 가치에 대한 진정한 평가 기준은 그것이 외적인 것이냐, 아니면 내적인 것이냐 하는 연구 수단, 즉 실험 관찰에 있지 않고, 그것의 이론적이고, 실질적인 생산성에 존재한다.

생리적 이론에서 비롯된 기술적 적용이 실제로 작용할 수 없는 것들만 만들어낸다면, 우리는 그 이론이 아무 쓸모도 없다고 비판할 뿐만 아니라 거짓된 것이라고 비판할 것이다. 그런데 고전 심리학 이론은 실제 현실과 전혀 부합되지 않아서 정신 질환의 치료에 효과적이지 않다. 그리고 그 이유는 그것들이 정신적 실재와 맞지 않기 때문이다. 고전 심리학은 심리-기술만 주장했던 것이다. 그러나 우리는 심리학에서 직업적 지도보다 더 많은 것을 기대할 권리를 가지고 있지 않은가? 심리학은 연구의 진정한 영역인 정신내면을 탐구하면서 가장 중요한 현상인 고뇌로 인한 삶의 방향감각 상실 현상을 만나는 것이다. 그렇다면 심리학은 이 현상을 심리학이 해결해야 하는 문제로 보지 않고 어떻게 뒷걸음질 칠 수 있을 것인가? 심리학 이론이 살아 있는 현실과 만나는 것은 내면의 문제를 직면하는 것을 통해서이다. 문제의 해결은 고뇌에서 벗어나는 삶의 방향을 찾을 수 있는 조건을 설명하기 때문이다. 삶의 의미를 찾아가는 것을 제시하는 것이라는 말이다.

 우리는 이론적으로 사소하고, 실제로 제일 코앞에 닥친 문제들에만 관심을 기울이는 것으로 만족하고, 탐구 범위를 우주적이고 원자적인 측면으로까지 확장시켜야 하는 과제 앞에서 뒷걸음질 치는 물리학에 대해서 무엇이라고 말할 것인가? 그러나 심리학은 심리학의 목표를 물리학과 물리학의 방법론을 맹목적으로 모방하는 것으로 낮출 것이 아니라 심리학이 발견한 것들의 더 큰 범위에 맞춰야 한다. 심리학은 생물계 전체의 정신적 내면성의 본성, 즉 생명의 기원까지 파고 들 수 있는 올바른 방법론을 고안해내야 한다. 그래야 심리학은 그에게 주어진 생물학적 자료들을 가지고 정신내적 원인의 법칙들, 말하자면 동기부여의 법칙을 발견할 수 있을 것이다. 그렇게 될 때 심리학은 생물계로부터 내적 세계, 말하자면 보통 그 바닥을 알 수 없는 초-의식의 심층에까지 다다를 수 있게 된다. 거기에서 사람들의 동기는 보통 예측할 수 없는 무한한 것들 속에서 길을 잃는 듯하다. 그리고 사람들이 앞으로 나아갈 방향은 물리학에서의 미립자들처럼 일상적인 방식으로는 불확정적이다.

 관찰된 사실들을 이론적으로 확장시키는 것, 즉 그것들을 하나의 법칙으로 일반화 하는 것은 모든 과학적 방법의 특성이고, 어쩌면 그 완성인지도 모른다. 물리학은 직접적 관찰을 통해서는 입증할 수 없지만 그것을 일관성 있게 설명할 수 있는 능력에 의해서만 입증 가능한 이론들로 이끄는 과정인 이런 방법론적 확장 과정에서 탁월하다. 그러나 심리학은 오직 정신내적 관찰을 통해서만 의미 있는 확장이 가능하다. 그것을 통해서만 전체를 아우르는 이론을 수립할 수 있는 것이다. 정신내적 관찰에 의해서만 정동의 분화가 동기로 정교화 되는데, 그 분화는 다른 것이 아니라 바로 진화의 역동이다.

인간의 모든 감정은 불안과 진정(鎭靜)에 대한 요청으로 요약된다. 그런데 인간의 감정들은 눈으로 관찰되지 않고, 주관적으로만 체험된다. 심리학은 감정들의 정신내적 의미를 객관적으로 입증할 수 없지만 그것들을 일관성 있는 이론을 가지고 설명할 수 있다. 이 정신내적 의미만이 동물들을 움직이게 하는 기본적 정동들과 사람들이 적극적으로 움직이기 전에 그들을 움직이게 하는 정동들을 연관시켜서 살펴볼 수 있는 독특한 특성이기 때문이다. 동물의 정동(émotion)들에 내포된 내적 의미를 직접 관찰할 수는 없지만, 그것들은 인간의 감정들의 내적 의미에 대한 관찰과 서로 다른 특성들에 대한 내적 연구를 통해서만 일관성 있는 이론으로 통합할 수 있는 것이다. 그런데 불안은 동물과 사람이 느끼는 감정의 공통된 원천이며, 반드시 극복되어야 한다. 작업가설은 이런 동의 위에 세워진다. 그러므로 모든 것은 정신내적인 것들에 대한 관찰이 소위 객관적 방법론에서 비난하는 주관성을 뛰어넘을 수 있는지에 달려 있다.

심리학 전반, 그리고 심리학의 이론적 연구는 물론 실제적 연구 영역 모두에서 내적 관찰의 당사자가 존재한다.

여기에서 다시 물리학에서 사용하는 방법론적 과정과의 비교가 필요하다.

물리학이 인식할 수 있는 한계에까지 질문할 수 있게 하고, 그 이론의 전반적인 비전에서 어려움이 끊임없이 커지고 있음에도 불구하고 문제들에 대한 해결책을 끝까지 찾을 수 있게 하는 것은 물리학이 수학적으로 공식화 할 수 있는 정량적 측정을 사용할 수 있어서가 아니라 그 용어들이 분명하게 정의되어 있기 때문이다. 물리학에는 과학-이전 단계에서 외부세계를 관찰을 통하여 만든 "힘, 에너지, 작업, 질량, 속도, 가속화" 같은 용어들이 주어져 있는 것이다. 그런데 물리학이 이 용어들을 받아들인 것이 아니다. 물리학은 오히려 물리학에 특별하고, 분명하게 정의된 의미를 보장한 명확한 노력을 따라갔을 뿐이다.

언어는 심리학에도 모든 용어들을 마련해 주었다. 그러나 심리학은 충동, 본능, 정동, 정감, 공포, 불안 등 생물학적-유전적 성격을 가진 용어들을 분명하게 정의하는 대신 구별하지 않고 사용하였다. 심리학은 그것이 갈라져 나온 철학을 따라서 사고, 의지, 감정 같은 기능들을 부각시키면서 그것들을 발생학적으로 설명하지 않고, 비의(秘儀)에서 나오는 것처럼 하나의 실체들로 다루는 것이다. 첫 번째 계열의 용어들은 전(前)-의식적 기능들인데, 서로 다른 성격들이 제대로 정의되지 않아서 그 발생학적 기원이 같아서 혼동된다. 두 번째 계열의 용어들은 의식화된 정신체계의 기능들인데, 거기에서는 공통적인 기원들이 무시되고, 서로 다른 성격들이 과장된다.

그에 따라서 심리학은 제대로 정의되지 않은 어휘를 사용하면서 결정적인 해결책을 얻지 못하고, 끊임없이 수정하려고 노력한다. 모든 저자들은 그들의 전임자의 의견을 받아들이거나 확인하려고 하면서 그들을 참조하는 것이다. 그때 끝없이 인용하게 되고, 토론도 끊이지 않는 복잡한 상황이 전개된다. 물리학은 유일회적이고, 수학적으로 공식화된 용어가 모든 혼란을 제거해 주어서 계속해서 발전하고 있다. 그리고 모든 연구자들은 전임자들이 연구를 중단했던 지점에서 새로운 연구를 계속해 나갈 수 있다. 그러나 심리학은 수학적으로 공식화된 형태로 표현할 수 없기 때문에 심리학만이 가지고 있는 특전(特典)에 관심을 기울여야 하는데, 그것은 심리학 개념들을 유일회적으로 정의하기 위해서 발생학적 공식으로 표현할 수 있어야 하는 것이다. 심리학 연구에서 논쟁은 어쩌면 결코 영원히 사라지지 않을 것이다. 현재 상황에서 보면, 그것은 어떤 경우에서도 결코 가능하지 않다. 더 나아가서 표현된 논의가 모순에서 도출된 것이 아니라 정신현상을 생생하고, 직접적인 방식으로 고찰해서 나온 것이라면 더욱더 바람직하다.

그러나 그런 경우가 많기는 하지만, 격렬한 논쟁은 최악의 경우에만 선택되어야지, 방법론적으로 이상시되어서는 안 된다.

 끝이 없는 논쟁은 조상으로부터 유래된 심리학적 용어가 지닌 전-의식적 지혜의 투명성을 흔들 뿐이다. 그런 관점에서 볼 때, 그 어떤 것도 저변에 깔린 발생학적 비전을 증언하는 언어의 발달에 귀를 기울이는 것보다 더 교훈적인 것은 없다. 여기에서 어떻게 모든 정신체계를 요약해 주는 모범을 상기하지 않을 수 있을 것인가? 사실 무생물의 신체적 운동은 장소나 형태의 변화 같은 충격에 대한 반응을 결정하는 힘들에 의해서 합리적으로 조절된다. 정신-신체적 유기체인 살아 있는 신체는 하나의 몸으로서 똑같은 종류의 충격에 노출되지만, 살아 있기 때문에 그 충격을 감지할 수 있다. 충격은 정신을 자극하고, 반응에 전혀 다른 성격이 주어지는 것이다. 그래서 자극은 정신으로 하여금 외향화 되도록 하고, 흥분으로 느껴진다. 그때 신체적 반응이 충분한 방식으로 이루어지지 못했을 경우, 정신내적 움직임이 만들어진다. 운동으로의 외향화가 충분히 이루어지지 않고 내면에서 짙게 느껴졌을 때, 정신은 흔들리게 되고, 이렇게 내면화된 움직임은 정신체계에 역동적 긴장인 기대(attente)를 만들어내는 것이다. 그때 그것은 충분한 반응이 이루어질 때까지 불만 속에서 시간이 흐르는 것을 지켜보는 감각으로서, 흥분에 대한 반응이다. 그런데 불만은 시간에 대한 관념을 만든다. 커다란 걱정으로 가득 찬 기대는 그 때문에 외부세계에 온통 주의(attention)를 기울이면서 만족을 찾으려고 애쓰는 것이다. 그러나 아무리 주의를 기울여도 내면화된 움직임인 정동(émotion)을 만족스럽게 해소시키지 못하면, 주의 자체는 내면화된다. 그래서 그것은 지금 장애 때문에 해소시키지 못하지만 미래에 해소시키려고 준비하는 의도(intention)로 된다. 그때 장래 어떻게 행동하려는 이 의도는 정동적(émotif)이고, 그것은 점점 더 수많은 뚜렷한 동기(motif)들로 분화된다. 그러므로 이런 언어적인 확인을 통해서 정신-발생적 현상뿐만 아니라 아주 명료한 전-의식적 내적 성찰을 살펴볼 수 있다.

우리는 이것들이 순전히 형식적 유비라는 것을 알고 있다. 그러나 이것들을 그렇게 보지 않으려고 하는 것은 거기 직면하지 않으려고 문제의 심각성을 감추려고 하는 것이 된다. 다른 모든 언어들에서도 마찬가지이지만, 언어의 천재성은 이 용어들을 만들기 전에 이미 이런 작업들을 할 수 있었다. 이것이 언어의 창조성이다. 따라서 문제를 아무리 거부해봐야 소용이 없다. 문제는 그렇게 갈 수밖에 없다. 전-의식적으로 만들어진 심리학 용어가 심리학에 부과한 문제는 정신체계의 초-의식적 작용의 모든 문제들을 펼쳐내도록 한다. 어떻게 이런 언어적 암시를 통하여 생명 진화의 역사를 재창조하는 내면적 능력을 설명하는 정신체계의 작용을 이론적으로 재구성할 수 있을까? 우리는 여기에서 이런 전-의식적 영감은 물론 의식적, 상위-의식적인 것들이 매우 불완전한 다른 상황들에서도 작용한다는 사실을 감안해야 한다. 심리학은 언어적 예지력의 흔적을 따라가야 할 뿐만 아니라 그 빈틈도 채워야 하는 것이다.

이것이 내면세계의 과학을 외부세계를 연구하는 과학과 분명하고, 실질적으로 대등하게 되도록 완성시켜야 하는 원초적 조건이다. 왜냐하면 우리가 기본적인 기능들이 어떻게 그보다 더 나은 기능들로 발달했는지--그 사이에 아무 빈틈도 없이--이론적으로 재구성할 수 있다면, 그것으로부터 일종의 기능적 계산으로 뒷받침되는 전체적으로 일관된 비전을 도출할 수 있기 때문이다. 거기에는 물론 정신 작용의 발생학적 위계가 포함 되어야 한다. 이런 계산에 양적 정확성은 결여되어 있지만 질적 엄밀성에 있어서는 탁월하다.[8] 물리학과 마찬가지로 심리학에서 잠재적인 힘들은 서로를 함축하고 있기 때문에 그것들의 다양한 표현들은 하나가 다른 것들을 나타내기 때문에 서로가 서로를 설명해 준다. 그러나 물리학과 달리, 심리적이고 생명과 관계되는 현상에 공통적으로 들어 있는 힘은 에너지의 긴장, 즉 진정시켜야 하는 걱정의 형태로 즉시 체험된다. 그때 가장 기본적인 형태로 나

---

8   cf. *Psychologie de la motivation*, chap. "Calcul psychologique", *op. cit.*

타나는 것은 불안이다. 그런데 불안은 사람들에게 진화의 원리이고, 사람들을 변환시키는 역동이기도 하다.

심리학은 정신 작용들에 대한 완벽한 이론을 세우고, 물리학의 작용 공식에 해당되는 심리학 나름의 상호-작용의 공식들을 수립하기 위하여 의식적으로 언어로 하여금 심리학 용어를 만들게 하는 방법의 도움을 받았다. 그 용어들에는 이미 부분적으로 기능들의 발생학적 의존성이 내포되어 있고, 시도되고 있었다. 언어가 속도(速度)나 가속(加速) 같은 용어들을 작용상 서로 연결되어 있지만 실제의 면에서 완전히 분리된 채 물리학에서 사용할 수 있는 명확한 정의(定義)로 세우게 할 수 있었다면 이 언어적 과정은 전-의식적인 방식으로 영감을 받아서 그렇게 정의한 것임에 틀림없다. 그러나 일찍부터 매우 다양한 언어들에 의해서 만들어졌고, 심리학자들의 연구 기반으로 효율성이 입증된 심리학 용어들이 정신내적인 것에 대한 내적인 관찰을 통해서 고안된 것이라는 사실도 확실하다. 언어가 심리학자들에게 "공포"와 "불안"이라는 서로 구별되는 용어들을 제시했다는 단순한 사실은 초기에도 원시적인 외적 관찰이 존재했다는 것을 말해 준다. 그러나 그 어떤 외적 관찰도 이 내적 차이의 성격을 감지할 수는 없었을 것이다. 그것은 다만 나중에 분명하게 정의되어야 했다.

물리학에서와 달리 심리학에서는 다듬어지지 않아서 그 안에 오해될 수 있는 수많은 미묘한 것들을 담은 어휘가 부적절하게 연구의 기반으로 간주된다. 심리학은 내면의 관찰을 무시하는데, 그것만이 다듬어지지 않은 용어에 내포된 정의를 의식적으로 분명한 정의의 반열에 올려놓을 수 있는 방법이다. 그 결과 소위 객관적이라는 심리학 이론들과 특히 정감적인 삶의 여러 가지 작용들과 충분히 구별되지 않아서 고통 받는 불안에 대한 이론은 부정확성과 혼란으로 오염되어 있다.

이 책의 제1부에서는 불안에 관한 여러 가지 이론들을 비판적으로 살펴볼 텐데, 그것들은 사전에 만들어진 정의 없이 설정한 용어를 사용하고, 특히 임상적 관찰 위에만 서 있는 이론들이다. 이것은 점점 더 우리의 최초의 입장을 분명하게 하고, 거기에 내포된 문제들에 더 가까이 다가가게 하면서 정신내적 불안이 우선적이라는 사실을 알게 해 준다. 그리고 불안의 다양한 형태들에 접근하게 하고, 그 내적 탐사 방법을 제시하며, 그것이 요청하고, 설정하게 하는 정의 덕분에 연구를 더 제고시키게 된다.

이렇게 비판적 분석에 의하여 얻어진 요소들은 종합적 통일을 위하여 사용될 것이다. 이것은 기본적인 걱정으로부터 예비적인 기능에 이르기까지 정신 기능의 기원의 흔적을 따라갈 것이다. 그리고 제1부는 진화에 의한 적응이 아무리 장애물들에 의한 위협과 환경에 의한 위험으로부터 촉발되었을지라도 근본적으로는 불안이 가진 변환의 촉매로서의 역동에 의해서 생긴 것이라는 사실을 보여줄 것이다.

제2장
고전 심리학에서의 불안

고전 심리학은 불안(angoisse)을 정동(émotion) 안에 분류한다. 그렇게 하면서 고전 심리학은 불안은 물론 정동도 명확하게 정의하지 않는다. 그래서 불안은 계속해서 공포와 혼동되고, 기본적인 정동과 정감(affect)이 혼동된다.

심리학의 고전학파에서 행한 모든 이론들을 분석하는 것은 불가능하다. 그리고 앞에서도 말했듯이 이런 전치(轉置)만이 연구의 객관성을 보장한다는 생각에서 정신적 측면의 연구를 생리적 측면으로 전치시킨 공통되는 경향이 있기 때문에 그 이론들을 모두 살펴보려는 것은 피상적이기까지 하다. 레인지는 그의 『정동론』에서 다음과 같이 말하였다. "정동들은 객관적인 방식으로 연구되어야 하고, 거기에 동반되는 생리적 현상들이 어떤 것인지 찾아보아야 한다." 모든 고전 심리학 연구에 공통되는 지도-원리는 이렇게 간결한 방식으로 제시된다.

만일 선택할 필요가 있다면, 리보(Ribot)와 뒤마(Dumas)가 발표한 불안에 대한 고전적 이론을 살펴보면 된다. 우리가 이렇게 한계를 정한 것은 그 두 사람의 입장이 정반대 편에 서 있기 때문이다. 리보는 제임스 레인지의 영향을 받았지만 아직 완전히 받은 것은 아니다. 그에게 있어서 "객관적인" 연구는―변명할 것도 없이―그 목적이 단지 그에게 정동에 대한 정신 기능 전체를 복구시키는 이론적 관점을 보여주는 수단이었을 뿐이다. 그와 반대로 뒤마에게 있어서 생리적 측면의 영향은 절정에 도달하였다. 그는 프랑스에서 제임스 레인지의 이론이 각광을 받게 했지만, 곧 거부한 사람이기도 하다. 그러나 레인지의 개념들은 아직도 많이 스며들어 있다. 뒤마는 정동에 대한 이론에서 객관적 연구와 양립할 수 없다고 생각되는 모든 확대 해석의 시도를 가능한 한 근본적으로 차단하려고 한다. 어느 누구도 뒤마만큼 유기체적 관점을 고수하기 위해서 정신 현상을 완전히 배제하는 방식으로 객관성의 이상을 추구하려고 했던 사람은 없을 것이다.

리보의 불안

리보는 그가 지은 『감정들의 심리학』에서 불안을—그가 고전 심리학의 입장에서 혼동하였기 때문에—정동 가운데 하나로 분류하였고, 공포, 분노, 부드러운 정동, 이기적 정동, 성적 정동들도 모두 정동(émotion) 안에 집어넣고 연구하였다.[9]

그 본성과 기원이 매우 다른 여러 가지 정신적 기능들을 일관적이지 않고, 자의적으로 병치시킨 것은 여기에서 비롯된다. 리보는 때때로 다른 정신 상태, 예를 들어서 모방 본능, 놀이 본능, 알려는 성향 같은 특성도 있다고 주장하지만, 위에서 말한 다섯 가지 정신 상태를 기본적이고, 환원 불가능한 정동의 특성이라고 주장하였다.[10]

그것이 사실이라면, 그 어떤 정신 현상도 기본적이고, 환원 불가능한 정동으로 불릴 수 있는지 하는 것이 분명하게 밝혀져야 한다.

리보는 모든 개인적 경험보다 먼저 존재하는 본능적이고, 무의식적이며, 원시적인 공포와 경험한 다음에 생기는 의식적이고, 추론적인 이차적 공포가 있다고 주장하였다.[11] 그런데 이차적 공포, 즉 의식적이고, 어느 정도 추론에 의한 공포는 인간의 불안인 것이 틀림없다. 여기에서 리보가 어느 정도 의식적인 공포와 원시적이고, 본능적인 공포를 구별한 것은 우리가 원시적이고, 본능적인 공포가 동물의 전-의식적 수준에서도 이미 확인할 수 있

---

9 Ribot, *Psychologie des sentiments*, 139.
10 *Ibid.*, 205.
11 *Ibid.*, 217.

는 기본적 정동으로 발견된다는 것을 생각해 볼 때 납득할 수 있는 일이다. 그런데 리보는 원시적 공포에는 "미지(未知), 어둠, 신비한 힘"에 대한 공포가 포함된다고 주장하였다. 하지만 동물은 이런 형태의 공포에 대해서는 알지 못한다. 그것은 원시적 정동이 아니라 그와 반대로 불안의 상태, 다시 말해서 상상에 의해서 만들어진 공포인 것이다. 따라서 이제 우리는 리보의 분류에서 동물의 공포는 인간의 불안과 혼동되어 있다고 말해야 한다.

리보의 이론에 내포된 발생학적 의도는 인간의 사회적, 도덕적, 미적, 지적 감정 같은 정신체계의 모든 상위 기능들은 기본적 정동으로부터 유래된다고 주장하려는 의도가 분명하다. 리보는 이 고양되고, 유래된 감정들을 "합성된 정동"[12]이라고 부른다.

여기에서 리보는 혼합(mélange)에 의한 합성과 결합(combinaison)에 의한 합성을 구분한다. 그러므로 리보에게 미움(haine)은 영적 진화의 중단으로 인한 것으로서, 동물의 공격성이 퇴화된 형태인 것이 분명하다.

인간 정신의 갈등들이 진화적 발달에서 보존된 정동(情動)과 지성화된 정동인 반성(反省) 사이의 대립 때문[13]이라는 그의 생각은 날카로운 지적이다. 따라서 인간의 정신내적 갈등은 부분적으로는 정감적으로 맹목적이고, 부분적으로는 정신화된 정동적 에너지의 양가성 때문이라고 주장할 수 있게 된다. 그렇다면 사람들이 봉착하는 갈등적 상황이 어떻게 정신체계의 내면에 있는 위험이 아닐 수 있을까? 내면의 갈등이 극복되지 않았을 때, 그 위험은 정신내적 불안을 여러 가지 형태로 나타나게 하는 원천이 되기 때문이다. 이 고통스러운 갈등을 극복하는 다른 방법은 영적으로 되고, 명료해진 에너지를 사용하여 "정동적 에너지 발달의 정체" 원인과 맞서 싸우는 것이다. 게다가 정동적 에너지의 발달이 유보되어 있을 때 모든 사람들은 심리학자가 되지 않더라도 그들의 에너지를 명료하게 사용하려고 한다.

---

12   Ibid., 281.
13   Ibid., 273.

리보가 매우 통찰력 있는 전제들을 세운 다음, 내적 관찰과 정신내적 통제의 필요성을 주장하는 결론을 도출하지 못했다면, 그것은 그 자신이 고전학파의 도그마가 부여한 금지인 "정체"의 희생자가 되었기 때문이다. 그는 정신내적인 것을 유기체의 "내면에 있는 것"과 혼동했던 것이다.[14] 리보는 정동의 내적 조건과 외적 조건에 대해서 말한 다음 이렇게 같이 주장하였다. "이런 정신내적 조건이 우리가 내적이고, 기질적인, 생체의 감각이라고 부른 것으로 환원되는 것을 쉽게 볼 수 있다."[15] 이것은 정신내적인 것을 체감적 감각으로 환원시킨 것으로서, 브리소(Brissaud)가 이미 말했던 것이다. 브리소는 "체감"(cénesthésie)에 대해서 이렇게 정의한다: "(그것은) 우리 몸에 대한 의식으로서, 유기체의 조직들과 체액들에서 이루어지는 화학 작용의 결과이다."[16]

그러므로 리보가 정신적 퇴화의 원인은 외부의 상황을 평가하고, 통제할 수 있는 정신적 명료성을 향한 정동의 진화적 발달이 정체된 데 있다는 것을 예감하고, 이런 결론을 내린 것은 별로 놀랍지 않다. "정신적 퇴화는 본질적으로 기질적 쇠퇴, 즉 생리적으로 황폐화된 상태로서 무엇보다도 먼저 정동, 성향, 행동, 운동의 질서가 변질된 것이다. 그때 지성은 그 충격을 더 잘 견뎌서, 때때로 아무 해도 입지 않는 경우가 많다."[17]

그래서 리보는 정신으로 객관화하는 방법이 방해 받아서 너무 주관적으로 되었을 경우 다음과 같은 방법을 사용하도록 제안한다. "감정들의 근원을 파악하고, 그 성격을 제대로 규명하도록 노력하며, 중요한 국면에서는 민족학, 풍속사, 종교사, 과학사, 미학사 등에서 얻을 수 있는 문서들의 도움을 통하여 그것들의 발달을 따르고, 사실의 복잡한 집체(集體) 속에서 헤매지 않으면서 모호하고, 선험적인 것을 피해야 한다."[18]

---

14 *Ibid.*, 291.
15 *Ibid.*, 120.
16 *Ibid.*, 437.
17 *Ibid.*, 437.
18 *Ibid.*, 280.

이것이 유기체적인 것을 관찰하는 방법은 아니다. 유기체적인 것은 그렇게까지 멀리 나아가지 않는다. 하지만 그것이 바깥에서 관찰하는 것이기 때문에 객관적인 방법이기는 하다. 그 방법은 그들이 바라는 만큼 멀리 돌아갈 것 같기는 하다. 그러나 그 방법은 가장 주관적인 오류로 이끌 수밖에 없을 것이다. 그것이 해석에 무한한 장(場)을 열어 주기 때문이다. 그런데 매우 냉정하고, 날카로운 담론이 특징적인 리보의 책 어느 곳에도 그런 방법을 사용한 것을 찾아볼 수 없다. 그에 따라서 우리는 그가 사람들이 그를 너무 사변적이라고 비난할까봐 그의 진정한 조사와 확장의 과정을 감추기 위하여 그런 방법을 제안했을 것이라고 생각하게 된다. 예를 들어서 말하자면, 리보가 단순한 정동으로부터 합성적 정동으로 발생학적으로 변환된다는 생각을 한 것이나 정동적 에너지의 불충분한 정신화가 정신내적 갈등의 원인이라는 것을 깨달았던 것은 결코 그가 역사적 자료에 대한 해석을 통해서 얻은 것이 아니다. 다른 모든 뛰어난 심리학자들처럼 리보가 실제로 사용했던 방법은 진정한 내면의 관찰이 부족하여 내적 성찰의 재능에 기반을 둔 것이었다.

이런 심리학적 재능은 언제나 존재하였다. 그것은 우리도 모르게 이런 질문을 하게 한다: 어떻게 이런저런 내적 동기의 의미를 가장 그럴 듯한 방식으로 설명할 수 있는가? 그런데 그럴 듯하다는 것이 반드시 진정하다는 말은 아니다. 정신내적 방법이라고 부를 수 있는 방향 설정의 방법은 시행착오의 방법이다. 볼 수 없기 때문에 원시적 존재에게 고유한 암중모색의 방법을 연상시키는 것이다. 사람들에게 체계적인 "내적 관점"을 박탈하면 어느 정도 재미있는 문학적이고, 설명적인 놀이가 가능하다. 그러나 그것을 과학적으로 사용하기에는 충분하지 않다.

인간의 불안은 공포에서 나온 하나의 형태이다. 불안은 상상적으로 재표현되고 확산된 공포인 것이다. 거기에서부터 인간의 불안과 동물의 정동 사이에 어떤 발생학적 관계가 성립된다. 이것은 내면의 관찰을 통하여 인간의 불안을 분석하려고 하기 전에 먼저 기본적인 불안에 대한 정의를 요구하고, 그것으로부터 여러 가지 불안의 형태들에 대해서 살펴보게 한다.

일상적인 의미를 따르자면, "정동"이라는 용어는 정신-신체적 균형의 갑작스러운 균열, 말하자면 실제적 위험의 영향 때문에 일어난 균열을 가리킨다. 동물의 기본적 정동의 수준에서 정동에 의한 충격은 언제나 현재의 치명적 위험, 즉 죽음의 위기에서 발생한다. (고전 심리학에서는 일반적으로 정동과 정동에 의한 충격을 구별한다. 그러나 이런 구별은 동물, 특히 원시 동물의 기초적인 정동과는 아무 관련이 없다. 그것은 충격의 연장된 반향에 의하여 특성화된 인간의 정동에만 해당된다. 이렇게 연장된 반향이 인간의 불안인데, 그것은 이제 더 이상 기본적 정동이 아니라 상상력에서 비롯된 동요이다. 그래서 그것은 매우 자주 병리적인 결과를 가져온다).

인간의 감정적 동요는 복합적인 감정과 맹목적 정감의 영역에 속해 있다. 따라서 그것은 기본적 정동을 분석하는데 필요한 기반이 되지 못한다.

인간의 다양한 감정적 동요 상태를 효과적으로 분류하려면, 정동적 충격에 의해서 촉발되고, 죽을 위기에 대비하려는 동물의 반응성에 주의를 기울여야 한다. 원시적이고, 정동적 반응이 효과적으로 되려면 공격이나 위험 앞에서 도주 반응이 나타난다. 우리의 관찰에 의하면 반응에는 제3의 형태가 존재하는데, 그것은 효과적인 것이 아니다. 동물이나 사람 모두 너무 강하고, 극복할 수 없는 것처럼 보이는 위험이 갑자기 나타나면, 자기를 지키려는 두 가지 반응인 도주와 공격 어떤 것도 일어나지 않게 된다. 그 두 가지 반응이 몸속에서 저지되고, 그와 정반대되는 의도가 운동성을 억제하면서 경련이 일어나는 것이다. 그것은 마치 도망가고, 공격하려는 충동이 반대 방향에서 서로를 잡아당겨서 무화(無化)시키고, 모든 반응들을 마비시키면서 무기력 상태에 빠지게 되는 것이다. 정동적 충격으로 인한 반응의 이런 경련적 형태는 결국 포기 반응으로 이어진다. 그러면서 신경계는 운동계를 자극하는 대신 잘못 사용된 모든 에너지를 자율신경계로 방출하여 떨림, 심계항진, 발한 같은 일반적이고, 확산성의 신체장애를 유발하게 된다.

공격, 도주, 포기 등 세 가지 형태의 기관-운동 반응성은 동물에게도 세 가지의 정신내적 반응성을 만들어서 기관 장애를 유발한다. 외부적 충격에 의한 세 가지 신체적 반응에 공통적인 자동성은 정신적 반응에서 그 나름의 고유한 감정인 공황적(panique) 성격으로 나타난다. 그래서 정동적 충격의 세 가지 정신적 반응은 공황적 공포(도주), 공황적 분노(공격), 공황적 경악(포기) 등이다.

> 육식동물은 적응할 때, 보통 성급한 공격 반응을 보인다. 그의 반응은 그가 죽을지도 모르는 위험을 지각한 것에서 촉발되지 않을 경우 공포나 포기 같은 발작적 반응으로 전환되지 않는다. 그러나 그 공격이 먹이를 발견하고, 습격해야만 생존할 수 있는 기본적 욕구와 연계될 경우 기관 장애나 공황적 의미를 지닌 경직된 경련 같은 전형적인 정동적 왜곡으로 나타날 수도 있다. 이렇게 원시 생명체의 수준에서 경악(驚愕)과 포기 반응이 적응하려는 목적으로 사용된다는 것은 흥미 있는 일이다. 어떤 곤충들은 위험의 표지 앞에서 가사(假死) 상태에 들어가는 것이다. 많은 육식동물이 움직이는 것을 통해서 먹이를 식별하는데, 그때 그 곤충은 도주할 수 없을 경우 움직이지 않음으로써 그들을 더 잘 보호할 수 있다.

사람들에게 포기 반응은 병적 절망으로 나타난다. 그러나 "발작적 공포"는 성급한 공격만큼 겁에 질린 도주에서 나온 것이기 때문에 정동적 충격에 의한 기본적 반응은 공포와 분노라는 정신적 내용을 가진 도주와 공격밖에 없다.

인간의 수준에서 성급한 공격에는 분노(colère)가 내포되어 있다. 그것은 힘의 표시가 아니라 약함의 표시이다. 패리스(G. Paris)에 의하면 "화"(courroux)라는 단어에는 "마음이 찢어지다"(coeur rompu)라는 의미가 있다. 그것은 용기에 의한 것이 아니라 앙심(rancoeur), 즉 무력감에 의한 분노이다.

그 단어의 어원은 인간의 기본적 정동인 "분노"(신체적 용기)로부터 병리적 분노(화: 자기 통제의 상실)과 도덕적 용기(공포 및 불안으로 된 정신 내적 비겁에 대한 공격의 반영)로 이어지는 발생학적 연관성에 대해서 강조한다. 기본적 정동인 공포와 분노는 인간의 수준에서 의식적 통찰의 중개에 의하여 도덕적 용기나 도덕적 비겁으로 되는데, 거기에는 동물의 정신체계의 자동적 반응이냐, 아니면 인간의 정신체계의 반성에 의한 작용이냐 하는 차이가 있다. 사람에게는 사회적 환경에서 오는 수많은 어려움 이외에 거의 치명적으로 되는 위험이 닥쳐오지 않는 것이다. 사람들은 어려움이 닥치면 결과를 예상하면서 도주할 것인가, 아니면 공격할 것인가 하는 숙고(熟考)를 통해서 행동한다. 그래서 신중한 인내의 표시인 일시적 후퇴가 종종 더 가치 있는 태도가 되고, 무모한 공격보다 더 용기 있는 태도로 입증된다. 공격, 도주, 무기력한 경련이라는 세 가지 원시적이고, 기본적인 반응들 가운데서 인간에게 변하지 않고 남아 있는 유일한 태도는 의식적 예상의 상실, 즉 정신이 갑작스럽게 나가는 것이다. 극복할 수 없는 치명적 위험을 갑작스럽게 지각하고 공포에 사로잡히면서 포기하는 충격에 빠지는 것이다. 사람들이 적어도 부분적으로라도 정신이 나가는 것은 어떤 어려움이 극복할 수는 있지만, 상상 속에서 과장될 때이다. 그때 정신이 나가는 것은 정신체계의 약화와 병적 퇴행의 신호이다. 치명적인 공격성은 사람들의 일상적인 상호 관계에서는 배제된다. 그런데 실제적인 위협에 의해서 공포나 분노 같은 감정의 동요가 생기면 그것들은 종종 부분적으로 정감에 의해서 맹목적으로 된 그 아래 있는 생각들의 침투를 받게 되는데, 거기에는 계산적인 동기들을 만드는 의도적 특성이 있다. 공포는 소심해서 나오는 것이고, 화내는 것에는 위협하려는 시도가 들어 있는 것이다. 따라서 소심한-공포는 공격을 당할 때 거기 굴복하여 도주함으로써 보호하려는 것이고, 화내는 것은 과장되고 무분별한 위협을 통해서 상대방이 포기하려는 반응을 보이도록 무서운 공격자를 위협하려고 하는 것이다. 여기에서 본능적인 삶의 기본적 정동(소심한-공포)과 인간을 특징짓는 미묘한 감정(위협하는-분노) 사이의 정감 상태를 볼 수 있다. 따라서 사람들에게서 종종 보이는 적응부전의 병적 정감과 전-의식적인 삶의 기분적 정동을 혼동하지 말아야 한다.

그러나 이런 혼동은 매우 자주 일어나고, 그 결과는 심각한 결과를 초래한다.

고전 심리학이 기본적 정동들 속에 사랑, 미움 및 인간 정신의 모든 정감적 기능들을 포함시킨 것은 바로 이런 혼동 때문이다. 리보는 기본적 정동에 상냥함, 이기심, 성욕을 포함시켰고, 다른 이들은 거기에 기본적 정동과 공통되는 것이 없는 인간의 기능들과 감정들을 자의적으로 포함시키면서 그 분류를 완성시켰다. 그런데 그것들은 기본적 정동 현상과는 전혀 다른 의미를 가진 것으로서, 발생학적으로 전혀 다른 위계에 속한 생명의 형태들이다.

그러나 이런 혼동이 초래한 가장 재난적인 결과는 정신 기능의 진화적 기원에 대한 이해를 일관되게 하지 못하게 했다는 점이다. 기본적 정동성의 반응에 대한 사전 연구의 부재와 정동으로 취급되는 정감(감정의 동요)의 불규칙한 집성이 결국 생물-발생적으로 가장 중요한 현상들을 가능한 한 근본적으로 은폐시키게 된 것이다. 인간 이전 단계의 진화를 통해서 공격 본능과 도주 본능으로 나타났던 공포에 찬 도주와 성급한 공격은 각 동물들에서 그들의 특성을 따라서 수많은 형태들로 다양하게 나타나는 데도 말이다.

어떤 사람이 정동의 목록을 작성하면서 실수를 저지르는 것은 그렇게 중요하지 않다. 그것보다 더 중요한 것은 그런 용어의 정의가 없을 때 좋지 않은 결과가 도출된다는 사실이다.

1. 동물의 고유한 생물학적 기반과의 관계 아래 동물의 정동을 먼저 살펴보지 않은 채, 인간의 정신내적 불안이 동물의 기본적 정동과 어떤 관계가 있는지를 살펴보는 것은 가능하지 않다. 오히려 만족을 추구하는 본능인 보존의 욕구와 충동들에 대해서 먼저 살펴보아야 한다. 살아 있는 모든 존재들에게 공통된 가장 기본적인 욕구는 정신-신체적 유기체의 통일을 지키는 것이다. 그것이 생명을 보존하는 길이다. 우리가 여기에서 자기-보존의 본능에 대해서만 말한다면 그것은 잘못된 일일 것이다. 그것이 모든 생명의 에너지를 담은 동력인 생명의 약동의 환원 불가능한 기본적 범위를 축소시키기 때문이다. 그 안에 삶의 기쁨과 죽음에의 불안 사이에 매달려 있는 생명의 모든 염원이 싹으로 농축되어 있다.

본능은 그 덕분에 생명체가 실존을 걸고 있으며, 우연한 생존의 조건에 적응하는 진화의 수단이다. 그리고 진화는 전체적으로 자기-보존의 기본적 욕구가 구체적으로 드러난 특별한 표현이다. 그러므로 생존의 충동을 만족시키려는 모든 것들은 언제나 쾌락으로 경험되고, 그것을 방해하는 모든 것들은 불쾌로 경험된다. 고전 심리학에서는 종종 고통을 쾌락과 대조시키는데, 이것은 우리가 정신적 번민인 "고통"(douleur)을 불쾌라고 생각할 때에만 받아들일 수 있다.

쾌락과 불쾌는 본래 감정의 삶에서 나온 말이다. 인간의 정신체계에서 분화된 감정들은 "기분 좋은-기분 나쁜"이라는 의미의 영향 아래서 나온다. 그러나 사람들에게 쾌락과 불쾌 같은 감정들은 매우 복잡하고, 그것들은 주어진 정의처럼 그렇게 단순하게 생각될 수 없게 되었다. 그러므로 다시 정의하기 위해서 이제부터는 이런 복잡성을 반드시 고려해야 한다.

동물의 수준에서 살려는 이기심(egoisme), 말하자면 자기-보존의 욕구는 진화 과정에서 점점 더 확장되고, 개인의 고유한 쾌락 안에 부분적으로 성적 파트너, 자손, 동료 인간 등 그의 생존에 필요한 여러 가지 조건들을 포함시키는 능력으로 변환시키는 경향이 있다. 인간의 차원에서 원시적 이기심이 애정(aimance)으로 확장되는 것은 생명체에게 있는 쾌락을 강화시키는 원천인데, 그 쾌락이 바로 기쁨(joie)이다. 그래서 신체적 욕구의 충족에만 관심을 기울이는 자기애(amour propre)로부터 애정으로 확장되고, 승화된 이기심인 상위의 쾌락으로 나아가는 가치 체계인 만족의 서열이 만들어진다. 쾌락의 이 두 원천은 삶의 의미와 관련하여 낮은 차원의 쾌락보다 높은 차원의 쾌락을 더 좋아하는 가치를 담은 수많은 건강한 감정들을 만든다. 그것들이 외부의 영향이 아니라 그의 이기심이 예상했기 때문이다. 이기심은 좀 더 긴 안목에서 볼 때 애정에서 오는 쾌락이 더 지속적이고, 강도 짙은 만족을 가져올 것이라는 사실을 아는 것이다. 통찰력 있는 이기심은 개체의 실존뿐만 아니라 의미 있는 방향까지 보장 받으려는 것이다. 도덕적 가치는 사람들에게 본성에 맞지 않는 것을 추구하지 않고, 더 높은 이익을 지향하려는 이기심에 기반을 두고 있다. 인간의 정신체계의 모든 왜곡은 사람들이 하위-의식(sub-conscient)을 따라서 자신의 치명적인 부족함, 즉 그의 이기심을 사랑으로 확장시키지 못하는 것을 감추려고 하는 데 있다. 그때 이기심은 그 자신과 분리되지 않고, 자아-중심주의로 퇴락한다. 그때 개인은 자신을 세계의 주인으로 생각하고, 욕망들이 고조되어 이제 더 이상 충족시킬 수 없게 돼서 세계는 그에게 점점 더 적대적이고, 불안하게 느껴진다. 그렇게 될 때 역동적 변환의 촉매(불쾌는 언제나 쾌락으로 변환되기를 요구한다)인 불안은 긍정적인 힘을 잃게 된다. 그래서 정신적 통일성과 다른 사람들과의 연합을 유지시키는 대신 병적 해리(解離)가 생긴다.

 이것이 인간의 차원에서 모든 생명체의 생물학적-정신적 기반이 되는 쾌락과 불쾌, 사랑과 미움 사이를 충족시키려는 욕구의 단순하고, 기본적인 관계를 이해하기 어렵게 만드는 기능적 복합성들이다.

 2. 인간의 이기적인 자기-보존의 기본적 욕구로부터 섭식 욕구와 성적 욕구라는 충동은 반드시 구별되어야 한다.

 생명체의 자기보존의 요구는 충동들로 구체화된다. 따라서 진화 과정에서 충동은 기본적 이기심을 사랑(충족의 장이 확장되는 것)과 자아-중심성(충족의 장이 축소되는 것)으로 변환시킨다.

자기-보존 욕구는 본래 자신을 즉각적으로 보존하려는 힘으로는 물론 확장된 형태의 힘으로도 전개되는데, 그 힘은 환경에서 오는 수많은 침해로부터 유기체의 통일성을 지키려고 한다. 그런데 생명체는 다른 것들보다 그가 더 좋아하는 자극의 영향을 더 많이 받는다. 그가 그것들을 좋아하기 때문이다. 사랑의 첫 번째 지표는 아직 완전하게 결합되어 있지 않다. 선호하는 대상과 통합되려는 자기-보존의 기본적 이기심과 분화되지 않은 것이다. 거기에는 왕성한 식욕이 있기 때문이다. 확장성을 가진 기본적 욕구는 생명체들이 주변 세계에서 충족을 찾게 하는 허기(虛飢)와 식욕의 형태로 나타나고, 허기는 다시 인간의 두 가지 기본적 충동인 섭식(개체 보존)과 번식(종족 보존)으로 나누어져서 섭식 욕구와 성적 욕구로 분화된다.

한편 성욕은 점점 더 확대된 사랑으로 분화되는데, 그럼에도 불구하고 그것은 근본적으로 이기심의 변이라는 점에서는 변함이 없다. 그런데 사랑은 성욕이 가장 승화된 형태이다. 이기심은 결합의 요구를 세련되게 함으로써 사랑으로 변환되는 것이다. 그때 탐욕스러운 병합은 정신적 관계인 부드러움으로 대체된다. 그래서 탐욕의 지표는 여전히 부드러움의 표현 속에서 발견되고, 그것이 키스이다. 그러나 신체적 결합이 정신적 관계로 대체된 것의 가장 인상적인 표현은 동물의 수준에서 성욕이 새끼를 돌보는 것으로 변화된 모습에서 찾아볼 수 있다. 다른 어느 곳에서보다 여기에서 이기적 욕구에 내포된 기본적인 힘과 그것이 사랑으로 승화되는 경향을 잘 볼 수 있는 곳은 없다. 모든 것은 마치 한 배의 새끼들이 어미의 보존 욕구 안에 포함된 것 같이 진행되는 것이다. 그 새끼들은 비록 신체적으로 분리되어 있어도 어미에게 그녀의 한 부분으로 남아 있다. 그래서 성욕의 부드러운 사랑으로의 대체는 너무 강력해서 어미는 새끼가 공격을 받을 때 마치 자신이 공격받은 것처럼 느끼고 계속해서 방어한다. 그 결과 이기심의 승화인 사랑은 생명을 희생시킬 수 있는, 자기-보존이라는 기초적 욕구를 전도시킬 수 있게 된다.

　인간의 수준에서 사랑은 가장 고양된 형태에서조차 여전히 이기심의 변이(變異)라고 할 수 있다. 건강한 형태의 이기심은 궁극적 충족을 생명 전체와의 즐거운 연합에서 찾는 것이 최선의 결과라고 보기 때문이다. 하지만 이기심은 아무리 승화되어도 너그러운 사랑이나 완벽하게 객관적인 사랑인 선(善)으로 변환되지 못한다. 그래서 탐욕적인 사랑의 원시적 충동은 가장 미묘한 정신적 관계로 변환되기도 한다. 자아 충족의 궁극적 이상인 생명에 대한 이 전체적 개방은 자기-보존의 기본적 욕구의 원천인 원시적 폐쇄, 즉 개인적 분리와 정반대된다.

　그러므로 이기심이 변태적으로 전도되어 자아-중심성으로 되는 것은 불안의 근원이며, 이기심이 기쁨의 원천인 사랑으로 숭고하게 전환되는 것과 정반대이다. 그러나 자아가 이렇게 확장되기 위해서 부분적으로 초-의식적 경로를 차용하고(하위-의식적인 방식이 아니라 상위-의식적 방식이다), 그렇게 함으로써 매우 자주 정신적 책임을 회피하려고 한다. 따라서 이기심과 사랑이 근본적으로 다르다고 주장하는 편견보다 정신 기능의 원천을 이해하려는 노력을 방해하는 주장은 없다.

　3. 자기-보존이라는 기본적인 욕구를 섭식과 번식이라는 두 가지 기본적 충동으로부터 본능들을 구별해야 한다.

　가장 흔히 저지르는 혼동의 원천은 제대로 정의되지 않은 모든 전-의식적 기능들을 "본능"이라고 부르는 습관이다. 자기-보존을 본능이라고 부르거나 성욕을 본능으로 분류하는 것보다 더 잘못된 것은 없다. 자기-보존과 충동에 대한 기본적 욕구는 모든 종(種)들에게 공통적이다. 그리고 본능들은 각 종들에게 서로 다르고, 그에 따라서 본능은 각 종(種)의 특성을 결정한다.

　본능은 충동을 만족시키는 수단으로 정의된다. 따라서 섭식 충동은 예를 들어서 말하자면, 육식동물에게 사냥의 본능에 의해서 충족되고, 육식동물의 각 집단들은 먹이를 추적하고, 쫓으며, 공격하는 서로 다른 본능적 방식에 의해서 특성화된다. 인간의 차원에서 예상하는 활동은 본능적 반응성이다. 그리고 섭식과 성욕은 개인화된 욕구, 말하자면 다양한 욕망들로 확장된다. 욕구를 충족시키는 방식은 이제 더 이상 본능적 자동성에 의해서 결정되지 않고, 반성(réflexion)에 의해서 결정되는데, 그것은 부분적으로 정감적 사고의 성격을 띤다. 그래서 인간 행동의 동기들은 두 가지 집단으로 나누어진다. 정감적으로 맹목적인 동기들과 그것들을 통제하려는―종종 헛되지만―명료한 사고가 맞서는 것이다. 이런 정신내적 분열로부터 갈등이 생기고, 갈등과 더불어 정신내적 불안이 싹튼다.

동물의 수준에서도 두 가지 형태의 본능을 구분해야 한다. 하나는 즉각적인 욕구와 관계되는 기본적 본능이고, 다른 하나는 미래의 필요를 내다보고, 어떤 종류의 예상을 하는 이차적 본능이다.

사냥과 도주라는 기본적 본능은 충동적 요구가 갑자기 생기기 때문에 유기적 장애를 동반하는 공포와 분노 같은 정동적 충격에 의한 자극들과 밀접하게 연결되어 있다. 그런 상황은 섭식 충동에만 머물지 않는다. 그것은 앞에서도 말했듯이 성적 행동에서도 탐욕스러운 부드러움 때문에 분노와 공포라는 정동적 의미를 내포한 공격이나 방어와 매우 밀접하게 뒤섞여 있다. 이 두 가지 기본적 정동의 뗄 수 없는 혼합은 여성에게 포기의 반응, 남성에게 분노에 의한 공격을 하게 한다. 실제로 우리의 생존과 관계되는 섭식 충동에서와 달리, '순종으로 변한 도주'와 '부드러움이 혼합된 공격'은 성적 행동에서 생명과 죽음을 관장하는 최고의 게임, 말하자면 흥분을 자아내는 정동의 게임에서 나타난다. 그래서 그 게임에는 새로운 생명이 창조되도록 죽음이 정복되는 깊은 의미가 담겨 있다.

더 나아가서 공격과 싸움을 고무하는 용기는 성적 충동의 특징적인 정동의 한 형태이기 때문에 남성들은 종종 여성을 차지하기 위해서 죽음의 전주(前奏)와 같은 게임을 하게 한다. 그리고 그런 게임은 새나 초식동물 같은 종(種)에서는 섭식 충동의 면에서 나타나는데, 그 동물들에게는 공포가 더 많다.

기본적 본능(사냥과 도주)으로부터 셀 수 없는 수많은 이차적 본능들이 파생된다.

이차적 본능은 어떤 종들, 특히 곤충들에게 놀라울 정도의 정교함과 예지의 능력으로 발달되어 있다. 사냥의 본능은 모든 종류의 함정을 만드는 점에서 탁월하다. 똑같은 이 정교함은 번식 충동이 들어 있는 이차적 본능에서도 발견된다.

우리는 포유류보다 열등한 종들에게서 새끼를 돌보는 수고가 이차적 본능의 면에서 매우 다양하게 나타나는 것에 주목해야 한다. 새들이 가진 둥지를 트는 본능은 새끼를 돌보는 수고에 속하는데, 그것은 사실 악천후 앞에서 도주하는 기본적 본능이 분화된 산물일 것이다. 또한 도주는 철새의 이동 본능에서도 지배적으로 나타난다. 가장 사나운 포유동물들에게는 악천후와 햇빛에 대한 공포가 도주의 본능을 자극해서 낮 동안에는 굴속에서 지내게 한다. 군서(群棲) 본능의 가장 원시적 형태는 사냥의 본능에서 파생되는데, 그것은 늑대의 예를 생각하면 알 수 있다. 그들은 도주 본능을 매우 자주 사용하는 것이다. 군서 본능은 먹이를 가지고 다투지 않아도 되고, 같이 모여서 먹이와 안전을 찾는 초식동물에게서 많이 사용된다. 그것은 마치 공포가 그들을 무리 짓게 하는 것 같다. 그렇게 해야 안전이 더 보장되고, 경계를 더 잘 할 수 있기 때문이다.

이차적 본능의 공통적 특성에는 자동적 예상의 능력이 있으며, 그것은 인간의 특징인 의식적 경계의 전형(前形)처럼 생각될 수 있다. 이런 능력은 정감적 측면에서도 확인된다. 이렇게 파생된 본능들은 사냥과 도주 같은 기본적 본능들처럼 실제적 위험에 의해서 갑자기 나오지는 않는다.

따라서 거기 동반되는 정동에는 더 이상 충격의 경련적 성격이 들어 있지 않다. 유기적 기능의 교란과 정신 기능의 공황 상태는 느슨하고, 분산된 형태로 나타나서 기본적 정동을 수많은 정감들로 분화시키는데 도움을 준다. 정동성(émotivité)은 인간을 특징짓는 풍부한 감정적 삶을 예시하면서 다양한 감정적 동요를 드러내기 시작한다.

　여태까지 우리는 정신 기능의 기원에 대한 전체적 관점을 매우 개괄적으로 이야기했다. 그것은 진화가 몸에서 뿐만 아니라 정신적 현상들에서도 똑같이 일어날 수 있다는 사실을 살펴보게 하였다. 그러나 생물학은 진화를 외부적으로만 연구한다. 진화적 적응의 원리를 생존을 위한 투쟁의 면에서 보면서 외부세계에서만 찾게 하는 것이다. 심리학적 연구라는 관점에서 볼 때, 정신내적 성격을 가진 진화 원리는 불안에 내재한 변환의 역동 속에 존재한다. 더 나아가서 이 생물학적 연구와 심리학적 연구의 두 원리 사이에 상호관계가 있는 것이 분명하다. 즉 생존을 위한 투쟁은 정신적 불안의 외적 상황인 것이다. 그 어떤 생물학적 연구도 그것만 가지고서는 적응 과정의 세밀한 것들을 모두 다 설명할 수 없고, 그것으로부터 문제의 모든 측면들을 다 포괄하는 관점을 열어줄 수 있는 정향(定向)의 원리, 즉 지시적 가설을 끄집어낼 수 없다. 이런 상황을 부정할 수는 없다. 그 반대로 로스탕(J. Rostand) 같은 신중한 생물학자들은 그 사실을 강력하게 강조한다.

　이와 비슷한 제한이 파블로프의 생리학적 진화 이론에도 적용된다. 외부적 조건은 자극이 부족할 때 신체-물질에 영향을 미치지 못하는 것이다. 정신체계의 싹인 자극이 명료한 정신으로까지 나아가려면 정신이 그 안에 잠재적으로 들어 있어야 한다. 자극 안에서 감지할 수 있는 정신의 싹은 조건화보다 앞서는 조건성을 구성하고 있다. 그것은 기본적 걱정인 조바심, 즉 가장 기본적 불안이다. 기본적 불안은 그 안에 극복되어야 하는 욕구가 담겨 있기 때문에 정신의 싹이다. 이런 요청은 자기-보존과 충족을 위한 기본적 욕구 이외에 다른 것이 아니다. 만족스러운 자기-보존은 진화적 적응을 통해서만 달성되는데, 그 단계들에는 생존을 위한 기본적 욕구, 충동, 본능적 자동성, 정동, 다양한 정감성, 정감적 사고, 명료한 생각 등이 들어 있다. 죽은 물질과 살아 있는 신체를 구별 짓는 특성이며, 정신의 싹인 조건성, 과민성, 기본적 걱정 등 이런 원시적 특성이 본래 존재하지 않는다면, 진화는 이루어질 수 없을 것이다. 그것은 마치 물질적 기층이 존재하지 않았다면, 다시 말해서 두뇌의 발달로까지 이어지는 신경 체계의 전개가 집중되는 미분화된 세포가 처음부터 존재하지 않았다면 기관의 분화가 이루어질 수 없는 것과 마찬가지다. 그런데 그것들은 정신의 명료성이 유기적으로 나타난 모습이다. 이렇게 신체적 진화와 정신적 진화는 나란히 나아간다. 그것들은 정신-신체적 유기체의 진화에서 분리시킬 수 없는 두 측면을 이루기 때문이다.

두뇌는 사고(思考)의 신체적 조건 이외에 다른 것이 아니다. 그 어떤 혼동도 두뇌의 발달 단계를 연구하면서 사고의 발생을 보여주겠다고 주장하는 것보다 더 재난적인 것은 없다. 한편으로는 정감과 사고, 다른 한편으로는 피질-하부의 중심과 피질의 중심 사이의 밀접한 관계를 실험적으로 확립하는 것은 매우 유용하다. 그러나 그런 관계는 정신적인 것이 기관적인 것의 부대 산물에 불과하다는 사실을 입증하는 것은 결코 아니다. 파블로프도 심리학 연구에 자유로운 장(場)을 남겨두면서 그의 이론은 단지 진화의 생리적인 측면을 보여 줄 뿐이라는 사실을 여러 차례 강조하였다.

기질적 장애에 대한 연구를 할 때 외적 조건에만 주의를 기울이고 내적 조건을 무시하려는 경향은 관찰하기 좋은 외적인 것만이 연구 대상을 제공할 수 있다는 생각에서 비롯되는 것 같다. 그래서 우리는 정신내적 불안에 대한 연구 기반을 확립해야 하며, 유기체적 연구 경향만 따르다가는 진화의 의미를 곡해할 위험이 있음을 보여주어야 한다.

진화의 목표는 생명체가 불가능할 수도 있는, 외부 조건들로부터 독립적으로 되게 하는 것이 아니라면, 적어도 생명체를 가능한 한 외적 결정으로부터 자유롭게 하는 것이다.

본능은 동물의 삶을 완전히 조건 짓는 환경적 조건에 수동적으로 적응하게 한다.

그러나 사람에게 이런 원시적 상황은 반전(反轉)된다.

인류는 지성의 재치를 이용하여 외부세계에서 그의 욕구를 충족시키려고 한다. 그의 이런 적극적 적응을 무산시킬 수 있는 조건은 단 한 가지이다. 그것은 정신내적 성격을 띠는데, 그의 욕구들이 실현 불가능할 정도로 증가하고, 과도하게 되는 것이다. 그러므로 정신의 내면에서는 그의 욕구에 맞춰서 외부세계를 적극적으로 조건화시켜야 할 뿐만 아니라 내면의 무질서의 원인이며, 불안의 원천인 욕구가 과도하게 되는 경향과 싸워야 한다. 그것이 정신 내면의 최고의 특성인 명료한 통제이다. 명료한 통제의 두 영역으로부터 두 가지 분명히 다른 정신내적 기능들이 나오는데, 하나는 그 어떤 욕구들이나 다 충족시키려고 외부세계로 나아가는 공리주의적 지성(intellect)이고, 다른 하나는 그것들이 과도하게 되지 않도록 증가된 욕구들을 평가하려는 정신(esprit)이다. 이성에 의한 제지인 것이다. 따라서 개인을 외부적 조건으로부터 훨씬 더 자유롭게 하는 것은 지성보다 정신이다. 사회적 환경은 의식화된 지성의 노력에 의하여 조건화되었기 때문에 주체의 자율적 통제, 즉 감정 반응으로 나오는 정신적 통제가 충분히 작용하지 않는 한 각 개인에게 조건적으로 된다. 진화론적 관점에서 볼 때, 사람들이 자기 안에서 수동적 조건을 능동적 조건으로 변환시키지 못할 때, 그는 외적 환경은 물론 내면의 불안 때문에 수동적으로 조건화된다. 그때 가장 바람직한 상태는 그가 정신적으로 해방되는 것이며, 그것은 일차적 이기심을 "사랑"으로 변환시킬 때 얻어진다.

그러므로 외적 조건에만 초점을 맞춘 정신과학의 연구는 정신의 진정한 문제를 무시할 위험이 있다. 내면화된 조건화인 동기부여는 내면의 갈등을 두 가지 정반대되는 형태로 표출하여, 한편으로는 불안의 원천이 되는 감정 반응의 무질서, 다른 한편으로는 기분 좋은 만족의 원천인 명료한 방향으로 나아갈 수 있게 하기 때문이다.

따라서 외적 조건화를 내면의 동기로 전환시켜서 생각하는 것은 앞에서 이미 살펴보았던 또 다른 전환, 즉 기본적 이기심을 병적 자아-중심성이나 합리적 이기심으로 전환시키는 것과 무관하지 않다. 그때 합리적 이기심은 예상(豫想)의 능력을 통해서 자아의 더 나은 이익을 얻기 위하여 열등한 감정적 반응을 통제하고, 역전시켜서 생명에 대한 사랑을 꽃피우게 한다. 전환의 이 두 가지 형태 사이의 관계—그리고 그 정체성까지—는 언제나 명료성을 향해서 나아가는 진화의 불가피한 결과이다. 환경에 의해서 어쩔 수 없이 주어지는 수동적 조건화를 동기부여를 통한 자율적 조건화로 변환시키는 것은 인간의 더 일반적인 본성을 내면화시키지 않고서는 이루어지지 않는다. 인간의 정신체계에 있는 동력과 그것을 반쯤 의식화한 명료성을 통해서 이루어야 하는 것이다. 대상들 전체는 정신체계에 반영돼서 세계를 나타내는 이미지를 만들면서 정신의 내면에 흔적을 남긴다. 그래서 정감적 상상과 지적 표상은 반쯤 의식화된 정신체계의 기능들을 결정한다. 불안을 고조시키거나 완화시키는 모든 내면 작업이 이루어지는 것은 이 두 가지 반대되는 기능들 사이의 갈등을 통해서이다. 그리고 그 작업은 정신의 내면에서 개인의 본질적 운명을 결정한다.

외부 대상들에 의한 우연한 결정에 내적 대상에 의한 조건화가 덧붙여지는데, 거기에는 맹목적 감정들이 실린 이미지의 형태나 명료한 대상들에 의한 개념의 형태가 지배적으로 작용한다.

객관화 작업, 다시 말해서 외부세계의 종속적 지배(외적 조건화)로부터 벗어나는 것은 오직 내면의 표상(représentation)을 통해서만 이루어진다. 그 표상 속에 내면화되고, 단단히 자리 잡은 대상들은 이제부터 인지적이고, 개념적인 비교의 대상이 될 수 있고, 그것으로부터 개념의 의미와 범위를 규정하는 언어를 매개로 한 지적이고, 공리적인 사고가 도출되는 것이다. 그것으로부터 훨씬 더 진화된 형태의 사고도 생겨나는데, 그것은 그 기능이 대상들에 대한 평가를 통해서 생명을 진화하는 방향으로 이끌어가는 통찰력 있는 정신이다. 지도-이상(idéal-guide)이 되는 고상한 정신은 모든 사람들의 최상의 관심인데, 그것은 또한 의미 있는 충족을 갈망하는 합리적 이기심을 실현하는 것이기도 하다.

정신은 미래의 충족에 대한 가치 판단에 의하여 시간을 어떻게 사용할 것인가를 결정한다. 따라서 그것은 그가 멀리서도 그에 맞는 공간으로 나아가는 능력과 연결된 진화적 연속체 안에 통합돼서 나타난다. 우리는 그 능력을 이미 동물의 수준에서 감각 기능을 통해서 확인하였다. 동물이 땅에 뿌리 박은 식물과 달리 공간에서 움직이려는 욕구를 가지고 있으며, 외부세계에 의해서 조건화된 생명의 욕구를 충족시키기 위하여 식물보다 더 발달한 지각 능력을 갖추고 있는 것처럼 사람은 내적으로 조건화된 미로(迷路) 속에서 헤매기도 하지만 내면화된 관심을 향해서 나아가려는 능력인 내적 성찰을 한다는 점에서 다른 동물과 구별된다. 그때 내적 성찰은 정신적 예상의 한 가지 형태이다.

그와 반면에 신체의 진화적 구조는 움직일 수 있는 수단인 사지와 충동의 기관들(특히 몸통의 형태를 결정하는 소화관) 및 두뇌의 더듬이와 촉수인 감각기관들을 위치시키려는 요청(그것이 결국 머리와 얼굴의 모양을 결정한다)에 따라서 달라진다. 신체 조직은 앞에서도 말했듯이 고등동물에서 지성의 번득임과 함께 직립 자세와 손의 자유로운 활동으로 완성된다. 그러나 가장 진화된 동물 종(種)인 인간은 무엇보다도 먼저 감각적, 공간적 지향의 우월성에 의하여 특징지어 진다. 그것은 그렇지 않은 동물들에게 본능적 예지력이 자동적으로 주어지는 것과 같다. 그 두 가지는 모두 환경에 전체적으로 의존적인 수동적 조건화에 완벽하게 적응하려는 것인 점에서는 마찬가지다.

인간이라는 종에게서 진화의 연속체는 중단되지 않으면서 결정적 변이(變異)가 이루어진다. 인간에게까지 진화의 수단으로 괄목할 만하게 지배적이었던 신체 조직은 외적 관찰이 불가능한 내면의 분화에 자리를 내주는 것이다. 앞에서 말했던 전환이 이루어지는 것은 바로 이 지점이다. 지각된 세계를 내면화시킨 표상화가 이루어지고, 내적 성찰에 의한 통제가 요청되며, 내면의 복잡성이 강화된 것들을 정리해야 하는 것이다. 이런 내재적 요청을 소홀히 할 경우 인간의 특징으로서 불안과 죄책감이 생기는데, 그것들은 치명적 불안이 분화된 것이다. 이렇게 분화되는 것은 욕망들이 너무 많이 증가해서 정신적 장애가 생겼기 때문이다. 이것은 순전히 내적인 현상으로 불안은 무엇보다도 먼저 외적인 조건에 의해서 생기지 않는다.

인간 정신의 병적 작용인 퇴행적 분규들이 연달아서 생기는 것은 죄책감에 의한 불안을 억압했기 때문이다.

정신내적 불안의 발생에 대한 이 예비적 고찰을 마무리하기 위해서 프라딘(M. Pradine)의 『일반심리학 논고』(*Traité de psychologie générale*)를 언급하는 것이 좋을 것이다. 이 책은 우리와 다른 각도에서 고찰하였고, 완전히 다른 방식으로 논지를 전개하였지만, 이 책의 많은 관점들에서 우리가 여태까지 말했던 진화론적 이론을 찾아볼 수 있다. 가장 중요한 유사점은 인간의 정신에는 진화 과정에서 도무지 설명할 수 없는—우리는 거의 알 수 없다—거의 초자연적 원천에서 나온 심리적 기능이 아니라 아직 전-의식적 형태이기는 하지만 정신-신체적 유기체의 가장 기본적 기능 안에 이미 형태를 갖추고 있는 어떤 "싹"이 있으며, 진화적 적응의 목표는 내재적인 이 "싹"을 전개시키는 것이라는 생각이 그것이다. 나는 이렇게 비슷하게 이루어지는 연구 여정에서 서로 수렴되는 관점으로 나아가는 것을 확인하게 돼서 매우 기쁘다.

뒤마와 쟈네의 불안

뒤마는 정신체계에 대한 연구를 과학적인 방법으로 시행하려고 정신내적인 것에 대한 연구를 도외시하고, 도표를 그려서 측정할 수 있는 기관적 장애에만 관심을 보인 것에서 절정에 이른다.

인간의 정신체계에서 감정 생활은 망설임과 결단을 같이 결정하는 의지뿐만 아니라 의심 때문에 걱정하고, 인식을 통해서 기뻐하는 사고의 기초를 형성하기 때문에 뒤마는 모든 감정적 반응을 혈관과 호흡 장애로 나타는내 도표를 통하여 측정할 수 있다고 자랑하면서 정신적인 것들을 모두 정량적으로 측정하려고 했던 것이다.

뒤마는 정동들과 감정들이 몸짓이나 표정들로 나타난 것들에 대한 수많은 연구들을 도표로 그려서 나타내면서 『정감적인 삶』(La vie affective)을 출판했는데, 그 책은 모든 종류의 것들을 풍부하게 다루었고, 때때로 매우 흥미롭기도 하다. 그러나 내면에서 느껴지는 감정들은 전혀 중요하지 않은 관념-정감의 동요에 불과하다는 핑계를 대면서 철저하게 정신내적인 것에 대한 연구를 배제시켰다.

우리는 여기에서 뒤마가 정동을 어떻게 정의하는지 알 수 있다: "(그것은) 운동이나 운동의 정지이고, 유기체적인 삶에서 일어나는 변화이며, 저절로 일어나는 의식의 상태이다."[19]

이런 정의로부터 인간의 정동에 대해서 분석하려면 기관(器官)의 장애는 물론 의식의 상태까지 연구해야 한다는 결과가 나온다. 뒤마는 그의 지나친 유기체론을 뒷받침하기 위하여 똑같은 종류의 다른 수많은 예들 가운데서 다음과 같은 관찰을 보고하였다: "부르는 소리가 나거나, 무슨 소리가 들리거나, 내가 그녀의 침대로 다가가는 등 그녀의 주위에서 사소한 일이 발생하면, 그녀는 '깨워지기' 시작하고, 즉시 그 표상들 앞에서 손을 꼬고, 비틀거나 심장이 빠르게 뛰고, 혈압이 조금 올라가면서 소리 지르거나 불평하거나 신음 소리를 낸다."[20] 그리고 더 뒤에서 다음과 같이 덧붙인다. "우리가 이 정감적 동요를 그냥 흘려 보낸다면, 오귀스틴은 낫지 못할 것이다. 그녀는 절망에 빠질 테고, 걱정이 많을 것이다. 하지만 그녀가 동요되었고, 흥분했을 때, 그녀는 절망을 낙담하고, 약해진 동요에 뒤섞었다."[21] 뒤마에게 이 사례는 그가 "짙은 슬픔"이라고 부른 정동 상태의 한 가지 예일 것이다. 정신의학에서 슬픔(정동이 아니라 감정이다)과 우울(슬픔이 병적으로 고양된 상태)을 너무 구분하기 때문에 뒤마가 여기에서 원인을 강조하려고 정동을 무시했다고 생각할 여지는 충분하다. 하지만 그가 여기에서 정감적 동요의 원인이 손을 꼬거나 비튼 신체적 동요에 있다고까지는

19　G. Dumas, *La vie affective*, 85.
20　*Ibid.*, 94.
21　*Ibid.*, 95.

주장하지 않았지만, 그 원인이 심장이 빠르게 뛰고, 혈압이 올라간 것과 관계된다고 생각한 것은 틀림없다. 어쨌든 그는 정신적 장애의 진정한 원인을 "낙담하고, 약해진 동요" 속에서 찾아야 한다는 생각을 권하는 것이다. 다시 말해서, 뒤마를 따르자면 그 원인은 유기체의 약화에 있는 것이다. 이것이 정신적 장애에 커다란 역할을 하는 것은 틀림없다. 그러나 유기체적 약화가 그 어떤 정신적 우울도 야기하지 않는 수많은 예들이 있다.

숨만 한 번 쉬어도 이 정신내적 원인을 사라지게 할 수 있다는 생각은 내면의 중요성을 최소화시키려는 편견을 말해 준다. 정감적 동요를 사라지게 하려고 그것을 불어버리는 것만으로는 충분하지 않은 것이다. 그 근원에 강박적이고, 하위-의식적인 원천이 있기 때문이다.

인간의 반응에 과도한 경련적 에너지를 불어넣고, 정신적 동요는 물론 신체적 동요까지 불러일으키는 것은 하위-의식에 축적된 병적 불안이다.

우리가 그것을 가볍게 불기만 해도 사라질 것이라는 주장을 하는 대신 이런 불안의 성격과 그것들이 축적된 원인에 대해서 충분히 연구한다면, 그 불안은 진정될지 모른다. 그것을 과장되게 불러일으키는 것은 물론 손의 부자연스러운 움직임들과 심장의 과도한 박동 및 다른 유기체적 증상들까지 말이다.

뒤마가 관념-정감적 동요를 무시한 이유는 우울증을 앓는 사람들이 보이는 단조로움 때문이다. 그가 "기뻐하는 사람들"(조증을 기쁨에 대한 계량적 연구에 사용하려는 의도에서 정당화하기 위해서 부른 것)이라고 부른 조증 환자들의 병적 행복감의 경우에서 뒤마는 "그들의 사고는 빈약하거나 단조롭지 않고, 오히려 다양하고 풍부하다"[22]고 말했다. 그러나 그것은 그로 하여금 정신내적 본성의 풍부함을 분석하도록 촉구하지는 않았다. 그렇게 했을 경우, 그것은 그가 그런 분석의 필요성을 부정하도록 하지 않았을 텐데 말이다. 그러나 그는 그가 생각하기에 더 쉬워 보이는 것을 위해서

---

22   Ibid., 101.

더 세밀하게 분석하는 것을 포기하였다. 뒤마는 우울증과 기쁨의 관념이 다르다는 사실을 확인한 다음, 이렇게 말하였다: "이런 것들이 우리가 활발한 기쁨에 대해서 연구할 때의 기쁨과 그 자신에 대해서 쉽게 식별할 수 있는 지적 특성들 및 감정들이다."23 하지만 이 행간에 담긴 내면의 관찰에 대한 뒤마의 암시를 읽을 수 있다는 사실은 흥미있다.

전체적으로 볼 때, 우리는 뒤마가 유기체론을 지나치게 강조한 것은 그가 병적 감정들을 단순히 정동들이라고 보았기 때문이라고 생각할 수 있다. 이것은 특히 앞에서도 살펴보았듯이 리보가 감정으로서의 "불안"을 정동으로서의 "공포"와 구별하려고 했던 것에서 확인할 수 있다. 뒤마는 "공포는 통증이나 아픔을 지속적이고, 생생하게 표현할 때 생기는 정동적 반응"24이라는 제임스 설리(James Sully)의 정의를 채택하였다. 그러나 여기서 말하는 것은 오히려 불안에 대한 정의이다. 공포는 실제적 위험에서 온 현재의 외상에 대한 정동적 반응인데 반해서 불안은 미래에 가능한 아픔을 감안하고, 그에 따라서 모든 감정들처럼 생생한 표상들 아래 머무르는 두드러진 특성이 있기 때문이다(이렇게 용어의 정의까지 살펴볼 때 혼동은 없어진다). 하지만 뒤마는 끊임없이 불안을 공포의 예로 제시하려는 의도를 가지고 설명하였다. 그리고 어디에서나 "공포"와 "불안"을 동의어처럼 사용하였다.

그렇게 될 때, 명백한 객관성은 깊은 주관성의 뒤에 숨게 되고, 그것은 다시 수많은 불명확성의 원인으로 된다. 이런 주관성의 뿌리는 소위 "관념-정감적 동요"라고 멸시하듯이 부르는 정신내적인 것에 대한 연구를 무시하려는 경향에 들어 있다. 인문과학과 치료에서 "객관적"이라는 용어는 "신체적 표현에 대한 관찰"을 의미한다는 구실 아래 관념-정감적 동요라는 연구를 배제하고 연구의 대상에서 제외시킨 것보다 더 위험한 혼동은 없을 것이다. 이 정신내적 현상과의 관련에서 공평성은 쉽지 않지만, 우리가 앞으로 살펴

23　*Ibid*., 101.
24　*Ibid*., 105.

볼 테지만 결코 불가능하지는 않다. 뒤마와 특히 리보처럼 놀랄 만한 재능을 가진 뛰어난 학자들이 헤매는 것을 보는 것은 믿을 수 없는 일이다. 그들에게는 꿰뚫고 들어가는 힘이 있었지만, 잘못된 방향으로 나아갔고, 거기에서부터 결국 커다란 오류가 생겼다. 아무리 훌륭한 연구자라도 올바른 방향으로 이끄는 길에서 벗어나면, 목표에 도달할 수 없는 것이다.

불안이 발생하는 조건을 살펴보려면 기본적 정동(émotion)과 정신질환의 원인이 되는 감정에서 나온 정감적 삶의 차이점을 분명하게 구별해야 한다.[25]

슬픔과 기쁨 같은 그 어떤 정감의 쌍도 공포와 분노(도주와 공격)라는 정동의 기본적 쌍과 같은 수준에 놓을 수 없고, 놓아서도 안 된다.

갑자기 위험이 들이닥치지 않는 한, 의식의 수준에서 공포와 분노는 이제 더 이상 치명적 위험이 될 수 없는 것이다. 그것들은 고작해야 수많은 욕망들의 실현과 반대되는 많은 장애물로 될 뿐이다. 그때 공포와 분노는 기본적 정동들이 아니라 사람들에게 수많은 뉘앙스를 가진 감정으로 된다. 다시 말해서 과거와 미래에 대하여 상상하려는 정감(affect)으로 되는 것이다. 그러므로 불안은 상상에 의한 공포이다. 그런 반응은 이제 더 이상 자동적이고, 즉각적이지 않다. 불안이 만족스럽게 해소되지 못하면, 불안은 어려움을 상상적으로 고조시키면서 위협하고, 예상되는 불안한 동기를 통하여 어떤 의도들로 잠재하게 된다.

동물에게 실제적인 위협이 만든 공포와 분노 같은 정동들은 그 강도에 따라서 겁이나 용기로 분명하게 갈라진다. 그러나 사람들에게 감정은 어느 정도 예상될 수 있고, 의도적으로 되면서 정동은 평이한 감정으로 되기

---

[25] 여기에서 디엘은 감정(sentiment), 정감(affect), 정동(émotion)을 구분해서 사용한다. 감정은 외적 사태에 대한 "좋다", "나쁘다", "기쁘다", "슬프다" 같은 주관적 가치 판단이고, 정감은 감정이 한 단계 깊어져서 "가슴이 뭉클하거나, 눈물이 핑 도는" 등 생리적 변화를 일으키는 내적 반응이며, 정동은 정감이 더 깊어져서 행동의 변화까지 일으키는 내적 반응이다. 따라서 정신치료에서는 정동이 매우 중요하게 다루어진다(역자 주).

를 그치고, 현재의 실제적 대상들과 분리된다. 정동들은 대상의 대표적인 이미지에 고착되고, 위협을 줄 것이라고 예상되는 감정적 반응에 고착되는 것이다. 감상적인 애정으로 된 이 정동들 전체는 위협이 예상되는 이미지들과 연계된 의도가 모호한 상상력으로 되는 것이다. 그에게 닥쳐오리라고 예상되는 이런저런 장애물에 의해서 촉발된 용기나 겁의 성격을 가진 수많은 정감의 뉘앙스들은 상상력의 작용으로 강력한 정신내적 작업을 수행하는데, 사람들은 겁을 먹었다가 다시 용기를 낼 수 있고, 용기를 냈다가 꺾일 수도 있다. 그때 용기를 내는 것이나 낙담하는 것들은 모두 정감적 색조를 띤 상상력의 명료성이나 맹목성의 정도에 달려 있다. 하지만 상상력이 병적으로 고양돼서 생긴 맹목성은 기본적 정동이 겁을 집어 먹어서 생긴 찌꺼기이다.

분노는 그 의도가 공황적 공격으로 되는 한 그 자체로 겁먹은 상태이다. 따라서 아무것도 예상할 수 없을 경우, 어느 정도 예상할 수 있는 상상력의 수준으로 된 정신내적 작업에서 공포와 분노는 충분히 설명할 수 없지만 합쳐지게 된다. 그 결과 용기는 겁(怯) 속에 흡수되는데, 그것은 상상 속에서 느슨하고, 병적 형태를 띤 내적 불안의 원천이 된다. 공포와 분노는—도주하거나 공격하는 경향과 함께—하나의 독특한 불안한 감정 안에 합쳐지지만 병적 불안 속에서 식별될 수 있다. 그것들은 그것들의 특징인 억제와 공격성이라는 양가적 특성들을 결정하는 것이다. 따라서 우리는 반쯤 의식화된 정신에서 정동으로부터 수많은 형태의 정신내적 고뇌인 근심, 양심, 수줍음 등이 생기는 것을 본다.

각각의 불안은 환경적 조건 때문에 우발적으로 생기지만, 불안한 상태에는 본질적으로 내적인 성격이 있다. 고뇌(angoissement)는 그것이 제대로 작동하기만 하면 밀려드는 흥분을 통제해야 하는 정신내적 작업이 불충분하게 이루어진 결과이다. 흥분이 통제되지 않으면 흥분이 고조돼서 병적 수준에 오르기 쉽다. 그것이 "고뇌"라는 말의 의미를 정당화시킨다.

상상적 반추와 그의 맹목적인 힘 때문에 병리성은 "정신이 온전하지" 못한 상태에서 생기고, 그 결과 장애물로 된 위험과 고뇌를 제대로 설명하지 못하게 된다. 그에 따라서 가장 높은 수준의 적응인 "온전한 정신"에는 공황적 자동성과 반대되는 특성이 있다. 자극적 위험을 상상을 통해서 내면화하는 것은 공황에서 벗어나 적응하려는 데 목적이 있다. 그래서 이런 내면화는 반추에 의해서 재현된 위험에 굴복하는 것이 아니라 미리 인식하려는 것이다. 이렇게 제대로 된 회복 덕분에 처음에 매우 불안했던 위험은 문제 해결의 수준으로 올라가게 된다. 진화의 가능성이 이런 방식으로 이루어지면, 상상 속에 있던 위험과 겁을 먹고, 불안했으며, 낙담되었던 부정적인 감정들은 차례대로 정신적 통제 속으로 들어간다. 따라서 "고뇌"는 본래의 신체적인 성격이 아니라 내면적이고 도덕적인 용기의 형태로 수정된다. 정신내적 불안이 정신적으로 수정되면서 긍정적이고, 의미 있는 감정들이 생겨나는 것이다. 그때 굳세고, 용기를 북돋우며, 즐거운 감정들이 생겨난다. 증오를 불러일으키는 무력한 격노(激怒)의 특성을 가진 수많은 형태의 정신내적 불안에 맞서서 정신적 성취의 기쁨이 들어서는데, 거기에는 증오와 달리 사랑을 고취시키고, 모든 공황적 질겁에서 벗어난 태도, 즉 도덕적 용기의 힘이라는 특성이 있다.

그러므로 발생학적으로 생각할 때, 슬픔은 뒤마가 생각한 대로 기쁨(joie)의 반대말이 아니다. 슬픔은 즐거움(gaieté)을 긍정적인 면에서 보충하는 것이다. 슬픔과 즐거움은 그 사람의 성질에 따라서 외적 사건에 의하여 우발적으로 생기는 감정들인데 반해서 불안과 기쁨은 지속적인 영혼의 상태이다. 그것들은 본질적으로 정신내적 작업의 긍정적이거나 부정적인 본성에서 비롯되기 때문에 사람들에게 중요한 자질이나 무능을 가리키기도 한다.

이런 구분은 병적 불안의 정도를 측정하여 자의적으로 정감의 심리학을 세우려는 시도를 드러낸다. 그것들은 언뜻 보기에 관념-정감적 동요의 강력한 병원성(病源性)을 보여주는 것이다.

이 분석을 마무리 짓기 전에, 여태까지 해왔던 생명-발생적이고 정신-발생적 정의들이 모든 사람들이 그렇게 느끼는 불안과 병적인 상태 사이에 존재하는 연결고리와 차이점을 이해하는데 도움을 준다는 것을 간략하게 보여 주는 것이 중요하다.

단순한 신경과민적 수준에서 병적 불안의 정도가 경미할 때도 이미 상상력은 모든 부분에서 오는 것으로 상상되는 위험을 피하려고 끊임없이 수많은 방어나 공격의 수단들을 제시한다. 하지만 그 수단들은 불안 때문에 제대로 된 방향을 잡지 못하면서 격분하거나 두려움 때문에 억제돼서 현실의 요구에 부응하지 못하고, 일관성 없이 제시되어 결국 실패하고 만다. 그때 사람들이 더 당황하게 되는 것은 당연하다. 그에게 유전적 배경이 있으며, 현실에 대한 적대감이 극복할 수 없을 정도로 클 경우 병적 불안은 포기라는 공황적 반응을 띤 영구적 공포로 악화될 위험이 있다. 그때 그 공포는 상상적인 수준에서 삶에 대한 절망이라는 형태로 나타나는데, 그것은 치명적인 위험 앞에서 원시적 공포에 의한 공황과 마비(léthargie) 상태를 연상시킨다.

운동성 마비(긴장증)와 실성한 듯한 공황(상상에 의한 망상)은 병적 불안이 정신증의 정도로 항진된 포기 반응의 정점에서 나타난다. 망상적으로 되어버린 관념-정감적 동요는 끊임없이 치명적인 위협을 떠오르게 하고, 상상적 위험을 되새기게 하며, 도망가거나 공격하려는 비논리적인 수단을 제시한다. 상상력이 비실제적인 위험들을 "환각하게" 하고, 필사적으로 도주하게 하는 것이다. 그러나 상상 속에는 공격이 성공했다는 거짓된 그림을 그리게 하고, 병적 행복감과 희망과 승리의 망상을 불러일으키는 힘도 들어 있는데, 그 밑바닥에는 불안감이 더 짙어서 그것들은 부조리한 무사태평과 기괴한 즐거움의 희화화가 바깥으로 드러난 것이다. 그것은 뒤마가 말한 "즐거워하는 사람들"에 잘 나타나 있다.

조증과 울증이라는 정신증의 두 가지 상태는 똑같은 주체 안에서 종종 번갈아 나타나며, 그것은 그것들의 뿌리가 공통적이라는 사실을 말해 준다. 이렇게 전도된 상태에는 내장 신경 기능들의 완화나 악화가 동반된다. 우울했던 상태에서 갑자기 행복한 조증 상태로 바뀌거나 그와 반대로 되는 이런 급변의 유기체적 원인을 이해하기는 매우 어렵다. 조증과 울증이 교대로 나타나는 정신적 이유는 그것들이 신체적인 영향, 특히 내분비선의 기능의 영향을 받은 것으로서 뿌리가 공통되기 때문이 아닐까? 그러나 슬픔을 우울증적 절망과 혼동하고, 슬픔이 조적(燥的) 행복감의 기반이 된다고 주장하는 것보다 더 잘못된 것은 없을 것이다.

기쁨은 슬픔으로부터 얼마나 벗어났는지 하는 것에 의해서만 알 수 있는데, 그 정도를 어떻게 잴 수 없으며, 오직 정신내적 분석에 의해서만 알 수 있다.

이런 종류의 측정은 오래 전부터 포기되었다는 사실도 언급해야 한다. 그것은 불안을 오직 유기체적 측면에서만 보려는 관심이 얼마만큼 멀리 나갈 수 있는지 흥미있게 지켜보게 해 준다.

그러나 주변적 현상들에 대한 심층적 연구가 의심스러운 결과들만 가져올 뿐이라고 주장하는 것은 옳지 않다. 정신의학은 이론보다 치료적인 목적에서 모든 신경적, 내분비적, 혈관적, 강장적, 운동적 장애에 대해서 검사한다. 정신의학이 주관적이라고 생각되는 영역으로 끌려들어가는 것이 두려워서 불안의 내적 측면을 발생학적으로 설명하는 과제 앞에서 뒤로 물러선다면, 망상과 환각으로까지 치닫는 관념-정감적 왜곡에 깊은 인상을 받지 않을 수 없다. 정신의학은 적어도 그 징후들에 대해서 분류를 마쳤고, 기술해 놓았다.

뒤마는 그 자신을 심리학자라기보다는 정신과의사로 성가를 더 높였다. 그는 『정신병과 신적인 것 및 초자연적인 것』[26]이라는 저서에서 다음과 같이 말하였다. "환자들은 그들에게 다가오는 에너지, 즉 그들과 싸우려는 에너지를 느낄 것이고, 그 에너지와 싸우려는 불안에 사로잡힐 것이다. 그

---

26 G. Dumas, *Le Surnaturel et les dieux d'après maladies mentales*(Essai de théogonie pathologique), Paris, PUF, 1946, 163.

들은 때때로 그들의 정신 상태와 믿음에 따라서 이 힘에게 초자연적이거나 악마적, 혹은 신적인 성격을 부여하지 않을까? 그들은 정신증이 그들에게 허락하는 것보다 더 정확하고, 확실한 것을 기다리지 않고, 이 길을 따라서 초자연적인 것을 향해서 나아갈 수도 있을 것이다. 다시 말해서 그들은 의식을 가지고 강박관념과 의지를 맞세우는 것이다." 뒤마는 이 구절과 앞에서 언급했던 다른 책들에서도 관념-정감적 동요에 중요성을 너무 부여해서 그가 『정감적인 삶』에서 그 동요를 경멸하는 것을 이해하기 어렵다. 강박관념과 의지 사이의 갈등이 정신내적 불안이 아니라면 무엇이라는 말인가? 환자들이 이 갈등에 대해서 정확하고, 확실한 것을 알지 못한다면, 정신과의사와 심리학자들은 치료자와 학자의 임무로서 정신질환의 본질적 원인인 이 갈등의 본질을 밝혀야 하지 않을까?

일반 정신의학의 가장 골치 아픈 문제는 정신기능의 현저한 장애, 특히 기질적 원인을 발견하지 못해서 내적 원인론을 받아들이기도 어려운 기능적 정신증에 있는 장애이다.

이 문제는 결국 정신과적 연구가 망상 상태에 대한 분류와 기술의 단계를 벗어나도록 강요하였다.

프랑스 학파는 정신체계의 초-의식적 작용의 연구의 길을 열었다. 무엇보다도 베른하임, 샤르코, 쟈네 등은 불안의 심층을 내적으로 체험되는 측면으로 이끄는 연구의 길을 준비하였다. 따라서 쟈네가 그의 중요한 저서 『불안으로부터 엑스터시로』의 제2부의 앞부분에서 불안의 개념에 대해서 요약한 것을 잠시 살펴보는 것도 필요하다. 우리는 그의 이론을 다소 비판적으로 고찰할 텐데 그것은 그에 대한 존경을 무시한다는 것은 아니다. 또한 너무 간략하게 설명해서 그의 공헌을 소홀히 할 수 있어서 염려스럽기도 하다.

쟈네는 순전히 유기체론적 이론들에 반기를 들면서 최초로 불안의 문제를 외적 조건화와 유기체적 대응에 대한 연구에 제한하지 않고 완전히 개방적으로 살펴보려고 했다는 사실에서 그의 전임자들과 구별된다. 그러나 그는 내적 조건의 중요성을 평가했지만, 그것을 최소화 하려고 했던 과거의 경향을 완전히 뛰어넘지는 못하였다. 쟈네는 여기에서 "행위"(conduite)라는 용어를 끌어 들였는데, 그것은 인간의 활동을 결정하는 두 가지 구성 요소인 정신내적 원인(동기)과 확인 가능한 외적 결과(유기체적이고 운동적인 반응) 사이의 일종의 접점(接點)이다.

> 쟈네가 사용한 "행위"라는 용어에는 두 가지 의미가 있다. 그것은 한편으로 행위자-원리를 의미하고, 다른 한편으로 내적 노력의 결과(행동)가 그것이다. 그래서 정신적인 것은 활동적 원리로 나타나고, 신체적 표현들은 수동적인 것으로 나타난다. 하지만 내면의 동기부여는 충분히 취해지지 않는다. "행동"(action)이라는 용어는 일반적으로 신체적 운동의 반응들에 맡겨진다. "행위"라는 용어는 어느 사이엔지 정신체계의 내적으로 유도하는 행동을 고려하는 의미를 상실하고, 이제는 스스로 움직이는 방식(행동)만 의미하게 되었다.

그러므로 용어를 합쳐 놓으면 혼동될 위험이 있다. 그것은 내적 원인론을 받아들이면서도 외적 행위를 중시하는 것으로 전환시키고, 결국 정신-신체적 유기체의 확인 가능한 외적 반응만 연구하게 한다. 쟈네의 모든 저작에는 내적 기능을 받아들이면서 동시에 부정하는 경향이 있다. 그는 병적 불안의 원인들을 행동의 갑작스러운 장애와 거기서 비롯되는 잘못된 반응에서 찾으려고 하는 것이다.

정신 내면에서의 비현실적이고, 고조된 상상력에서 나온 위험에 의한 불안이 지속적으로 장애를 만들어내지 않는다면 그 장애는 사람들이 계속해서 실패하게 하지 않는다. 거기에서 비롯된 활동의 장애와 수많은 실패는 마음의 동요가 정신 내면에서 고뇌에 찬 반추(앙심, 괴롭히기, 복수의 필요성, 위협 등)로 변환된 결과이다. 쟈네는 수줍음은 겁먹은 행동이라는 정신 내적 현상이 행동으로 드러난 것이라고 생각하면서 그것이 고뇌의 원인이라고 간주한다. 그렇게 하면서 원인과 결과를 뒤집는다.

더 나아가서 쟈네는 순전히 우발적인 실패와 관련된 불안에 대한 그의 정의를 불충분한 것이라고 암묵적으로 고백한다. 그 이유는 그가 불안의 본질적 원인인 정신내적 "대상"을 고려하면서 동시에 그 존재를 부정하려는 다른 정의를 가지고 보충하려고 했기 때문이다. 쟈네의 이 정의에 의하면, 불안은 "대상이 없는 공포"이다.

그러므로 불안은 실제로 존재하는 어떤 대상과 관계되지 않고, 상상적 장애물의 표상과 관계되는, 시간적으로 확장된 공포라고 말해야 한다. 불안에서 모든 상황은 (장애물에 대한 감정뿐만 아니라 대상 자체도) 정신내적으로 집중되어 있다.

불안한 상황과의 접촉은 불안의 표현이 환상적 상상력이기 때문에 그 대상과 어울리지 않을 경우 실제적으로 되지 않고, 정의상으로도 비실제적이지 않다. 불안에는 실제로 아무 대상도 없는 것이다. 병적 불안은 그 대상과 단절되었고, 방향도 없기 때문에 요동칠 수 있고, 상상에 의해서 그 어떤 다른 대상에 들러붙을 수도 있다. 이런 병적 전환은 습관적으로 된 건강하지 못한 관념-정감적 동요 때문일 수 있다.

병적 불안의 진정한 대상은 외부에 있지 않다. 그것은 정신에 어떤 결핍 때문이다.

이렇게 될 때 "정신내적 불안"이라는 용어의 의미는 충분히 명료해진다. 불안은 드러났거나 상상적 대상이 내면화된 정감으로 되었기 때문이다. 그것은 병적인 것으로서 정신체계의 건강하지 못한 배열에 의해서 상상력이 만든 것이기 때문에 정신내적 특성을 가지고 있다. 따라서 그것은 외적 상황과 아무 상관이 없다.

대상을 정신의 바깥(신체 기관과 환경)에서만 찾으려고 한다면, 불안의 대상이 없는 듯하다. 삶에서 정신내적 위험이 가장 본질적 위험인 것이다. 불안은 정신병적 증상들의 원인으로서, 꿈에서는 모습을 바꾸어서 폭발하면서 정신체계를 퇴화시키고, 왜곡하기 때문이다.

 억압된 불안은 모든 사람들의 내면에 어느 정도 존재한다. 그러나 불안이 억압되면 사람들을 수줍게 하거나 공격적으로 되게 한다. 불안은 사람들에게 잘못된 동기를 부여하거나 거짓된 자기-정당화를 하게하며, 다른 사람을 과도하게 비난하는 원인이 된다. 모든 개인적인 삶과 사회적인 삶에서 사람들이 하는 행동들과 상호작용은 억압된 불안의 악행 때문에 교묘하게 왜곡된다.

 그것을 규명하려면 명료한 정신이 맹목적 정감과 싸우는 해명 작업이 필요하다. 그런 이유에서 정신내적 불안은 정신내적 문제 앞에서 제일 불안을 깊게 느낀다. 객관성을 기한다는 구실로 내적인 문제에서 대상이 없어진 불안은 "반응 장애"를 불러온다. 심리학의 실패는 내적인 문제 앞에서 공포증을 일으키기 때문이 아니라 처음부터 길을 잘못 들어서 파생된 것이다. 그 원인은 모든 사람들이 깊이를 알 수 없다고 생각되는 초-의식적인 것의 심연(深淵)에 접근할 때 그들을 사로잡는 현기증 때문이다. 그것은 마치 사람들이 두려움과 포기라는 원시적 반응을 연상시키는 공황적인 두려움 같은 것이 아닌가 한다. 그러나 긍정적인 형태의 불안이라는 변환적 역동은 하위-의식에서 나온 포기 앞에 마주 선다.

 정신내적 불안의 문제는 초-의식을 발견하는 길로 안내하는 것이다.

정신분석학에서의 불안

 정신체계는 어느 정도 의식적인 기능들의 전체라서 초-의식적인 것은 그 전체가 백일몽 같은 비현실적인 것과 정신병적 증상들(망상적이고, 환각적인 몽상에 이르기까지) 및 밤에 꾸는 꿈과 신화라는 집단적인 꿈들로 구성된 비논리적 표현들 때문에 의식적인 것과 구별된다. 모든 초-의식적 표현들의 저변에는 하위-의식에 축적된 불안이나 강박적 불안을 극복하려는 거의 의식적인 노력을 나타내는 숨겨진 상징적 의미가 들어 있다. 그러므로 정신병리 증상들에 내포된 상징은 삶에 내재된 의미를 하위-의식적으로 표현하는 신화적 상징주의, 즉 모든 민족들의 문화적 기반(基盤)이 과장되게 왜곡돼서 나타난 것이라고 할 수 있다. 우리는 이미 망상의 저변에 있는 궁극적 의미를 가장 근본적으로 부정하는 뒤마가 환자의 관념-정감적 동요와 종교성의 표현인 신화의 상징성 사이에 밀접한 관계가 있다는 것을 살펴보았다는 것을 안다. 물론 그는 그 전에 종교와 종교성을 구분하기는 했다.

정신체계는 어느 정도 의식적인 기능들의 전체라서 초-의식적인 것은 그 전체가 백일몽 같은 비현실적인 것과 정신병적 증상들(망상적이고, 환각적인 몽상에 이르기까지) 및 밤에 꾸는 꿈과 신화라는 집단적인 꿈들로 구성된 비논리적 표현들 때문에 의식적인 것과 구별된다. 모든 초-의식적 표현들의 저변에는 하위-의식에 축적된 불안이나 강박적 불안을 극복하려는 거의 의식적인 노력을 나타내는 숨겨진 상징적 의미가 들어 있다. 그러므로 정신병리 증상들에 내포된 상징은 삶에 내재된 의미를 하위-의식적으로 표현하는 신화적 상징주의, 즉 모든 민족들의 문화적 기반(基盤)이 과장되게 왜곡돼서 나타난 것이라고 할 수 있다. 우리는 이미 망상의 저변에 있는 궁극적 의미를 가장 근본적으로 부정하는 뒤마가 환자의 관념-정감적 동요와 종교성의 표현인 신화의 상징성 사이에 밀접한 관계가 있다는 것을 살펴보았다는 것을 안다. 물론 그는 그 전에 종교와 종교성을 구분하기는 했다.

역사적으로 볼 때, 수많은 종교들은 신화적 상징주의로부터 파생되었다. 모든 종교들에는 불안의 집단적 범람에 대항하기 위하여 제방을 쌓으려는 독특하고 유일한 목적이 있었던 것이다. 이런 사실은 우리로 하여금 상위-의식의 상징주의가 숨겨진 의미를 따라서 삶의 가장 중요한 문제인 불안을 처리하고, 불안으로부터 벗어나는 방법이나—같은 것이기는 하지만—불안을 기쁨으로 변환시키는 방법에 관심을 기울이게 한다고 생각하게 한다. 그래서 심리학은 불안의 문제를 깊이 파헤치고, 불안의 초-의식적 근원을 추적하면서 신화적 상징주의와 신화에 숨겨진 의미의 문제와 만나지 않을 수 없다.

그것이 어떻든지 간에, 심리학은 방법론이 위태롭게 될 수도 있지만 초-

의식적 작용을 너무 깊이 파헤치지 말아야 하기 때문에 매우 단순화되었다. 그러나 그런 눈에 띄는 단순화가 모든 문제들을 불러일으킬 수도 있다. 그것은 결국 심리학이 자신의 입장을 견딜 수 없게 하는 딜레마에 빠트리게 한다. 그러므로 두 가지 가운데 하나의 선택지가 있다. 초-의식적인 것이 존재하지 않다고 하면서 정신의 모든 작용 방식을 기술할 때 의식 앞에 펼쳐진 정신만 조사하든지, 아니면 초-의식적인 것을 정신적 실재라고 생각하면서 연구 대상으로 받아들이는 것이다.

  사실, 심리학의 현재 상황을 결정하는 것은 이 딜레마이다. 어떤 학파들은 구원은 오직 유기체적인 것에 대한 연구에만 있다고 생각하면서 과거의 객관성의 이상에 매달려 있고, 다른 학파들은 주관적 사변에 치우쳤다는 비난에도 불구하고 정신내적인 것과 초-의식적인 것에 대한 탐구로 돌아선다. 이 연구는 과거의 외적 관찰법을 사용하여 탐구하면서 동시에 새로운 연구 "대상"인 정신내적인 것을 대상으로 하며 임상적 관찰도 같이 한다. 그 결과 그 자체로 분명한 사실, 즉 인간 정신의 모든 표현들은 유비적으로 연결되어 있으며, 병리 현상에 대한 심리학적 해석 역시 정상적인 정신에서 볼 수 있는 불안이 도착된 것이라는 사실을 발견할 수 있었다. 그래서 초-의식적인 것의 존재를 받아들이고, 그것이 의식과 곧잘 얽힌다는 특성을 알게 되면, 불안의 정상적 표현과 몽상적 왜곡이 겉으로 보기에 아주 다르게 보이지만 더 이상 수수께끼처럼 느껴지지 않는다. 그 반면에 심리학이 초-의식적인 것을 고려하지 않는다면, 심리학은 정상적인 것으로부터 몽상적인 것으로 이끄는 연계 자체를 부정할 수밖에 없다. 그러나 그런 부정은 실제로 정신의학에서 종종 행해지고 있다. 하지만 쟈네는 초-의식적 작용을 받아들인 최초의 학자이며, 그의 위대한 저서 『불안으로부터 엑스타시로』라는 제목은 불안과 망상을 잇는 연결고리를 그대로 드러낸 혁신적인 계획을 증언해 준다.

  엄밀하게 말해서, 정신의학을 심리학적인 새로운 길로 이끌고 나갔던 것은 프로이드이다.

그는 하위-의식적인 것이 상징적으로 표현된다는 것과 조현병과 신경증적 증상들의 의미와 병원론(病源論)이 억압된 불안에 있다는 사실을 밝혀냈다.

이렇게 하면서 프로이드는 진료실에서 관찰되는 생생한 도착들을 분석적으로 해석할 수 있는 길을 열어 주었다. 이런 해석은 사변적 요소를 심리학에 재도입하여 정신의학까지 침범 당할 위험에 빠트렸다. 그런 점에서 고전적인 유기체론은 정신질환자가 실제로 건강하지 않은 영(처벌하는 악마)에 사로잡힌 것이라고 믿었던 과거의 사변적 해석에 대한 반응에 불과하다는 사실을 기억해야 한다. 이런 유심론적 명제의 고조는 유기체론이라는 반명제를 고조시켰다. 그래서 프로이드는 건강하지 못한 영(esprit malsain)은 환자를 사로잡는 악마가 아니라 그를 사로잡는 불안이라고 주장하면서 새로운 종합을 제안하였다. 그러면서 일방적인 유기체론은 물론 미신적인 유심론에 반대하는 정신내적 원리가 확립되었고, 두 진영 모두에서 받아들일 수 있는 여지가 마련되었다. 프로이드의 관점은 "악마"는 실제로 존재하는 정신내적 현상의 상징적 의인화라는 것을 깨닫게 한다. 건강하지 못한 영은 억압된 불안이라는 것이다. 정신내적 원리가 일단 받아들여지면, 그때 우리는 그 원리를 가능한 한 명확하게 정의해야 하고, 그 원리는 오직 그것을 활발하게 작용하는 유기적 요소와 분명하게 구분하는 데서 얻어진다. 불안에 대한 정신내적 해석과 유기체적 해석은 그것들이 서로의 영역과 작업 방법의 한계를 존중할 만큼 충분히 객관적이라면 서로 반대되지 않는다.

이 두 가지 설명 방법 하나, 하나는 모든 사람들의 정상적인 삶에서 정상적으로 나타나는, 정신병리 이전의 형태로부터 시작되어야 한다. 불안은 모든 생명체의 삶에서 나타나는 공포의 특별한 형태이기 때문이다. 정신병리 이전의 불안의 징후와 원인은 매우 단순하다. 그 사이에 연결 고리가 존재하기는 하지만, 그것은 병적 불안에 억압적인 힘이 강력한 것과 전혀 다른 종류의 것이다. 프로이드는 그의 저서 『일상생활에서의 정신병리』에서 정상적인 사람의 망각, 말실수, 실책(失策) 등 어떤 반응들에는 상징적으로 의미 있는 표현들이 들어 있다고 주장하였다. 어떤 사람의 현재 정신체계의 산물들에는 반쯤 억압된 불안들이 산발적으로 스며들어 있지만, 상상적인 수준을 벗어나지 않았고, 하위-의식의 깊은 층에도 도달하지 않았다는 것이다.

그런데 사람들은 종종 부끄럽고, 고백하기 어려운 행동을 하면서 매우 자주 그것을 그럴 듯하게 변명하면서 정당화 하고는 한다. 그것을 승화시키지 못하고, 거짓말하는 것이다.

프로이드는 그런 현상들을 가리켜서 "거짓된 합리화"라고 불렀다. 그는 억압의 첫 번째 지표를 분석적으로 고찰하지 않고, 그의 이론을 콤플렉스들에 대한 회고적 연구 위에 설정하였다. 아무리 프로이드가 주장하는 것처럼 콤플렉스들이 오직 성적인 형태로만 존재한다는 것을 받아들인다고 할지라도, 콤플렉스 현상들을 설명 원리로 삼지 않고 그것들을 분석하려고만 하는 것은 과학의 엄밀한 요청 때문일 것이다. 프로이드에게 있어서 환자의 유아적 콤플렉스들은 과거의 가족적 상황에서 비롯된 외상(外傷)의 잔재이다. 그러나 이 콤플렉스들이 행동의 동기들, 말하자면 어렸을 때부터 의식의 통제 때문에 배척돼서 하위-의식으로 간 동기들의 합체가 아니라면, 병리적 역동성은 어디에서 왔을까? 콤플렉스와 결합된 이 동기들이 병리적 영향력을 행사하기 위해서는 정감적으로 왜곡되어야 하는데, 그것들의 이해할 수 없는 복합성은 그것들이 이성의 기능이 나타나기 전인 유아 시절에 형성되어 비합리적이고, 비논리적이라는 사실에서 온다. 정감으로 가득 찬 콤플렉스들은 유아 시절부터 병리적 원리, 즉 잘못된 동기부여들을 담고 있으며, 그것들이 먼저 결정하기 때문에 콤플렉스들은 성인의 정신체계를 왜곡시키는 원인이 되는 것이다. 한 사람이 발달하면서 추론이 가능하도록 깨어난 다음에도 어릴 때부터 이미 시행되었던 잘못된 정당화와 과도한 합리화가 행해지는 것이다. 성인의 정신병리의 진정한 원인은 결코 과거의 정신적 외상이 아니다. 오히려 그의 추론이 유아 상태에 머물러 있고, 훈련 받지 못한 유아성의 잔재인 자아-중심성을 정당화하는 데만 쓰이기 때문이다.

프로이드가 잘못된 합리화를 체계적으로 분석하는데 열중했다면, 그는 어른들이 그 자신은 물론 세상에 대해서도 객관적인 추론을 할 수 있도록 치료적 분석을 통하여 잘못된 동기부여(억압된 불안의 전략)를 공략하는 방법을 발견해야 할 것이다. 이 말은 환자의 치료는 그가 객관적으로 내적 성찰을 하는 데 달려 있다는 의미이다. 이런 관점에서 프로이드 학파에 속해 있던 카렌 호니(Karen Horney)[27]는 프로이드 학파의 한 복판에서 용감하지만 외롭게 내적 성찰을 강조하는 분석을 도입하였다. 그 시도는 자유연상(자의적 해석의 진정한 원천)을 너무 충실하게 따르느라고 무뎌지기는 했지만 주목할 만한 시도였다.

더구나 프로이드 역시 자기-관찰의 가능성을 결코 부정하지 않았다. 그는 내면에 감춰진 잘못된 합리화를 발견하기 위해서 내적 관찰을 사용했던 것이다. 사실 그는 필수 불가결한 자기-관찰을 통해서만 내면의 작용에 대한 사변적 해석을 피할 수 있었다.

비객관성의 원리, 즉 잘못된 동기부여와 추론의 악용 원리를 받아들이는 것보다 더 효과적으로 객관화하는 과정이 존재할 수 있을까? 왜곡된 중요성의 전체 범위를 살펴보기 위해서는 만족의 초보적 욕구 안에서 생물-발생적인 뿌리를 연구해야 한다. 거짓된 동기부여가 결과적인 면에서 매혹적이지만 해로운 헛된 자기-만족을 가져오지 않는다면 그것은 강박적 유혹은 아닐 것이다. 필수 불가결한 내적 관찰이 체계적으로 수립되지 않는 한, 분석적 해석에는 과학적 요소가 충분히 담기지 않을 것이다. 그것은 오직 어느 정도 널리 퍼진 심리학적 재능의 결과인 신중한 내적 관찰을 통해서만 주어지기 때문이다.

그러므로 가장 기본적으로 분리 과정의 성격을 추적하는 것이 중요하다.

---

27 Karen Horney, *L'Auto-analyse*, Paris, Stock, 1958.

연구 대상의 본성을 따라서 내적 관찰을 하려는 심리학은 연구 원리와 방법에 있어서 다른 모든 형태의 초-의식적 심리학과 구별된다. 이 학파들은 조사 방법의 근본적 수정의 필요성 앞에서 계속하여 뒷걸음질 치면서 고전 심리학에 속하는 것으로 간주되어야 하는 것이다. 그때 궁극적인 결과는 방법론적 오류가 "생리학 주의"라는 용어로 요약될 수 있다.

 현대 심리학의 위대한 혁신가인 프로이드와 그의 후계자인 아들러와 융은 프로이드와 생각을 달리 했지만 그들을 찬탄할 수 있는 것은 이런 본질적인 차이점을 확인한 다음에야 가능하다. 여기에서 우리는 아들러의 작업을 살펴볼 텐데, 정신내적 불안의 문제에 대한 그의 공헌은 주목할 만한 하다. 그는 초-의식적 기능의 존재를 부정하였지만, 그의 모든 이론적, 치료적 개념은 그 때문에 위축되지는 않았다. 그의 심리학은 의식과 의식적 반성(反省)을 너무 강조해서 그의 심리학 이론은 평이하게 느껴진다. 그것이 일반적 의견과 "상식"을 따르게 하기 때문이다. 그와 반면에 그의 내적 관찰의 재능은 프로이드의 그것 못지않게 대단하다. 또한 그 역시 임상 관찰을 통해서만 접근한다는 구실 아래 그것을 감추지만, 그는 정신내적인 것에 대한 그의 탐구 결과를 프로이드의 이론처럼 지나치게 체계적으로가 아니라 단순한 방식으로 표현할 수 있었다. 아들러는 내적 관찰을 통해서 그 자신의 내면 깊은 곳에서 발견한 약점들이 사람들에게 있다는 사실을 임상 관찰에서 확인하였다. 그것들이 우화적인 방식으로 드러났던 것이다. 내적 원인에 대한 해석을 요청하는 병적 과장은 언제나 존재했지만, 프로이드에게 영감을 받은 아들러는 거기에서 어떤 내적 동기들을 발견했던 것이다: 열등감, 우월성을 보장 받으려고 타인을 평가절하하려는 욕구, 그 자신이 관심의 한 복판에 있으려는 허영심의 경향 등이 그것들이다. 그는 프로이드가 어느 정도 요약해서 "합리화"라고 부른 이 잘못된 동기부여의 표출을 더 설명적인 용어로 "위신의 정치학"(politique de prestige)이라고 불렀다. 모든 현대 심리학에 끼친 아들러의 영향은 프로이드의 그것보다는 덜 절대적이지만, 그렇다고 해서 깊이가 없는 것은 전혀 아니다. 그가 모든 사람에게 있는 내면의 약함을 드러냄으로써 생긴 그에 대한 배척-매력은 그의 작업을 덜 언급하게 하지만 계속해서 사용되고 있다.

그가 발견한 것들은 그의 이름과 떨어져서 심리학의 모든 분야에 걸쳐서 거의 익명적으로 퍼져 있다. 그것들은 투사 검사의 구성과 해석에서 자주 적용되기도 한다. 아들러가 발견한 것들의 영향은 적어도 비정통적인 프로이드 학파에도 퍼져 있다. 그들은 오이디푸스 콤플렉스를 받아들이면서 프로이드가 제안했던 대로 "부모-자녀" 관계를 인정하지만, 아들러의 의견을 따라서 탈성애화 시켜서 설명한다. 아동 심리학은—언제나 인정받는 것은 아니지만—아들러의 공헌을 사용하지 않고는 생각할 수 없고, 모든 교육학은 아들러 덕분에 혁명적으로 발전하였다. 정신내적 불안에 대한 현재의 연구 역시 프로이드의 가르침 없이 방향을 잡을 수 없었을 테지만, 아들러가 발견한 것들에도 많은 빚을 지고 있다. 여기에서 프로이드의 위대한 제자이며, 반대자였던 아들러에게 어느 정도 경의를 표해야 한다.

융은 프로이드의 작업 덕분에 가능해진 꿈의 감춰진 의미를 해석하다가 또 다른 초-의식적 동기부여의 형태를 발견했는데, 그것은 원형이다. 그는 원형은 윤리적 수준을 가진 조상들의 집단적 경험의 잔재라고 정의하였다. 그는 꿈을 통해서 그것들을 간파하고, 프로이드가 발견한 하위-의식적 병리와 정반대되는 무의식적 기능의 존재를 주장하였다.

그 점에 있어서 융의 발견은 매우 먼 곳을 겨냥한다. 그것은 심리학으로 하여금 사회적인 상호 작용뿐만 아니라 정신내적 배열에 의한 윤리적 문제들에 대해서도 연구하게 한다.

사실, 인간의 상위-의식에는 나중에 다시 살펴보겠지만 숭고한 상상력이 존재한다. 윤리적 역량을 가진 창조적인 지도자-이미지, 다시 말해서 하위-의식적 번뇌의 창조자인 도착적 상상력과 싸울 수 있는 숭고한 상상력이 존재하는 것이다. 숭고한 힘을 가진 상상력의 산물들은 신화론이다. 그러나 융은 원형을 어떤 때는 신화적 상징이라고 주장하고, 다른 때는 조상들의 경험의 잔재라고 정의하면서 그가 발견한 것의 범위를 축소시켰다.

신화들은 아무리 조상으로부터 전래된되었지만 사회적 경험의 산물에 불과한 것만은 아닌 것이다. 그것들은 우주의 존재, 생명의 기원, 인간이라는 종의 진화적 운명, 개인의 삶과 죽음의 의미, 집단적인 삶과 문화의 의미 등에 관한 더 깊고, 광범위한 끝도 없는 질문을 상징적인 모습으로 이미지화 시켜서 말하는 응답이다.

융의 이론은 실존주의 철학을 가지고 프로이드와 아들러의 분석을 전혀 다른 방식으로 완성시키려고 살펴본 종합의 노력이다. 종합하려는 계획이 커질수록 사변적 해석의 실패 위험은 더 뚜렷해진다. 그런데 고전 심리학의 독단적 야심은 새로운 교리들의 여러 가지 공격 앞에서도 물러서려고 하지 않았다. 그것은 정신내적인 것을 탐구하려는 데 대한 반발에서 행동에 대한 연구와 사회적 환경의 영향을 강조하는 실험심리학을 통해서 성공적으로 확장되었다.

  이 모든 교리들을 요약한다면, 그것은 이 책의 범위를 넘는 것이 될 것이다. 서로 간에 가장 모순된 방향으로 나아가는 고전 심리학의 파편화는 현재 심리학을 지배하는 당황만큼 탈출구를 어디에서 찾을까 하는 고민을 드러낸다. 그러나 각각의 연구 방향에는 가치 있는 공헌이 담겨져 있다. 그 공헌이 유효성을 찾을 수 있는 척도는 결국 불안이라는 중심적 문제의 해결에 달려 있지 않을까 한다. 그 어떤 문제도 불안이라는 문제만큼 심리학 교리를 삶과 연결시키는 문제는 없기 때문이다. 삶이 심리학의 가르침에 기대하는 것은 무엇보다도 먼저 불안에서의 해방이 아닌가? 이 문제는 치료적인 문제만은 아니다. 그 중요성은 생명의 모든 표현들은 물론 그것과 관계되는 모든 교리들로까지 확장된다. 그리고 그 주제가 개인을 선호하든지, 아니면 사회적 환경을 선호하든지 상관없고, 인간관계를 다루든지 정신내적인 것을 다루든지, 아니면 행동을 다루든지 내적 동기를 다루든지 상관이 없다. 그럼에도 불구하고, 인간의 동기와 동기에 담긴 초-의식적 영향 전체가 인간의 행동(운동과 유기적인 것)을 결정하는 본질적 원인이라는 사실을 강조해야 한다.

불안의 문제와 불안이 실제로 언제나 긴급한 문제라는 각도에서 살펴볼 때, 현대 심리학의 그 어떤 과제도 초-의식적 동기부여의 존재여부를 알려는 과제보다 중요하지 않다. 그것이 정신적 실재라면, 심층심리학은 그것이 발견한 것들로부터 그 어떤 것도 도출해내지 않았기 때문이다. 만일 우리가 그것들을 고려하려고 결정한다면, 그것은 곧 심리학 전체를 길 한복판에 놓을 것이다. 이런 결과들 가운데서 가장 중요한 것은 내적 성찰을 반대하는 모든 논의들이 사실은 그 자체가 핑계로 밝혀졌는데, 그것은 잘못된 합리화나 객관성을 강조하려는 "위신의 정치학" 같은 초-의식적 동기부여의 결과이다. 이 모든 논의는 내적 성찰은 주관적이고, 잘못되었으며, 병적일 수밖에 없다는 핑계 위에 기초를 두고 있다. 내적 성찰은 프로이드 이후에도 여전히 인정받지 못했고, 충분하게 통제되지 않았음에도 불구하고 결국 여태까지 알려지지 않은 원초적 중요성을 가진 정신현상인 초-의식적 동기부여의 존재를 발견하였다. 여기에서 객관화 할 수 있는 능력을 가진 이 초-의식적인 내적 성찰의 기능을 체계적인 자기-관찰을 설명하는 도구로 삼아야 하지 않을까? 그러나 체계적으로 사용되지는 않았지만 거짓된 합리화(주관적이고, 맹목적인 원리)를 찾아낼 수 있었던 이 내적 성찰이 일단 하나의 방법론으로 승격되면 무한하게 더 중요한 발견들이 이루어질 것이라고 예견하는 것은 너무 경솔할 것이다. 결국 합리화는 동기들을 살펴보는 것인데, 그것은 사실 거짓된 동기부여에서 나온 것이기 때문이다. 허위(虛僞)의 정신내적 과정에 대한 체계적인 연구는 어쩌면 아들러가 발견한 '위신의 정치학'이 매우 중요한 정신현상, 즉 초-의식에서 쉬지 않고 행해지는 실질적 계산(calcul)이라는 것을 이해하게 한다. 그 계산은 자체의 법칙을 따라서 의심할 나위 없이 정밀하게 행해지는 것이다. 객관성의 태도가 체계적으로 확립된 물리학과 달리, 심리학 연구는 맹목적 정감, 불안, 거짓된 겸손, 수치심 등과 부딪히는데, 여기에서 주체가 자신의 부끄러운 불안을 제대로 된 연구 대상으로 삼기 위해서 극복하지 못하는 한 연구의 객관성은 얻어질 수 없다. 심리학이라는 과학에 종사하는 사람이면 누구나 다 자신의 내면에 실험실을 가지고 있는 것이다. 프로이드가 "합리화"라고 불렀고, 아들러가 "위신의 정치학"이라고 명명한 것은 사실 그 강도가 모든 사람들에게 서로 다르지만 공통적으로 존재하는 잘못된 동기부여이다. 실존주의 심리학에서는 그것을 "잘못된 믿음"이나 "왜곡된 양심"(mauvaise conscience)이라고 부른다. 왜 심리학자는 다른 모든 사람들 가운데서 정신내적인 문제에 맞서서 처음부터 유일하게 올바른 양심의 상태, 즉 그를 억압하는 모든 수치로부터 자유로울 수 있는가? 강력함의 유일한 조건인 그런 자유는 습득될 필요가 있지 않을까? 어떻게 해야 그렇게 될 수 있을까? 그 자신에게 되돌아가야 하지 않을까? 심리학이 모든 사람들의 가장 깊은 곳에 있는 거짓된 합리화, 위신의 정치학, 잘못된 믿음의 존재를 확인하였고, 심리학자가 정신병리의 인상적인 표출을 설명하기 위하여 그것을 다른 사람에 대한 관찰에서만 발견했다고 생각할 수 있을까? 정신의학에서 종종 시간이 없다는 핑계를 대면서 벌어지는 일이기는 하지만, 관찰자는 다른 환자들과 다른 본성과 더 나은 본질을 가지고 있다고 믿게 하면서 환자들의 내밀한 곤경을 망각하고, 그 망각을 객관성의 원리로 삼는 것은 비인간적인 일탈이 아닐까? 우리의 공통적인 약점의 풍자적 결과인 정신질환 앞에서 드는 "나는 어떤가?" 하는 이 작고, 가련한 질문, 즉 진정한 객관성의 유일한 조건은 어떤 것일까? 하는 문제에 관심을 기울여야 하지 않을까?

그런데 나, 나는 모든 사람들의 내면에서 어떤 일이 벌어지는지 살펴보고, 그 사람이 객관적으로 어느 정도 문제가 있는지 이해하며, 그의 상태를 (유기체적인 관점에서는 물론, 무엇보다도 먼저 심리학적인 관점에서) 판단하기 위하여 나의 동기들을 거짓되게 합리화하려는 나 자신의 경향에 대해서 충분한 주의를 기울였는가? 오직 이 질문과 거기에서 비롯된 그 자신에 대해서 정말 객관화 하려는 노력만이 고통 받는 사람에게 "당신은 어떻습니까?" 라고 물으면서 책임감을 불러일으키는 치료적인 질문, 말하자면 구원을 가져다주는 질문을 할 수 있게 한다. 문제를 일반화시키고, "우리는 어떤

가?" 하는 과학의 목표인 법칙을 찾는 초-의식적 질문이 아닌 정말 과학적 질문을 제기하게 하는 것은 본질적으로 자기에 대한 질문으로부터 시작된다. 우리 모두에게도 정신 기능의 법칙성이 작용하기 때문이다. 우리 모두는 가장 깊고, 가장 부끄럽게 숨겨진 경향을 따라서 우리 자신에 대해서는 물론 일반적인 인간의 본성에 대해서 진리를 왜곡되게 하는 존재이다.

심리학의 진정한 문제는 거기에 있다. 그러나 이 문제가 모든 사람들에게 가장 직접적이고, 가장 기분을 상하게 하기 때문에, 그리고 그것이 모든 사람의 위신과 비밀의 욕망과 관계되고, 공통적으로 숨기려는 정책과 관계되기 때문에 사람들은 이 문제를 금기시 하려는 묵계를 만들었다. "나를 부끄럽게 하고, 나를 불안하게 하려고 나의 왜곡된 양심을 건드리지 말라. 그러면 나도 당신의 잘못된 믿음을 건드리지 않을 것이다." 그러나 나는 그렇게 할 것이고, 당신도 그렇게 만들 것이다. 우리는 가능한 한 서로를 흔들면서 우리 자신을 정당화 할 것이다. 우리는 적어도 우리들을 진리로부터 보호할 수 있을 것이다. 그러나 진리는 결코 억압되지 않는다. 진리는 하위-의식의 심층으로부터 다시 나타나서 개인적이고, 사회적인 모든 불행을 만든다. 불안의 문제에는 이론적인 성격만 있는 것이 아니라 무엇보다도 먼저 실제적인 영향을 미친다. 그것이 삶의 문제이기 때문이다. 생명의 과학인 심리학은 이성의 남용인 거짓된 합리화의 발견이라는 중요한 지점에 도달하여, 그의 책무를 저버릴 수 있을까? 진리 앞에서 느껴지는 불안이 계속해서 우리가 불안이라는 진리를 규명하는 것을 막을 수 있을까?

이런 연구를 반대하는 가장 위험한 장애물인 터부 앞에서 생물학적으로 그 문제에 적응할 수 있게 하는 요소들을 모으면서 우회해 나아가는 것도 현명할 것이다. 정신내적 연구의 방법론인 내적 관찰은 그 필요성은 물론 과정까지 어쩔 수 없는 결과처럼 보인다. 언제나 더 분명하고, 예견할 수 있는 것으로 이끄는 발달의 길이 확장될 때만 하나의 방법으로 받아들일 수 있기 때문이다. 이렇게 받아들여질 때, 내면의 관찰은 정신내적 위험을 극복할 수 있고, 파괴적이고, 퇴화하는 병적인 치명적 불안에서 비롯된 분규(紛糾)들을 통제하고, 해결하는데 필요한 예견 가능한 명료성의 형태를 가지게 된다.

초-의식적인 것에 대한 이론이 많지 않은 것은 내면의 조사 방법의 부재 때문만은 아니다. 그것은 이 이론들이 오직 정신 기능의 개체발생적 연구 위에만 기초해 있다는 사실에서도 비롯된다. 더 나아가서 이런 불편은 한 두 가지가 아니다. 생물-발생적 기반의 불충분성은 불안의 승화(생명의 진화적 의미와의 통합)를 부모의 금지가 어린이에게 주어져서 생긴 관습에 적응하는 사회화와의 혼동으로 이끈다. 게다가 심리학의 이런 불명확성은 생명과학의 일반적 상황 때문이기도 하다는 사실을 받아들여야 한다. 현재 유행하는 생명-발생의 기계적 이론은 인간의 정신체계의 진화라는 근본적인 문제에 직면할 수 있는 발판을 제공하지도 않는다.

그러므로 진화의 뒤늦은 산물인 변환의 촉매로서의 불안이라는 역동론적 가설이 진화의 물질적 이론을 대치(對峙)시키게 하기 위하여 정신내적 불안에 대한 연구를 잠시 중단할 필요가 있다. 그것만이 고전 심리학에 결정적인 영향을 끼친 것은 아니기 때문이다. 그것은 오히려 생명과학 전체의 기반이기도 하다.

제3장
생명과학의 기반

기계론과 목적론

인간의 정신체계는 의식적 심급, 초-의식적 심급 등과 함께 진화의 뒤늦은 산물이다. 정신체계의 성격과 작용 법칙을 이해하려면 정신의 가장 초기적 표현인 생명의 원천에서부터 진화적으로 발생한 방식을 살펴보아야 한다.

정신체계와 그 심급들이 어떻게 진화했는지에 대한 연구는 그 연구가 생물-발생학적 가설에 기반을 둔다면 상당히 촉진될 수도 있다. 그때 중요한 것은 정신적인 것들은 마치 부차적인 것처럼 다루고, 그것들에 대한 연구를 거기 통합하면서 관점들을 완성시키는 것이다. 이것은 정신 작용과 정신의 진화에 대한 연구에는 생물학에 의해서 미리 확립된 공통의 기반이 있다는 사실을 말해 준다.

먼저 현재의 생물-발생학적 개념의 이론적 기반은 불행하게도 기계론적 특성 때문에 진화를 정신적인 측면에서 연구할 수 있는 자리를 마련하지 않았다는 사실을 지적해야 한다. 생물-발생학의 기계론적 관점은 우리가 앞에서도 살펴보았듯이 고전 심리학의 유기체론적 편견과 밀접한 관계를 가지고 있다. 그러나 정신체계가 쓸데없는 관념-정감적 동요에 불과한 것이라면, 진화의 역사에 관심을 가질 필요는 전혀 없을 것이다.

불안과 변환의 촉매로서의 불안의 역동이 진화 에너지의 원동력이라는 사실을 보여주려는 연구는 그것에 의하여 기계론적 변환에 대한 연구와 화해할 수 없도록 반대되는 가설적 기반을 끌어들인다. 이런 상황은 현재의 연구 과정에서 유감스러울 뿐만 아니라 괴롭기까지 하다. 진화의 문제에서 불안의 중요성을 주장하려면 유심론과 절대적 정신에 대한 믿음뿐만 아니라 유물론과 절대적 물질에 대한 믿음에 대해서 비판적 입장을 취해야 한다.

이미 확립된 두 가지의 서로 모순되고, 화해할 수 없는 믿음에는 어떤 설명할 수 없는 절대적인 것을 설명 원리로 삼으려는 공통된 특성이 있다. 절대적인 것, 다시 말해서 풀 수 없는 것(ab-solu)에는 정의상 모든 해결이 주어져 있지 않다. 그것은 삶과 실존의 문제들에 대한 실질적 해결책의 추구에도 그 어떤 도움을 주지 않는다.

절대적 정신과 그것의 초월적이고, 창조적인 의도성은 물론 절대적 물질과 그것의 목적론적이고, 창조적인 의도성의 부재는 생명과 실존의 본질적 현상으로서의 진화에 의해서 분명히 드러나는 내재적 의도성의 원인이 될 수 없다.

실존에 내재해 있는 진화의 원인이 변환의 촉매로서의 불안이라는 역동인 것을 보여 주려는 연구는 진화의 문제는 처음부터 존재하지 않는다고 주장하는 유심론이나 유물론 및 유물론의 여러 가지 진화 이론과 반대될 수밖에 없다. 이 이론들은 정신적인 것은 하나도 없는 절대적 물질에 대한 믿음 때문에 잘못된 것이다. 그러나 생명 전체, 특히 생명 전체의 가장 중요한—그렇게 말할 수 있다면—측면인 진화가 저절로 이루어진다는 환원론은 얼마나 말도 되지 않는 소리인가?

유물론에 속한 이론들과 유심론적 믿음들은 서로 모순되지만 매우 매혹적이기 때문에 거기 반대되는 비판들은 이미 각각 확립된 정당화 논리들에 의해서 무서울 정도로 끊임없이 반박된다.

우리가 쓸데없는 토론의 함정에 빠지지 않기 위해서는 그것들의 전제가 피상적이고, 잘못된 이중적인 측면을 가진 형이상학적 사변에서 비롯되었다는 것을 보여주기 위하여 논쟁의 원천으로 올라가야 한다.

우리가 앞으로 더 깊이 파고들 설명은 얼핏 보기에 길고, 복잡해 보일 수 있다. 그러나 그것은 이 책의 중심적 문제인 불안에 대한 연구와 관계된다.

이렇게 깊이 파고드는 것은 제대로 되지 않은 믿음과 분리될 수 없는 의심의 불안에서 벗어나는 가장 좋은 지름길이다.

진화적 역동의 기반인 불안의 문제는 삶의 모든 지평은 물론 정신에 부여된 모든 질문들을 담고 있다.

대답이 주어지지 않아서 아주 괴롭지만, 가장 중요한 질문은 삶과 삶의 의미에 대한 질문이다. 그런데 "의미"라는 말에는 의미 있는 방향과 가치라는 두 가지 뜻이 담겨 있다.

그러므로 우리가 해결해야 할 문제는 포괄적인 문제다: 우리를 이끌어가는 가치는 본래 초월적이고, 형이상학적인 것인가, 아니면 생물-발생학적으로 내재해 있는 것인가?

초월과 실존

진화에 대한 질문은 실존의 근원으로 올라가게 한다.

생명은 어디에서 비롯되었을까? 생명이 시간과 공간의 틀을 통하여 전개되었기 때문에 질문은 세계가 어디에서 비롯되었는가 하는 문제로 확장되고, 심화된다.

그것으로부터 어쩔 수 없이 가장 고통스러운 질문이 이어진다. 나 자신의 실존은 어디에서 비롯되었는가? 덧없는 생명을 가지고 무엇을 해야 하는가?

유심론과 유물론은 문제가 되는 불안을 달래기 위하여 실존의 본질적 문제에서 도피하게 하고, 거기 쏟아야 하는 에너지를 일상적이고, 우발적인 문제에 집중하게 하면서 미리 만들어진 대답 가운데 하나를 선택하게 한다. 그러나 삶의 의미와 관계되는 심층적인 모순으로부터 일반적으로 억압되었지만 개인과 집단적 삶에 눈에 보이지 않게 퍼진 방향감각 상실에 대한 불안이 발생한다.

변환의 촉매로서의 불안의 역동을 따라서 고통스러운 방향감각 상실은 그 자체가 진화의 원동력이다. 그런데 불안은 인간의 정신이 사실 능력의 한계에서 벗어나지 못하는 동안 정신이 시간과 공간의 한계를 뛰어넘어, 공간 밖에 있는 공간과 시간 밖에 있는 시간(형이상학을 벗어나는 지경)을 발견했다고 믿었던 오류를 설명해 주어야 달래진다.

우리는 이 한계에 이름을 붙여서 신비(mystère)라고 부르거나, 더 낫게는 실존의 신비한 측면이라고 부른다.

우리는 신비가 정의상 그 자체로 존재하지 않는다고 주장하지는 않을 것이다. 그것은 인간의 생각과 관계되기 때문이다.

우리가 앞으로 말할 모든 것들은 신비는 하나의 실체, 다시 말해서 하나의 사물(절대적 물질)이나 존재(절대적 정신)가 아니라는 경고를 계속해서 마음에 두지 않는다면 완전히 오해되고 만다.

신비라는 용어의 진정한 의미에 대한 이해는 모든 형이상학적 사변을 명쾌하게 끊어낼 것이다. 사변은 언제나 설명할 수 없는 것을 설명하려는 쓸데없는 시도이다.

그러나 인간의 실존과 근원의 신비한 측면을 살펴보는 것만으로는 충분하지 않다. 확실성을 추구하는 인간 정신은 신비를 다 파악하지 못하기 때문에 깊이를 다 알 수 없는 실존의 심연 앞에서 깊은 정동적 감동을 받아야 한다. 그때 그것은 인간의 활동을 결정하는 원인으로 된다.

정동성이 내면의 동기(인간의 행위를 결정하는 원인)로 되는 한, 정서적 충격은 종교성(religiosité)으로 나타난다. 그러나 종교성은 종교와 다르다.

하지만 궁극적 질문은 신비 앞에서의 정동이 깊고, 거룩하며, 채워질 수 없는 불안이기 때문에 불안은 어쩔 수 없이 남는다.

이유에 대한 대답이 주어지지 않으면, 오성(悟性)의 다른 기능인 상상력이 그것을 채우려고 한다. 상상력의 본질은 구체화와 상징적 의인화 과정을 통해서 암시적 이미지를 만들어내는 데 있다. 그 어떤 것도 상상력의 도약이 시공간의 경계를 벗어나고, 무한으로 나아가며, 정의할 수 없는 것을 구체화하는 것을 막을 수 없다. 그렇지만 그 어떤 것도 그렇게 얻어진 답변이 실제적 가치를 지니게 할 수는 없다. 그러나 상상에 의한 해결책에는 귀중한 의미가 담겨 있다. 초월적 이미지들이 비록 실제적으로 설명해 주지 않지만 실존하는 세계에서 추출한 것이기 때문에 유비적 비교나 상징적 진실을 담고는 있다.

초월적 상상과 그것의 의인화 과정에서 질문은 궁극적으로 의인화된 방식으로 제기된다: "누가 이 세상과 생명을 창조했는가?" 이렇게 만들어진 질문은 인간의 정신이 어떤 계획을 가지고 물건을 만들 듯이 어떤 의도를 가지고 세상을 만든 창조자를 상상하게 한다. 이성의 한계를 보충하려는 그의 시도 안에서 상상력이 "창조자"에게 절대 정신, 창조적 의도, 그의 창조와 피조물들에 대한 거의 인간과 같은 감정을 부여하는 데는 아무것도 필요하지 않다. 그러므로 이런 이미지들에서 필연적으로 따라오는 결과는 창조주를 시공에서 벗어나 "하늘"이라고 부르는 비실제적인 공간과 "영원성"이라고 부르는 끝이 없는 시간에서 살게 하는 것이다. 이 이미지들에 들어 있는 모든 암시적인 힘은 그것들이 달래져야 하는 불안인 정동성에 작용하는 영향력에 달려 있다. 따라서 그 이미지들에 실질적인 힘이 들어 있지 않다고 하고, "창조자"와 "피조된" 존재 사이에 아무 정동적 관계도 없다고 하는 것보다 더 부적절한 것은 없을 것이다. 모든 진리의 필연적 원천으로 상상되는 절대 정신은 인간의 약화되는 이성에 영감(靈感)을 주고, 힘 있게 앞으로 나아가는 방향의 안내자가 된다. 절대 정신은 도덕적 입법자로 간주되는 것이다. 그에 따라서 도저히 파악할 수 없는 벽 앞에서 느껴지는 공포는 자신감 때문에 완화된다. 이렇게 이미지들에 의하여 연결되는 정동의 결과, 공포심을 불러일으켰던 처벌은 인도자-창조주의 정의(justice)에서 나온 것으로 느껴진다. 세상의 창조자라고 상상되는 기능에 윤리적 가치를 고취시키는 기능이 덧붙여지는 것이다. 그러므로 초월적 상상력은 마침내 심리학적으로 깊은 진리를 담은 신화를 창조한다. 이미지라는 베일을 통하여 덧없는 실존의 헤아릴 수 없는 신비한 심연을 느끼는 사람들이 거룩한 불안 속에서 우연히 다가오는 수많은 형태의 고뇌들로부터 안도감을 찾을 수 있는 것은 심리학적으로 가능한 것이다. 그래서 진화의 원동력인 고뇌에 찬 걱정은 비존재의 완전한 정적(靜寂)으로 되돌아가지 않는 한 결코 평안을 얻을 수 없다는 것이 신화적으로 밝혀진다. 그런데 그 비존재는 절대적 무(無)가 아니기 때문에 구체화하는 이미지의 측면에서 볼 때 아무것도 없는 것이라고 생각될 수는 없다.

따라서 신화의 초월적 상상력은 상징적 능력을 가진 일련의 일관된 이미지들로 압축된다. 거기에는 형이상학적 신비의 이중적 측면이 담겨 있다. 그것은 한편으로는 이성의 "저편"을 시공을 뛰어넘는 상징적 형상을 가진 이미지를 통하여 구체화하고, 다른 한편으로는 실존의 도저히 파악할 수 없는 원인을 "의도를 가진 창조자"라는 상징적 이미지를 통하여 의인화한다. 상상력은 이성의 약화를 보완하면서 비현실적이지만 정동적으로 확신을 주고, 비교할 수 없을 만큼 아름답기 때문에 상징적으로 진실하고, 정신적으로 작용하는 내용을 초월적인 것—실제적인 내용이 없는 한계가 있는 사상—으로 보증해 주는 것이다. 그것은 단 하나의 신화일지라도 심리학적으로 초-의식적 암시를 통해서 거룩한 불안을 완화시키는 역량이 있는 상징을 가지고 있기 때문에 매우 중요한 심리학적 기능을 수행한다. 모든 민족들에게 있는 신화들이 겉모습은 비록 다양하게 보일지라도 내밀한 의미에 있어서는 똑같다.[28]

신화는 초월적 상상력의 산물로서 상상력에게만 말한다. 신화의 암시력은 공동체의 삶에 지대한 영향력을 미친다. 그리고 모든 문화는 신화 위에 기반을 두고 있다.

그러므로 궁극적인 문제는 유일하게 한계가 있는 정신 기능의 능력인 추론과 상상력을 정의할 수 있는 내적 성찰의 도움을 통해서 다가간다면 풀 수 없을 정도로 복잡하게 만드는 형이상학적 사변과 달리 완전한 해결책은 아닐지라도 적어도 간단한 한계는 지을 수 있다. 그때 한계가 있는 추론과

---

[28] P. Diel, *Le symbolisme dans la mythologie greque*, Paris, Payot, 2e éd., 1966.

그것을 뛰어넘는 초월적 상상력 사이에는 아무 모순이나 충돌도 없게 된다.

고뇌에 찬 방향감각 상실과 함께 논쟁은 추론이나 상상력이 능력을 넘어설 정도로 대담해질 때 생긴다. 그러면 복잡한 문제들이 생기고, 그 결과 형이상학적 사변이 전개된다. 이성은 상상하게 되고, 상상력은 추론하는 것이다. 그래서 상상력이 풍부한 추론은 스스로 초월적인 것을 설명하려고 하고, 그때 그 설명은 필연적으로 신인동성동형론적인 것으로 된다. 사람은 정신과 신체, 영과 물질로 되어 있기 때문에 사변적 추론은 도저히 설명할 수 없는 것을 설명하려는 헛된 시도 때문에 창조자-정신이라는 교의적 이미지와 창조적 물질이라는 유사-과학적인 생각 사이에서 선택할 수밖에 없는 것이다.

그러므로 유심론에서는 우리가 "상상적 가설"이라고 부르는 신화적인 형태와 "가설적" 이미지를 하나의 실재로 만드는 교의적 위격(位格)을 구별해야 한다. 유물론에도 이와 비슷한 구별이 주어진다. 명확성의 기반인 물리학에서 유물론은 단순한 작업가설이다. 그러나 인문과학에서 유물론은 모든 불명확함의 원천인 형이상학적 사변으로 된다.

소위 과학적 엄격성은 결국 생명과 진화의 중심적 현상인 정신내적 불안에 대항해서 세워진 이데올로기적 장애에 집중된다. 그러므로 이 중요한 장애와 그것의 존재 이유를 더 면밀하게 살펴보는 것이 중요하다.

물리학은 살아 있지 않은 물체의 운동을 연구하는 것으로 만족한다. 이 물체 가운데는 우주도 포함된다. 물리학이 천체의 발달에 대한 연구에서 시작된 것은 괜한 것이 아니다. 이 움직임의 법칙성과 거대성은 너무 인상적이라서 까마득한 옛날부터 유심론적 형이상학과 형이상학의 초월적 목적론의 토대를 마련해 주었다. 그러나 기계적 법칙의 발견은 내재적 원인을 설명하면서 목적론자들의 설명을 무의미하게 만들었고, 현재의 별자리뿐만 아니라 그것들이 만들어진 역사를 순전히 인과적이고, 기계론적으로 설명할 수 있게 하였다. 그와 동시에 목적론적이고, 의도적인 창조에 대한 생각을 피상적인 것으로 만들었다. 천체물리학은 세계가 태초부터 희박한 물질로 가득 채워진 시공간의 차원 속에 닫혀 있고, 결국 회전과 압축에 의해서 천체와 행성들을 만들었다는 가설을 세웠던 것이다.

물론 이런 천체물리학의 가설은 시간이 지나면서 수정되고, 확충될 것이다. 하지만 물리학적 가설의 틀에서 변하지 않고 유일하게 남은 것은 존재의 궁극적 원인이 시-공의 틀인지, 아니면 그것을 채우고 있는 물질인지 하는 것에 대한 모든 설명을 배제하고, 오직 천체는 어떻게 형성되었고, 어떻게 운행되는가 하는 양태를 설명하려는 의도이다. 그래서 "존재하는 이것은 어디서 왔는가?" 하는 질문에 물리학자는 그 틀과 물질과 움직임은 태초부터 존재하였다고 대답하고는 한다. 그리고 그가 독단적안 사람이 아니라면, 그 대답은 세계의 기원에 대한 설명이기는커녕, 설명하려는 모든 시도에 반하는 거절이라는 것을 인정할 것이다. 물리학자는 궁극적으로 가설로 밖에 대답할 수 없는 것이다. 그런 대답은 세계의 기원에 대한 피할 수 없는 질문 앞에서 우리가 무한하게 뒷걸음질치게 한다. 우리는 태초부터 존재하는 시-공의 대상에 대해서 전혀 체험하지 못했기 때문이다. 그래서 우리는 그런 주장이 무엇을 의미하는지 이해하지 못한다.

그러나 한계가 있는 가상에 의해서 만들어진 이런 유보(留保)는 궁극적인 질문의 중요성을 부정하는 것이 아니다. 그와 정반대로, 물리학의 가설적 유물론에는 원칙상 모든 실존에 대해서는 결코 다 알 수 없는 의미가 담겨 있다는 사실을 말할 뿐이다.

같은 논리로서, 물리학자는 물질의 규칙적 운동을 "만드는" 원인은 이성을 초월해 있다고 생각하지 않을 수 없다. 이것은 물리학적 유물론은 단지 하나의 작업가설일 뿐이라는 사실을 암묵적으로 고백하는 말이다.

물리학은 설명할 수 있는 것의 극단까지 나아간 다음, 거기에서 멈추고 "힘"이라는 상징을 글자 그대로 추상적 상징으로 사용하는데, 그것은 상상력과 상상력의 구체화하려는 작용의 개입을 거부한다. 그러나 물리학이 추상적 상징을 의인화하려는 사실을 생각해 볼 때, 상징을 구체화시키려는 작업에서는 언제나 신화가 흔히 채택하는 방식을 사용하는 것이 제일 나을 것이다.

 그것이 상징이라는 점을 생각하면, 신화의 초월적 목적론은 존재의 양태들에 작용하는 법칙과 반대되지 않는다. 존재의 신비와 목적론의 내재성은 물리학의 법칙들에 의해서 매우 분명하게 드러나는 것이다.

 그러나 인문과학이 물리학의 유물론적 가설을 우주의 기원은 물론 생명의 기원과 진화의 기원을 설명할 수 있는 절대 진리로 삼으려고 시도할 때 모순이 생긴다.

 오늘날 우리 사회에서 유심론과 유물론 사이의 불화(不和)는 천체 역학의 발견 때문에 극단적으로 치닫게 되었다.

 유심론자들의 믿음과 유물론자들의 믿음 사이의 불화가 우리 시대가 앓고 있는 방향감각을 상실한 듯한 불안의 가장 깊은 원인이 될 지경에까지 이른 것이다.

 이 고통스러운 불화를 화해시킬 수 있는 해결책이 있다면, 불안에 대한 연구는 그것을 찾고, 가능한 한 분명하게 드러내는 데서 물러서면 안 된다.

 그런 해결책은 반드시 존재한다. 그런 연구는 뉴턴으로부터 오늘날까지 모든 서구 사상사에 커다란 족적을 남겼다. 우리는 "천체의 역학은 누가 만들었는가?"라는 질문에 대해서 뉴턴이 "시계 제조공인 데미우르고스이다"라고 대답할 정도로 지혜로웠다는 것을 안다. 이 대답은 의심할 나위 없이 그가 천체물리학을 뛰어넘는 신비에 대한 확신을 말하려는 것이었고, 뉴턴은 이미 태양계와 은하계가 영원 전부터 시-공의 고정된 틀 속에서 존재했다는 경험론을 의심하지 않았다는 것을 생각하게 한다.

 그러나 유물론적 진화론은 천체 역학에 기반을 둔 채 "시계 제조공"을 망각하는 경향이 있다. 그리고 이런 망각은 커다란 문제를 만든다.

 천체물리학은 그것이 단지 하나의 허구만 제시하고 있다는 사실을 잊지 않는다면 그런 가설을 발전시킬 권리를 가지고 있다. 그리고 사람들이 그 광경을 볼 수 있었다면 모든 것들은 그 가설을 따라서 재구성되었을 것이다. 그런 우주적 광경은 우리가 보는 어디서나 만들어지고, 그런 것이 없는 곳이 없다. 생명과 공간적 우주가 만들어지기 이전의 시간을 추측하면서, 우리는 우리도 모르게 상상 속에서 지나간 시간들과 항성의 공간 속으로 여행할 수 있는 것이다. 그렇게 우리는 역설적이게도 생명의 출현이 전혀 없다고 추정되는 광경을 보고 있다고 생각한다. 그런 환상을 하지 않으려면 관객으로서의 그 자신을 없애면 된다. 가상적인 관객이 사라지고, 무엇을 만든다고 생각되는 물질이 그 자체를 지각할 수 없다면, 당신은 그 자체를 위해서나 다른 것을 위해서 아무것도 보지 못하고, 느끼지도 못하며, 체험하지도 않는 존재에 어떤 의미를 부여할 수 있을까? 이렇게 존재하지도 않는 존재는 생명의 출현 이전에도 존재했다고 여겨지는 지구와 같은 것이 아닐까? 이런 붕괴 앞에서 지각적 경험주의의 환상은 두려움에 가득 찬 현기증을 느끼면서 자리를 내준다. 그것은 신비 앞에서 느끼는 거룩한 불안이다.

그러나 천체물리학도 절대적이지 않다. 그것도 상대적이다. 인간이 만든 것이라서 상대적인 것이다. 모든 것들은 지금 인간이 보고, 살아 있다고 느끼는 우주 안에서 진화를 통해서 재구성되는 것처럼 수학적으로 계산되는 것이 사실이기 때문이다. 인간에게 우주는 온전한 실재이지만, 그것은 보는 방식에 따라서 상대적으로 존재한다.

> 그러나 이렇게 올바르고, 실제적인 상대성은 지각되는 현상만 연구하려는 목적을 가진 모든 과학에서도 마찬가지이다. 이것은 여러 가지 지층과 그 안에 있는 화석을 연구하는 지질학에서 볼 때도 그렇고, 연구를 통해서 점점 더 고차적인 생물의 형태가 연속적으로 나타나는 것을 보여준다. 그래서 뼈들을 재구성해 보면, 인간이 만일 그 먼 옛날에 살았다면 인간이 보았을지도 모르는 동물의 형태를 보여 준다. 그 동물들과 인간 사이에도 연관관계가 있는 것이다.

다른 모든 과학과 달리, 진화에 대한 연구는 언제나 "공간에 이렇게 넓게 흩어진 물질들의 존재는 어디에서 왔는가?"라는 대답을 들을 수 없는 질문을 하게 한다. 특히 내면에서 모든 것을 조직하는 정신과 언제나 새롭게 흩어놓고, 다시 구성하면서 조화롭게 하는 법칙은 어디서 왔는가?

시간이 흘러도 움직이지 않는 것처럼 보이는 은하수도 시간의 흐름을 주관하는 법칙, 즉 정신의 지배를 받는다. 이 법칙은 고정되고, 변하지 않는 조화가 아니라 진화를 위하여 끊임없는 재조화를 요청한다. 그것이 모든 존재의 원초적 조건인데, 거기에는 파괴, 말하자면 생명의 파괴인 죽음도 포함된다. 변환의 촉매로서의 불안의 깊은 역동성의 의미는 여기에서 비롯된다.

종합적으로 말해서, 진화의 문제에 관심을 가진 인간은 물질-신체의 진화사보다는 인간에게 의식적 정신으로 된 조직자로서의 정신의 생물-발생적 역사에 대해서 알기를 바란다. 의식의 개화는 인간을 생각하는 동물로 만들었다. 인간은 개인적으로나 집단적으로 그 자신이 스스로 조화(욕망의 조화)를 위한 길과 진화적으로 완전해지는 길을 찾는 존재인 것이다. 그 길이 때때로 그가 방향을 잃고, 불안에 빠지게 하지만 말이다.

그가 본질적 조화를 추구하지 않으면, 그 길을 찾지 못할 것이다. 그 본질적 조화는 신비를 설명하려는 모든 헛된 시도를 제외하고 존재에 주어진 모든 것들, 즉 사고, 신체, 환경에서 조화를 찾으려는 사고의 조화이다.

그러므로 진화의 진정한 문제는 전-의식적 정신으로부터 반쯤-의식적이고, 반쯤-정감적이라서 맹목적인 인간 정신의 개화에 이르는 진화의 단계를 연구하는 것이다. 이 단계는 현인류에 의해서 언제나 더 큰 명료성과 통찰력을 향해서 나아간다.

유물론적 진화론은 이 본질적 측면을 망각하고 중요한 현상들을 연구하면서 천체물리학의 가설과 기계론적 설명 방식을 사용하려고 한다. 우리는 이런 시도들의 모든 것을 이해할 수 있다. 그러나 기계론적 발달의 확충이 어떻게 천체와 태양계의 창조는 물론 생명의 창조에 관한 초월적 목적론을 비켜갈 수 있을까?

생명과학은 그 나름대로의 기반을 마련하였다. 우리 행성에서 마침내 생명이 출현한 것이다. 생명은 물질을 천체로 응축한 기계적 운동에 의해서만 탄생하지 않았다. 그것은 비활성적인 물질로부터 생겼지만, 기계적이고 화학적 특성을 가진 분자의 운동 덕분에 생긴 것이기도 하다. 진화적 변환에 대해서 말하자면, 그것 역시 물질을 조금씩 민감하게 만들 수 있으리라고 생각되는 세포의 화학 체계의 결과일 것이다. 따라서 정신적 민감성은 부수적 현상이다. 이 가설의 경제학을 끝까지 밀고 가면, 우리 경험이 이 가설을 입증하리라는 것은 별로 중요한 것 같지 않다. 그것은 먼 훗날 밝혀질 것이다. 그렇지 않으면, 우리는 실험실에서 이루어지는 실험으로는 자연에서 이루어지는 그보다 무한히 더 광범위한 조건들을 재구성할 수 없다고 말해야 한다. 그렇게 주장을 할 수 있는 것은 확실하다. 그러나 우리는 그것을 입증할 수 없기 때문에 다만 하나의 가능성으로만 생각하고, 유물론적 가설을 개진하는 데 어느 정도 신중해야 한다. 그 가설을 생명과학의 이론의 여지가 없는 기반인 도그마로 승격시킬 수 있는 시도를 정당화시키기에는 가설의 경제학이 너무 미흡하다.

그 경제학이 의심스러운 만큼 더 신중해야 한다. 물리학의 기반이 되는 원리들을 확장시킴으로써 우리가 단 하나의 관점에 모든 자연현상들과 생명현상들을 포괄할 수 있는 통합된 관념에 이르기 바라는 것은 오직 그것이 물리학의 모든 지도-원리들 전체, 말하자면 유물론적 가설은 물론 힘에 관한 가설들까지 모두 감안해야 한다는 조건 아래에서만 정당화될 수 있다. 그러나 이 필수조건은 결코 충족되지 않는다. 그 공백이 너무 중요해서, 그것을 입증하는 것만으로도 생명의 기원과 진화에 관한 유물론적 이론에 대한 신용을 실추시킬 수 있기 때문이다.

그것은 회복시킬 수 있는 생략이 아니라 해결 불가능한 모순이다. 물리학에서 힘에 해당하는 생명현상에 대한 연구의 짝은 "생명력"(force vital)이라는 용어가 될 것이다. 이 용어는 "물리학에서 말하는 힘"이라는 의미를 따라서 생명현상을 포함한 모든 존재의 저변에 있는 신비한 측면을 확인하는 데에만 사용되어야 한다. 생명과학에서 생기론과 기계론 사이의 논쟁은 오류 때문에 벌어지는데, 그 어떤 물리학자도 "힘"이라는 용어에 대해서는 이의를 달지 않는다. 그래서 생기론자들이 "생명력"이라는 용어를 도입한 것은 잘못된 일이 아니지만, 그들이 그 용어를 단지 설명하는 방식으로만 쓰는 것은 잘못이다. 그리고 기계론자들이 생기론적 설명이 미신적이라고 거부하는 것은 잘못된 일이 아니지만, "생명력"이라는 용어 자체에 대해서 반대하는 것은 잘못이다. 물리학에서 그 기원을 설명할 수 없지만 그대로 받아들이는 기계적 법칙성이 생명체에서는 생명체의 가장 독특한 특징인 "활기"(animation)로 나타난다. 그러나 생명과학에서도 그 기원에 대해서는 설명하지 못한다. 사람들이 활기에 대해서 설명하지 못하는데, 그것을 단순히 기계-화학적 작용의 결과라고 설명하는 것은 잘못일까? 생명의 기원이 비활성적인 물질에 있다는 설명은 도무지 이해할 수 없다. 그래서 두 가지 가운데 하나로 설명해야 한다. 하나는 물질은 완전히 비활성적이고, 그 경우 그 어떤 과정도 물질로부터 생명을 추출할 수 없다고 하는 것이고, 다른 하나는 물질이 완전히 비활성적인 것은 아니라는 것이다. 그러나 두 번째 경우에서도 물질로부터 생기가 있는 형태로 진화된 것을 순전히 기계-화학적 과정의 결과로 설명해서는 안 된다. 죽어 있는 것과 생명 사이의 연속성을 설정할 수는 없기 때문이다.

물리학의 지도-원리에서 "힘"을 배제시키는 것은 있을 수 없는 일이다. 그렇게 될 때 인문과학에서 유일하게 기계론적 가설의 존재를 설명해 주는 경제학적 연속성이 파괴되기 때문이다. 가설적 확장이 존재할 수 없다면, 그것은 이성에 반한다.

생명에 대한 연구에 역학(力學)을 끌어들이려는 것은 그것이 추론을 가장한 상상력에 의한 사변에 불과하기 때문에 이성에 맞지 않는다. 생명과학은 신비한 힘(force mystérieuse)―물리학에서는 그 안에 대답할 수 없는 궁극적인 질문들이 집중되어 있다―이라는 관념을 배제하려고 하면서 결국 설명될 수 없는 것은 하나도 없다고 주장한다. 그 학설의 의도는 진화의 양태들을 기계론적으로 환원시키려고 할 뿐만 아니라 생명의 기원을 신비한 원리 안에서 설명하기까지 한다. 물리학 연구의 대상인 구체적인 물질은 모든 비판적 공격도 가능하지 않다고 여겨지는 추상적이고, 절대적인 원리이다. 그런데 물리학에서 단순한 가설인 유물론은 생명과학에서 형이상학적 도그마의 특성을 얻는다.

생명과학과 물리학 사이에는 근본적인 차이가 있다.

물리학은 기초적인 원리를 오직 독자적인 연구의 요청을 따라서 그 어떤 모방이나 간섭도 받지 않고 확립하였다. 그러나 인문과학은 진정성 있고 자율적인 방식으로 기반을 마련해야 하는 의무를 저버렸기 때문에 그 기반이 불안정하다.

생명과학은 활성화 되어 있고, 살아 있는 물질을 다루어야 하며, 위에서 말했듯이 그 과제의 어려움 앞에서 어느 정도 무기력했기 때문에 물리학 같은 종류의 학문에 기대려고 했던 것은 결코 놀라운 일이 아니다.

사고의 방법론적 기초에 대한 연구

과거의 모든 위대한 문화들의 신학적 유심론과 반(反)-신학적 유물론 사이에는 철학적 성찰의 시기가 들어 있다.

심화시키려는 노력의 성실성을 가진 내재적 필요에 의하여 본래 형이상학적인 철학적 사변은 인식론을 만들려는 정신의 자기-비판으로 변환되었다.

서구 문화에서 그것이 심화된 것은 결정적으로 데카르트의 코기토(*cogito*)에 의하여 시작되었다.

의심이 진리를 찾으려는 정신의 고뇌로 된 것이다.

데카르트적 의심은 이제 서구 사상에서 새로운 시대를 열었다. 그러므로 우리 시대의 고뇌에 찬 이데올로기의 혼돈이 왜, 어떻게 데카르트적 의심에 의해서 촉발된 연구가 아직 완성되지 않았다는 사실과 연결되는지를 깨

닿는 것이 중요하다. 완성되지 않은 상태는 결국 라마르크(Lamarck)에 의해서 시작된 진화론적 사고의 갑작스러운 출현 때문이 아니다. 그것은 그 나름대로 관심을 사로잡으면서 인식론을 정교화 하는 것에서 벗어난 수많은 사상들과 이론들을 만들어냈다. 그러나 이 인식론은 이 세상과 생명의 기원에까지 거슬러 올라가는 목적을 가진 모든 추구보다 앞서야 한다. 이것이 바로 진화론의 경우이다.

코기토의 영향을 받은 것을 자랑스러워하는 진화의 유물론적 이론들은 진화론 사상을 최초로 제안했던 데카르트적 공식의 발달을 고려하는 것에서 커다란 이득을 보고 있다(피히테, 쉘링, 헤겔 등). 이 점에 대해서는 나중에 살펴보아야 한다.

유물론적 변환주의는 이 중요한 사실을 인식함으로써 오랫동안 인식론과 싸웠던 경험주의 위에 그 이론들을 세우는 똑같이 중요한 오류를 피할 수 있었을 텐데, 인식론의 가장 커다란 장점은 오늘날 핵물리학에 의해서 완전히 입증된 관념론에 의해서 분명히 밝혀졌다는 점에 있다.

경험주의는 하나의 이론이 아니다. 그것은 우리에게 세상은 지각 기관이 우리에게 제시하는 그대로 존재한다고 설득하면서 눈에 분명하게 보이는 사실 위에 기반을 두게 한다.

철학적 비판의 파생물인 관념론은 또 다른 증거 위에 서 있는데, 그에 의하면 지각되는 세상은 지각 기관들의 특수성에 의존하고 있다.

이렇게 지각된 증거와 반성에 의한 증거 사이에서 비롯된 대립은 둘 중 하나가 거짓된-증거라는 사실을 받아들이지 않을 수 없게 한다. 그런데 핵물리학은 경험론에 바탕을 둔 뉴턴적 물리학을 결정적으로 심화시키면서 그 안에 공간의 상대성이 포함된 시간적 상대성을 보여 주면서 관념론에 유리하도록 딜레마를 해결해 준다.

시공간적 틀이 본래부터 존재하지 않는다는 것이 일단 미리 확정된다면, 그것을 채우는 물질 역시 절대적으로 존재하지 않는다.

그러나 물리학은 시간, 공간, 물질의 상대성의 공식을 예외적으로 핵 연구의 영역에서만 국한시켜서 사용한다. 그것을 인식론 연구에까지 확장시키지 않고, 인식론을 물질의 기원에 대한 탐구에 활용하지 않고 오직 물질의 운동을 지배하는 법칙의 탐구에만 초점을 맞추는 것이다. 그래서 물리학은 경험론에 근거한 핵물리학의 작업가설로 만족한다.

인식론이 제기하는 문제에 대한 질문은 철학의 절차와 정반대 방향에서 접근할 수 있게 한다. 경험론적 비판에서처럼 그것을 사실로 접근하기보다 출발점으로 삼으려고 하는 것이다. 그런 접근은 겉으로 보기에는 어렵고, 무미건조한 듯한 심화를 더 생생하고, 분명하게 보여 준다.

정신기능들은 지각 기능들을 포함한 신체 기관들의 도움이 있어야만 작동할 수 있다.

공간적 범위에 대한 지각은 먼 것을 볼 수 있는 모든 존재들에게 공통적이다. 그러나 우리가 포유류처럼 우리와 가까운 존재들처럼 냄새를 맡는다면, 우주에 대해서 어떻게 생각할까? 그리고 우리가 곤충처럼 겹눈과 더듬이로 세상을 지각한다면 우리 환경은 어떻게 인식될까? 이 세상에 곤충밖에 없다면, 인간이 지각하는 대로 우주가 존재한다고 주장하는 것은 말도 되지 않을까? 그러나 그것은 "신비의 품" 안에 이미 존재하는 잠재적으로 가능한 무수한 숫자 안에 포함되어 있을 것이다.

신비는 결코 존재한 적이 없었고, 어쩌면 인간의 지각으로 결코 인식할 수 없는 영원 전부터 이미 존재하는 잠재성 이외에 다른 것이 아닐 것이다. 이 무한한 잠재성으로부터 상상할 수 없는 지각 기관을 가진 똑같이 상상할 수 없는 무수한 유기체들로 가득 찬 무수한 은하계가 생겨났다.

우리의 촉각 기관과 시각 기관에서 지각되는 대상들에는 공간적 형태와 시간적 지속을 내포한 물질적 밀도가 있다. 그러나 물질적 실체와 시간적 실존은 우리의 지각 방식에 따라서 대상에게 주어진 특성일 뿐이다. 물리학은 사실 이 현상들은 인력(引力)과 척력(斥力)으로 환원될 수 있는 신비한 힘의 작용이라고 주장한다. 질량은 눈에 보이지 않고, 손으로 만질 수 없는 에너지로 변할 수 있는 것이다. 그러나 밀도를 가진 것처럼 보이는 그 물체들은 X 선이나 감마 선 같은 광선들이 투과될 때 아무 저항도 하지 못한다. 그 광선들 앞에서 마치 존재하지 않는 것처럼 보인다. 지구에 존재하는 유기체나 다른 위성에 있을 수 있는 유기체들은 광선이 투과될 때 없는 듯하지만, 에너지의 중심으로서의 형태로만 존재하는 기관들을 가지고 있을 것이다. 물질들은 음파에만 저항할 뿐 많은 광선들에는 저항하지 못하는 것이다.

그러므로 인간이 이 세상에 존재하는 모든 것의 척도(尺度)이고, 무한한 신비가 인간이 지각하는 우주에서 가장 분명하고, 완벽하게 나타난다고 믿는 것은 신인동형동성론이 아닐 수 없다.

우주가 아무리 다양하게 지각될지라도, 우주에 공통적으로 존재하는 것은 지각되는 외양(外樣)을 지배하는 법칙이다.

수학 공식은 존재하는 모든 형태 속에 신비하게 내재해 있는 법칙을 포착하고, 거기에 가장 완전한 이미지를 부여한다. 더 나아가서 핵물리학에서는 원자가 순수한 법칙, 말하자면 물질로 된 순수한 정신이라는 결론에 도달하였다. 원자의 구조를 전자를 위성으로 거느린 원자핵이라는 이미지로 나타낸 것은 일종의 도식화이다. 그런데 원자에서 진실인 것은 원자 전체라고 할 수 있는 지각된 우주에서도 진실이다.

우리가 사는 세상보다 "먼저 존재하는" 것이나 우리가 경험하는 우주보다 먼저 존재하는 것은 그것들이 필연적으로 양극적인 양태(정신-물질 또는 정신-세계)로 상호 전개된다는 법칙이다.

진화의 전개는 동물들의 세계에서 볼 수 있는 것과 마찬가지로 세계를 미리 규정하는 법칙성 덕분에 완수될 수 있으며, 인간은 진화하는 과정에서 그것들이 드러나는 것을 지각할 수 있다.

경험주의의 이런 수정으로부터 인식론에 뒤따르는 문제, 즉 인간의 정신은 세계를 정말 어떻게 알 수 있는가 하는 문제에 대한 단순한 해결책이 나온다. 사람은 세계에 미리 적응되어 있기 때문에 안다는 것이다. 인간이 지각하는 대상 세계는 생각하는 주체를 올바르게 보충해 주기 때문에 이미 그의 사고(思考)에 객관적으로 반영되어 있는 것이다. 의식화 된 존재의 인과론적 사고는 처음부터 생각하는 주체와 객관적 세계가 실존을 규정하는 규칙적 양극성에 의하여 진화된 양태들이기 때문에 세계를 그대로 드러낼 수 있는 것이다. 그래서 그 세계는 결국 수많은 대상들로 펼쳐진다.

체계적으로 이루어지는 이런 관찰은 단지 실존의 양태적 관계만을 살펴본다. 그래서 그것은 양태적 측면과 신비적 측면 사이의 관계를 너무 단순한 공식화로 이끌어간다. 정신과 세계는 설명할 수 없는 것이 실제로 드러난 것인데도 말이다. 이 공식은 그것들의 "원인"은 이성을 뛰어넘어서 추론으로는 도저히 설명할 수 없다고 강조하면서 두 가지 양태의 동등성을 말한다.

그 공식은 정신을 신체의 부수적 현상의 출현으로 생각하는 유물론뿐만 아니라 이 세상은 단지 정신의 환상적 출현에 불과하다는 일부 유심론적 학설과도 맞선다.

실존의 이런 두 가지 양태는 겉으로만 그런 것이 아니다. 그것들은 실제로 지각할 수 있고, 정동적으로 체험할 수 있는 실재이다.

정신이 없이 물질은 존재할 수 없고, 정신도 물질 없이 존재할 수 없다.

세계는 생명과 함께 시작되고, 생명은 세계와 함께 시작한다.

생명과 세계는 신비 안에서 하나다. 신비는 세계 바깥에 있는 실체가 아닌 것이다. 세계에는 신비한 측면이 내재해 있고, 정신과 물질 사이에 존재하는 조직화되고, 진화하는 상호 영향을 드러낸다.

정신은 인간의 전유물이 아니다. 애초에 물질을 만들었던 전-의식은 진화하면서 물질-신체에 생기를 불어넣는 존재가 되는데, 그것은 지각 기관의 조직자로서, 고등 동물에게 있는 본능적 예지력이라는 정신적 출현의 전제 조건이다. 사람들에게 전-의식은 결국 반(半)-의식으로 된다(저자는 인간이 완전하게 의식화되려면 더 발달해야 한다고 생각한다. 인간은 많은 순간 반쯤 무의식 상태로 산다고 주장하는 것이다—역자 주). 언제나 더 나은 적응 수단인 더 명료한 것(lucidité)을 향해서 나아가는 진화론적 목적성은 의심할 나위 없이 인류가 현재 도달한 통찰력도 뛰어넘어 갈 것이다. 그러나 진화의 현 단계에서도 정신은 이미 한편으로 인간을 그의 객관적 환경과 연결하는 욕망들을 평가하는 내적 성찰을 하는 존재로 파악하고, 다른 한편으로 주위 환경을 파악하는 존재로 설명한다.

진화하는 생명의 내재적 목적인 내적 의미는 물질의 점진적 정신화와 정신의 점진적 물질화이다.

"정신의 성육신"은 그들의 문화 기반인 모든 민족의 신화론의 저변에 있는 심오한 의미이다. 신화는 과학-이전의 단계에서 "성육신"이라는 상징을 통하여 생명의 의미와 가치가 생물학적으로 내재해 있다는 사실을 보여 주었다. 그리고 인간의 단계에서 진화적 의미는 생물학에 기반을 둔 내재하는 윤리적 명령으로 되었다.

데카르트적 인식론으로부터 내적 성찰의 심리학으로

우리가 생명과 세계의 기원으로까지 거슬러 올라갔던 것은 내재적 목적론(여기에 대해서는 나중에 더 설명할 것이다)을 설명하고 정당화시키는 원리에서 절대성을 제거하려고 하기 위해서였다.

그것으로부터 이 책의 제2부에서 살펴볼 정신체계의 진화에 대한 연구에 중점적으로 나타나는 체계적 결론을 이끌어낼 필요가 있다.

그러나 사고의 여러 가지 흐름, 상호 작용, 모순들과 만나서 생긴 역사적 상황을 살펴보기 위하여 잠깐 멈추는 것도 필요하다.

현재의 신앙과 이념들의 혼돈의 가장 본질적이고, 심층적인 이유는 사고의 방법론의 철학적 고찰이 아직 충분히 이루어지지 않았다는 데 있다.

사실이 그렇기 때문에 데카르트의 『방법서설』로부터 헤겔의 『정신현상학』에 이르기까지 방법론을 깊이 있게 다룬 중요한 저작들을 간단하게나마 요약해서 살펴볼 필요가 있다.

데카르트적 의심에는 스콜라 철학자들이 시-공간의 틀 속에 갇혀서 "세계를 창조한 것은 누구인가?"라고 묻는 궁극적 질문을 사변적 형식으로 도전하려는 목적이 있었다. 기원에 대해서 이런 방식으로 질문하는 것은 의도적 창조에 대한 의심의 여지를 전혀 남기지 않는다. 스콜라 철학자들에게 시-공적 실존과 의심의 바깥에 존재하는 창조자는 궁극적으로 확실한 존재였던 것이다. 하지만 이런 입장에는 반론이 제기되었다. 상상적 형태로 질문이 가해졌고, 답변 역시 논리적이고, 설득력 있게 주어졌던 것이다.

데카르트(Descartes)는 신앙은 물론 의심에도 피난처를 마련하고, 확실한 기반을 마련하려고 "나는 존재한다"라는 주관적으로 명징한 확인을 출발점으로 제안하였다. 따라서 그것은 "나라는 것은 어디서 비롯되는가?"라는 자문(自問)으로 이끌린다. 데카르트는 "접근 불가능한" 원인(개념을 "창조자"라는 상징으로 만든 것이다)을 찾거나 초월적 답변을 하는 대신, 실존의 확실성을 이끌어낸 양태를 제시하면서 즐거워한다: "나의 생각은 내가 존재하는 것을 의심할 수 없기 때문에 나는 존재한다." "나는 나 자신에 대해서 생각한다. 그러므로 나는 존재한다." 그의 대답은 이렇다: 물질이 활성화된 상태인 정신적 생명은 움직이지 않는 물질로부터 유래됐기 때문에 존재하지 않는다. 오히려 생명과 세계가 실제로 가장 진화된 인간의 정신이라는 양태 속에 반영되어 있고, 그것들이 반성의 대상이 되기 때문에 존재한다.

데카르트의 의심은 초월적 의도성을 반박한다. 그러나 그의 비판적 사고는 여전히 암시적인 방식이기는 하지만 이미 창조자와 피조된 세계의 경계인 시-공간의 틀이라는 관념을 담은 의도적 창조라는 분리할 수 없는 조건을 겨누고 있다. 그러나 데카르트의 공식은 다른 고정된 틀에 대한 신앙을 암시한다. 의식적 형태로 생각되는 인간의 정신을 실존의 유일한 판단 기준으로 여기는 것이다. 그래서 하등 존재는 생각하는 주체가 아니라서 존재하지 않고, 생명도 없을 것이다. 그것들은 단지 자동인형인 것이다. 진화의 연쇄는 근본적으로 단절된 것이다. 따라서 데카르트에게는 초월적 의도성 대신 진화의 목적론으로 드러나는 자연에 내재한 의도성을 도입할 수 있는 가능성이나 필연성을 찾아볼 수 없다. 여러 층으로 된 세계, 즉 자동인형 같은 동물을 포함하여 모든 대상들은 이제 주체의 환상적 출현에 불과하다. 그러나 그와 정반대로 초월적이거나 내재적 목적성의 부재는 그 안에 이미 유물론적 해석으로 나아갈 소지가 있기 때문에 잘못되었다.

데카르트는 주체의 생각과 대상적 세계 사이에 다리를 놓을 수 없기 때문에 그가 원래 의도했던 것과 달리 초월적 목적성을 다시 도입하지 않을 수 없었다. 그의 제안인 "나는 생각한다. 그래서 나는 존재한다"로부터 "나는 존재한다. 그러므로 신도 존재한다"라는 결론이 도출될 수밖에 없게 된 것이다.

그러므로 데카르트가 효과적으로 시행했던 모든 해명 작업은 다시 시작되어야 한다.

수정 작업은 데카르트의 주관주의를 극단적 결과로까지 몰고 간 버클리(Berkeley)의 유아론(唯我論)으로부터 시작되었다. 생각하는 주체 외에 아무것도 존재하지 않는다면, 다른 사람들이 생각하고, 그들이 존재한다는 것 역시 확실할까? 겉모습-세계에서 사는 것처럼 보이는 그들 역시 생각한다고 입증되는 유일한 주체의 단순한 겉모습이 아닐까? 타자의 진정한 실존을 배제하고 유일하게 존재하는 "나"가 있을 수 있을까?

로크(Locke)는 그런 막다른 골목으로부터 출구를 찾으려고 하였다. 그는 관심을 자아-주체로부터 지각되는 세계로 돌리면서, 모든 주체에게 대상의 대부분의 특성들(색깔, 풍미, 밀도 등)은 그의 감각적 지각에 의해서 생기는 외관(外觀)에 불과하다는 것을 올바르게 보여 주었다. 대상은 그것이 우리에게 나타나는 그대로 존재하지 않는데, 이것은 신체로서의 타자-대상으로는 물론 지각하는 주체로서의 자신의 몸에 대해서도 마찬가지이다. 버클리가 원했듯이 타자들은 그들이 지각되는 대로 존재하지 않으며, 신체로서의 주체 역시 그 자체로 하나의 출현이다. 이것이 로크로 하여금—버클리와 달리—정신으로서의 타자의 존재를 생각하게 하였다. 정신으로서의 모든 주체들은 사람들에게 공통적으로 지각되는 세계를 창조할 수 있는 능력을 지니고 있는 것이다. 로크가 이런 결론을 분명하게 개진하지 않았을지라도, 그의 생각에는 이런 의도가 암시적으로 드러난다고 생각할 수 있다. 그러나 그런 관념들로는 데카르트가 제안한 것이 충분히 교정되지 않는다. 그것은 단지 지각하는 주체에만 관계되고, 주체의 사고의 객관성은 전혀 보장해 주지 않는 것이다.

그런 이유 때문에 흄(Hume)은 이런 정정의 시도를 공격한다. 대상 세계가 단지 정신의 외양(外樣)에 불과한 것이라면 주체의 사고에 의해서 만들어진 인과론적 연결이 왜 그 나름대로 일련의 원인과 결과로 잘못 받아들여진 겉모습이면 안 되는가? 따라서 의심은 데카르트에 의해서 받아들여진 유일한 증거로 돌려진다. 그것은 주체의 지고의 특성인 사고를 향하는 것이다. 그래서 데카르트적 의심은 일반화된 회의주의로 변환된다.

칸트(Kant)는 회의주의를 극복하려고 하였다. 그러나 칸트에게 정신의 외양인 세계는 겉모습이 아니라 모든 사람에게 주어진 자료인 현상학적 실재였다. 모든 정신에는 어쩔 수 없이 똑같이 선험적인 방식으로 지각하고, 반성하도록 구체적인 행위가 주어지기 때문이다. 각각의 대상은 변화 가능한 속성(크거나 작은, 차거나 더운, 액체이거나 고체 등)이 부여된 실체의 형태로 지각되고, 속성들의 변화는 어쩔 수 없이 일련의 원인과 결과에 의해서 우리 정신에서 행해진다. 지각과 인식의 "틀"인 이 "선험적 형태들"은 인간—그 자신이 인과적 변화에 맡겨진 신체적 실체—이 지각 대상인 환경을 "재단"(裁斷)하는 불가사의하게 선재하는 "그 자체"(En-soi)로 받아들이기를 요청한다. 그러므로 선재하는 "틀" 바깥에서는 그 어떤 지각이나 인식 행위도 가능하지 않기 때문에 흄이 주장하듯이 인과론은 결코 예외를 인정하는 주관적 습관이 될 수 없다. 그것은 모든 실존에 앞서는 움직일 수 없는 법칙이고, 그 사실은 지각된 세계에 대상 세계라는 특성을 보장하며, 사고에 객관적 진실성을 보장해 준다. 그러나 이런 관념은 너무 정태적이다. 지각과 인식의 "틀"은 인간에게만 해당되는 "선험성"의 등급으로 높여지는 것이다. 따라서 활기 있는 존재인 동물은 다시 한 번 자동인형일뿐이다. 또한 칸트는 데카르트처럼 초월적 의도성을 다시 들여오려고 한다. 도덕은 그것을 부과하는 절대적 정신의 존재 없이 생각할 수 없다고 믿기 때문에 칸트는 결국 신비한 그의 "물 자체"를 사람에게 윤리적 가치를 명령하는 입법자, 정신으로 만든다. 그러나 이것은 신화적 이미지로는 옳지만, "이성의 가정"으로는 잘못된 것이다.

그래서 칸트의 후계자들인 피히테, 쉘링, 헤겔 등은 학설이라는 관점에서 볼 때 너무 정태적이고, 형이상학적인 이 관념에 반대하면서 일어섰다.

그들은 자아와 비-자아(주체와 대상) 사이에서 흔들리는 변증법 운동에 의해서 완성되는 '발달에 대한 생각'을 도입한다. 거기에서 주체는 대상과 구별됨으로써만 존재하고, 이 구별이 발달적으로 확장되는 각 단계에서 더 의식화된 주체가 생기며, 주체는 다양한 대상들로 이루어진 시-공간의 세계를 물 자체와 더 분명하게 분화될 수 있다. 그러나 아직도 형이상학적 사변이 완전히 사라진 것은 아니다. 헤겔의 신-유심론은 진화의 가장 늦은 단계에서 생긴 정신의 특성을 절대 원리의 등급으로 높이는 것이다. 그때 진화는 초월적 정신의 연속적 출현으로 설명된다. 따라서 신비는 다시 한 번 신인동성동형론적으로 된다.

헤겔의『정신현상학』은 특히 오늘날까지 계속해서 영향을 미치고 있다. 실존주의와 현상학은 의식적 주체를 실존의 기반으로 삼는 것이다. 그것들은 어느 정도 명제와 반명제라는 방법을 참조하는 헤겔의 변증법적 게임과 의식적 사고의 전능성을 주장하는 데카르트의 가정에서 발견되는 영감의 도움으로 생각하는 주체를 실존으로 끌어내려고 한다.

오늘날 유물론과 신-유심론은 과학의 분야와 특히 생명과학의 분야에서 맞서고 있다.

신-유심론은 관념론에 충실하고, 유물론은 경험론으로 돌아갔다.

각 학설의 바탕에 있는 이런 비밀스럽게 감춰진 저변의 모순은 이론에서 뿐만 아니라 실제적인 삶의 영역에 이르기까지 잘못을 확대시키는 혼돈 상태의 원인이 된다.

신-유심론과 유물론 사이에 있는 유일한 연결고리는 그것들이 공통적으로 데카르트의 인식론과 헤겔의 변증법을 참조한다는 사실에 있다.

또한 실존주의와 현상학 같은 신-유심론적 학설들은 다양한 신학들의 초월적 목적론과 공동으로 싸우기 위하여 어떤 면에서 유물론에 집결하였다.

실존주의와 현상학은 오직 존재하는 현상들만 설명하고, 유물론적 기계론을 받아들이지 않는다는 걱정 때문에 초월 속에서 이성과 관계하는 상대적 비존재가 아니라 절대적 비존재인 무(無)를 살펴보려고 한다. 그것들은 절대를 다시 끌어들이며, 신비를 부정하고, 무로 만들면서 현상학적 실존을 너무 절대적인 원리로 생각하면서 실존적 불안을 극복할 수 없는 현상으로 만드는 것이 아닐까? 또한 우리는 "실존주의"라는 이름 아래 절대 정신을 재도입함으로써 이런 자가당착을 피하려는 어떤 학설을 볼 수 있다. (너무 요약적이고, 일반적인 흐름을 살펴보려는 목적을 가진 이 언급들이 아무리 다양할지라도 모든 연구 방향에서 공통적으로 발견되는—역사적으로 말해서—사상의 움직임들을 정의하려는 의도를 가지고 있지 않다는 사실을 반드시 덧붙여야 할 것이다).

다양한 이론적 해결들은 결국 사회생활의 영역으로까지 확장되었다. 이론적 불협화음은 두 가지 중요한 흐름으로 벌어지고, 확장되는데, 그 가운데 하나는 근본적으로 형이상학적 불안에서 기인된 것으로 모든 공격에 대해서 반항적이다. 그러나 불안은 바로 그 공격에서 비롯된다. 그래서 신학에서는 계속해서 신화의 초월적 상징을 교의화한 것에서 비롯된 과거의 신앙에서 위안을 찾으려고 한다. 종교들은 무엇보다도 그 안에서 비도덕성에 대한 냉소적 승리를 분쇄할 수 있는 유일한 가능성을 보면서 절대적 관점의 가치를 보장 받으려고 하는 것이다. 그에 못지않게 의미 있는 또 다른 중요한 흐름은 매일의 삶의 방향감각 상실 앞에서 커지는 불안에서 나온다. 그리고 그 혼란은 사회생활의 토대에까지 영향을 준다. 사회생활과 그 욕구들을 재조직화 하려는 운동은 헤겔의 정신현상학으로부터 명제와 반명제적 방법론을 전수 받으려고 한다. 변증법을 사회의 경제적 구조를 분석하는 도구로 삼으면서 변증법적 유물론을 현재 인문과학의 기반인 물질적 실증주의와 합치려고 하는 것이다.

　현재의 불안한 방향감각 상실은 이 모든 모순되는 이념들로부터 나온다. 그래서 불안의 가장 근본적인 원인이 사전에 규명되지 않으면 불안을 근본적으로 분석할 수 없다. 헤아릴 수 없는 삶의 깊이 앞에서 이성(理性)이 헤매게 되고, 그 권리들과 한계들을 넘어서게 하는 현기증을 느낄 수밖에 없는 것이다. 그러나 이성의 통제를 벗어날 때 상상력은 고조되고, 강박적 사변과 일관성 없는 행동으로 도망친다.
　이성의 탈선과 그 부산물인 상상력의 고조는 정신적 광기와 그에 따르는 정감적이고, 행동적인 방향감각 상실의 가장 깊은 원인이다.
　세상의 모든 시대들에는 형이상학적 믿음이 있었다. 그러나 믿음이 서로 맞설 때, 방향감각 상실은 병적 측면을 띠게 될 위험에 빠진다. 논쟁들은 곧 활동의 길잡이가 되는 가치 판단을 뒤흔드는 것이다. 그때 고뇌에 찬 모순은 사람들의 심층에서만 발견되지 않는다. 사회의 심층에서도 믿음과 사상이 서로에게 충격을 주면서 서로를 붕괴시키거나 광신적으로 되는 집단들이 생기는 것이다. 그 결과 삶 전체는 외상적 상황으로 악화되고, 사람들은 더 병적으로 불안하게 방향감각을 잃게 된다. 이 시대의 일반적 특징인 무엇인가 불편한 감정은 결국 신경증적 조바심으로부터 이성의 상실에 이르기까지 수많은 정신질환을 유발한다.
　이런 관점에서 볼 때, 심층심리학의 탄생과 치료적 방법에 대한 모색은 데카르트에 의해서 시작된 사고의 자기-비판을 더 올바른 수단을 통해서 완성시키려는 어쩔 수 없는 필요성에서 나온 것이라고 할 수 있다.
　심층심리학은 인간의 본질적 문제를 해결해야 하는 상속자인데, 그것은 형이상학적 불안과 불안에서 나온 헛된 위로를 찾으려는 시도들이 초-의식의 심층에 감춰진 동기부여를 증언하는 것에서 찾아볼 수 있다. 치료가 정말 효과적으로 되려면 모든 형이상학적 사변을 떠나서 초-의식적 상징들의 산물에 대한 이해에 기반을 두어야 한다. 그것들이 병리적 증상들, 꿈, 신화들이다.

초-의식과 초-의식의 상징적 표현들—신화는 초-의식을 구성하는 두 층인 상위-의식에서 나왔고, 증상은 하위-의식에서 나왔다—에 대한 연구는 심리학을 어쩔 수 없이 분별 있는 행동과 무분별한 행동(정상적이거나 병리적 행동)을 포함한 인간의 본질적 문제들로 이끌어간다. 그에 따라서 가치의 내재적이거나 초월적 기원을 포함한 궁극적 질문으로 나아간다.

인식론 철학은 너무 배타적으로 의식적 사고에 기반을 두기 때문에 그의 방법론적 탐구를 완성하지 못하였다.

내면의 동기부여를 파헤치는 심리학은 전통적 해결에 만족하도록 끈질기게 촉구하는 형이상학적 사변의 내밀한 동기를 분석하라는 강요를 받는다. 하위-의식의 계열에 있는 동기들은 다양하고, 복합적이다. 그러나 각자의 윤리적 특성을 가진 상위-의식 안에 깊은 인식론적 의심이 사람마다 강도는 서로 다르지만 지속되는 것도 사실이다: 그것이 정신으로의 부름이다. 진리에 대한 열망인 것이다.

하위-의식적 유혹과 상위-의식적 열망 사이의 갈등은 모든 사람의 삶에서 본질적인 현상이고, 깊은 불안의 원인이다. 그것은 매우 자주 다양한 우발적 불안으로 분산된다. 각자의 내면에 있는 본질적인 갈등은 보통 의식을 벗어난다. 그것은 초-의식의 심층에 잠겨 있고, 거기에서 억압적인 하위-의식은 상위-의식에서 나오는 통찰(신화의 상징주의로 나타난다)을 압도한다. 그런데 불안이 제대로 달래지려면 억압이 풀리고, 사실을 규명하는 내적 성찰로부터 나온 체계적으로 확립된 심리학적 인식에 의해서 밖에는 가능하지 않다.

내적 성찰에서 도움을 찾을 필요성은 데카르트적 인식론에 이미 암시적으로 내포되어 있다. 생각이 실존의 기준이라면 모든 인식론적 문제는 심리학적 문제이기 때문이다. 사고는 인간의 심리적 기능인 것이다.

인간의 생각이 명료하다면, 생각은 하위-의식의 맹목성에도 불구하고 존재의 신비를 설명하려는 헛된 주장의 강박적 동기에서 벗어나기 위해서 내적 성찰을 통하여 자기를 통제해야 한다.

여기에서 방법론적 보완의 필요성이 나온다. 헛된 형이상학적 논쟁에서 벗어난 사고는 실존의 두 가지 양태인 정신과 세계에 집중하고, 그것들의 두 가지 변화인 진화와 퇴화에 대한 연구에 집중해야 한다.

방법론적 결론

우리는 앞에서 분석했던 것들의 도움으로 변환의 촉매로서의 불안이 가진 역동성에 대한 앞으로의 자세한 연구를 이끌어 갈 수 있는 원리들을 얻을 수 있었다.

가장 중요한 것은 진화는 유물론적 진화에서 생각하는 것보다 무한하게 더 광범위하고, 심층적 현상이라는 사실을 이해하는 데 있다.

불안이 정신-신체적 현상이기 때문에 변환의 촉매로서의 역동은 신체의 진화뿐만 아니라 정신체계의 진화와도 관계된다.

정신-신체적 유기체는 진화의 과정에서 지각 기관이 진화되고, 정신적으로도 점점 더 발달한 것들을 지각하게 되며, 그것은 대상 세계를 더욱더 분명하게 지각하는 조건이 된다.

정신, 신체, 환경이 동시에 진화하는 것이다.

인간은 진화에 대해서 생각하는 유일한 존재이다. 그의 흥미를 끄는 것은 무엇보다도 먼저 그 자신의 진화적 기원이다. 그는 그의 기원과 진화해 온 과거에 대해서 설명하는 이론을 만든다. 그러나 종(種)들 사이에는 아무 논리적 연결이 없다. 열등한 종은 우수한 종의 출현의 원인이 아니고, 우수한 종은 열등한 종의 결과가 아닌 것이다.

종들 사이의 연결에는 아무 논리가 없다. 그것은 유추적인 것이다.

각각의 진화 단계가 인간을 향해서 왔기 때문에 신체적 유사성은 사지, 내장 기관, 특히 정신적 삶을 신체적으로 지원하는 신경 체계의 점차적인 두뇌화 과정에 의해서 고등한 다세포동물에게 분명하게 드러난다. 신경체계의 최초의 지표는 일부 단세포동물들에게서도 이미 드러난다.

신체적 진화와 그에 대한 연구는 단세포동물로부터 인간으로 진행된다.

그 반면에, 정신 작용의 내적 진화 과정을 연결하는 유추는 외적 관찰을 통해서는 접근할 수 없다. 그 유추들은 생각하는 존재의 자기-관찰로부터만 간파된다. 여기에서 유추적 설명은 사람이 직접 경험하는 가장 높이 진화한 정신 기관에 대한 연구로부터 가장 원시적인 존재들의 정신적 삶을 구성하는 초보적 기관에 대한 연구로 내려와야 한다.

우리는 앞으로 이렇게 유추적인 방식으로 연구를 진행할 것이다.

단세포 동물에 대한 유추적 설명은 인간에게 이르기까지 진화의 신비한 측면(각각의 종이 지각하는 특별한 우주)에 대해서보다는 신인동형동성론적 측면에 대해서 이루어질 것이다. 안트로포스는 그 자신이 진화의 한 고리이기 때문에 생활공간의 수준에서만 진화의 계열에 대해서 인식하고, 연구할 수 있다. 그 역시 다른 종들과 같은 생활공간에서 살지만 그는 자기-인식이라는 형태를 통하여 인식하는 것이다.

진화론에서 유추적 결론은 매우 유용한 방법이다. 자연 자체가 진화 과정에서 비슷하게 전개되면서 한 단계, 한 단계 앞으로 나아가기 때문이다. 그러나 유추적 방법은 내면의 관찰 못지않게 원리에 대한 의심과 마주친다. 따라서 때때로 그 방법을 제대로 적용해야 한다고 주장할 필요가 있다.

모든 방법들에는 그 자체에 오류의 원천이 들어 있다. 대상에 대한 관찰이나 내면의 관찰이 그렇고, 논리적 결론이나 유추적 결론도 마찬가지다. 유추는 논리적 사고보다 열등하게 여겨졌다. 그것은 본래 정령숭배(animisme)에서 보듯이 인간이라는 종이 아직 규율이 없는 형태로 비슷한 것을 비슷한 것으로 생각하면서 살던 방식의 산물이고, 인간의 문화사 전체를 볼 때도 유추적 전망은 종종 자의적인 방식으로 이루어져 왔기 때문이다. 그와 반면에, 논리적 사고와 거기에서 나온 실험적 관찰 방법은 이성적 사유 기능의 뒤늦은 산물이다. 따라서 그것들은 더 진화된 성격을 가지고 있다. 그러나 유추적 사고는 처음부터, 심지어 정령숭배적 형태에서도 오성(悟性)의 주된 기능을 사용하여 존재의 의미를 찾으려고 애썼다. 이 원시적인 노력이 제대로 이루어지지 못한 데는 그것의 유추적 과정 때문이 아니다. 오히려 그 유추들이 본래 설명하려는 현상들의 성격에 대해서 잘 알지 못해서 종종 불명확하거나 순전히 형식적으로만 설명하였기 때문이다. 그 결과 겉으로 보기에 비슷한 수많은 형태를 통해서 본질을 찾으려는 시도는 은유적이거나 점술과 같은 성격을 가지게 되었다. 그것은 시(詩)의 경우에서는 좋다. 시는 은유적 언어를 통해서 유추적 직관에 내재된 기본적인 힘을 읽을 수 있기 때문이다. 그러나 과학의 영역에서 이 무궁무진한 힘은 순전히 형식적인 유추를 피하면서 규칙을 따르지 않으면 열매를 맺을 수 없다. 유추가 규칙적 유비의 일관성을 교란하면서 사고에 사변적 성격을 부과하기 때문이다. 여기에서 비판적 지성이 개입해야 한다. 논리적 지성은 오성보다 늦게 나타난 형태로서 유추보다 덜 본질적이기 때문에 유추를 보완하는 도구로서 제대로 관찰되었고, 논리적으로 분명해진 수많은 자세한 자료들을 정신이 종합할 수 있도록 제공해야 한다.

  유추적 정신과 논리적 지성은 보완되어야 한다. 인간의 정신은 지성이 제공하는 세세한 것들이 정돈되고, 조화로우며, 구체화된 전체적 비전을 찾기 때문이다. 정신은 유추적 사고들을 종합하는 능력 덕분에 진리의 창조자가 된다. 유추적 결론들은 하나가 다른 하나를 낳기 때문에 창조적 원리를 담고 있다. 그래서 그것들은 서로가 서로를 지지해 주고, 서로를 완성시킨다. 그래서 그 어떤 진리도 다른 진리를 반대하거나 반대할 수 없다. 모든 진리는 의심의 불안이 가라앉고, 인식의 기쁨이 그 자리에 들어차기 위하여 전체 안에 통합되어야 한다.

  가장 중요한 과학적 성취는 유추적 결론에 근거한다.

  우리는 사과가 떨어지는 것이 뉴턴에게 천체 운동의 규칙성을 보여 주었다고 말하지 않는가? 그 어떤 논리적 결론도 그 두 현상을 다가가게 하지 못한다. 뉴턴은 유추적 사고에 이끌려서 대담하게 물리학에는 물질들 사이에서 서로 잡아당기는 신비한 힘이 존재한다고 결론지었다. 사과가 땅에 이끌리듯이 지구는 태양에 이끌린다는 것이다. 역학 법칙을 발견하게 한 것은 바로 이 중차대한 유추적 직관이었다. 유추적 확장은 물리학 발전을 가져온 것이다. 그러나 마이컬슨(Michelson)의 실험은 뉴턴적 물리학이 주장하는 규칙적 조화론을 붕괴시키려고 위협하였지만, 아인슈타인은 뉴턴적 물리학이 조화로운 더 큰 전체에 유추적으로 연결된 특별한 경우로 본다면 일관성이 회복될 수도 있다고 주장하였다.

인문과학 분야에서 오성의 이 두 가지 형태인 논리적 사고와 유추적 사고는 서로를 보완하기는커녕 서로 분리되고, 서로 맞선다.

지금 유행하는 행동주의는 단지 논리적 반성만 주장하면서 동물과 인간 사이의 진화적 관계에 대해서 강조한다. 행동주의는 거기에 도달하기 위하여 동물의 신체적 반응에 대한 매우 유익한 실험들을 거듭하였다. 그러나 행동주의는 유추적 비교를 통하여 동물에게도 사람과 같은 감정을 부여하는 결론에 이끌리는 것이 두려워서 동물에게는 감정적인 삶이 전혀 없는 자동인형이라는 가정에 기초를 둔다. 그리고 이 가정은 동물의 행동 방식이 환경적 자극에 대한 자동적 반응이라고 강조하는 기초적 공식에 의해서 확실한 주장의 등급으로 올라간다.

자극과 반응 사이를 나누는 정신적 삶이라는 요소가 부재하기 때문에 입증되어야 하는 가정이 실험적 객관성이라는 구실로 공리(公理)로 세워진 것이다.

행동주의는 유물론적 대의(大義)를 위해서 가장 그럴듯하지 않은 것을 제안한다. 그것은 동물이 살아 있는 존재라는 점을 잊은 것이다. 행동주의는 동물에게서 성적 욕구와 물질적 욕구 같은 유기체적 욕구의 존재를 부정할 수 없어서 만족에 대한 욕구를 주장하였지만, 만족이 불만과 마찬가지로 가장 원시적 단계에서도 자극과 반응 사이를 가르는 정신적 기능의 존재를 말해 주는 감정이라는 사실을 망각한 것이다.

따라서 동물을 생명이 없는 자동인형과 비교하는 행동주의의 순전히 형식적이고 잘못된 유추는 동물의 신체-정신적 삶을 인간의 정신-신체적 삶과 연결시키는 유추에 대한 연구로 대체되어야 한다.

유추는 결코 동일한 것이 아니다. 유추가 형식적으로 되지 않으려면, 유추는 공통점과 차이점에 대한 정의의 기반 위에 서 있어야 한다. 물론 동물에게 인간의 감정과 같은 풍부한 의미를 부여하는 것은 잘못된 것이다. 동물은 정동에 의해서 활기를 띠는 것이다. 동물의 섭식 욕구와 성적 욕구는 개체 보존과 종족 보존이라는 기본적 욕구에 뿌리박고 있다. 하지만 사람들에게 삶과 죽음 앞에서 나타나는 기본적인 정동은 수많은 정서들로 분산되어 나타난다. 말하자면 각각의 정서들이 앞으로의 행동의 동기들로 되는 수많은 욕망들로 분산되는 것이다. 그래서 감정적인 삶은 풍부하면서 동시에 빈약할 수 있다. 사람들은 심층적인 의미에서 말하면 거의 감동 받지 않는 것이다. 그는 피상적으로만 영향을 받고, 그의 정감은 쉽게 약화된다. 그러나 거기 들어 있는 감정은 계속해서 남아 있고, 그의 감정적인 삶은 만족을 적극적으로 누리려고 한다. 고등동물에게 이 만족은 예상할 수 있는 본능에 의하여 충족되고, 사람들은 예상이 가능한 반응을 통해서 충족의 길을 찾아 나선다. 예상은 공통적이지만, 명료성의 정도는 서로 다른 특성을 보인다.

행동주의자들은 실험을 통해서 동물들의 삶에 대해서 많은 것을 알려 준다. 같은 종의 모든 동물들에게 자극에 대하여 반응을 결정하는 본능과 감정은 거의 변함이 없기 때문이다. 그래서 실험실에서 어느 한 동물에게 가한 자극에 의하여 얻어진 반응은 그 종의 모든 행동을 통해서도 얻어진다. 정신기능이 개별적인 것이 아니기 때문에 실험실에서의 경험이 존재하지 않거나 무시할 수 있는 부수 현상으로 여겨지지 않는다면, 배제시켜 버릴 수도 있다. 실험자들이 아무리 동물들의 정신 기능을 무시한다고 할지라도 연구 대상이 되는 동물의 생명은 전체성을 가진 것으로서 무시될 수 없고, 실험 대상이 되는 이러저런 종들에게 정신 기능은 변하지 않고, 남아 있다.

이렇게 확립된 행동주의적 방법론은 모든 동물의 종에게 확장된다. 거기에서 한 걸음만 더 나아가면, 실험에 의해서가 아니라 잘못된 유추적 결론에 의해서 생각하는 종인 인간에게도 그것을 적용시킬 수 있다는 가정이 가능하다. 행동주의는 이렇게 잘못된 걸음을 걸으려고 한다.

행동주의는 인간을 동물과 유추적으로 비교하여 결론을 내리는 것을 거부하면서도 동물에게 정신적 삶이 부재하다는 거짓된 논리적 결론을 내리면서, 인간에게도 진정한 정신적 삶이 부재하다고 주장하는 유추적 사고를 잘못 적용한다.

인간의 모든 내면적인 삶, 즉 의지적 결단을 내리려고 그칠 줄 모르고 추구되는 내적 숙고는 지극히 피상적이고, 존재하지 않는 것으로 선포된다. 그것은 자극과 반응 사이에 어떤 의미가 있을 것인가? 그것은 무시할 수 있는 부수 현상일 뿐이다. 행동주의자들이 숙고를 모르지 않는다면, 그들은 정신 기능에 매우 중요한 기능이 있다는 사실을 받아들여야 한다. 그들은 반드시 그것을 살펴보아야 하는 것이다. 그러나 어떤 방법으로 그렇게 할 것인가?

행동주의의 오류는 진화의 문제를 이해하는데 해로울 뿐만 아니라 그것을 인문과학의 모든 분야로까지 펼친 데 있다.

행동에 대한 심리학은 자신의 과제는 오직 인간의 행동, 즉 그의 모든 활동에 대해서만 연구하는 것이라고 주장하면서 인간이 하는 행동에만 의지한다.

또한 "자극"과 "반응"이라는 공식에 기반을 둔 사회학도 인간의 성격은 모든 자율성을 무시한 전적으로 사회적인 환경의 산물이고, 인도자-가치도 사회적 전통의 산물이며, 사회는 개인의 합(合)보다 크다고 주장한다. 개인을 자동인형으로 격하시키는 이런 제안들 모두는 행동의 동기(motifs)와 행동의 동력(mobile) 사이를 제대로 분별하지 못해서 생긴 결과이다. 동력은 행동의 우연한 결정 요인이다. 그것은 정신내적 에너지, 내면의 긴장, 개인의 내면에 동기의 형태로 미리 만들어진 의도들을 움직이는 것이다. 그러나 동기는 앞으로의 반응과 사회적 상호 반응들의 본질적 결정 요인이다.

　이 책의 제2부의 주제인 진화의 본질적인 문제는 정신 체계의 생물-발생론이다.

　그러나 정신의 진화에 대한 연구에 다가가기 전, "정신"(psyché)이라는 용어가 어떤 의미로 쓰이는지 명확하게 정의해야 한다. 중요한 것은 내적 성찰의 방법과 그것의 생물-발생학에로의 확장을 행동주의 학설과 그것의 행동에 대한 심리학으로의 확장과 나누는 경계를 분명하게 설정하는 것이다.

　사람들에게 진화적으로 전개된 정신체계는 사고, 감정, 의지 등 의식적 기능들과 초-의식적 심급들 전체로 이루어져 있다.

　초-의식적인 것은 정의상 내적 성찰에서 벗어난다. 여기에서 문제는 초의식의 산물들인 신화, 꿈, 정신병리 증상들을 심리학적으로 살펴볼 수 있는 의미가 담겨 있느냐, 없느냐 하는 것이다. 그와 반대로 어느 누구도 초-의식이 생각하고, 만족과 불만 사이에서 변하는 감정들에 의해서 활기를 찾으며, 가장 깊은 곳에서 의지를 만들어낸다는 것을 부정할 수는 없다. 초-의식이 무엇을 원하는지, 원하지 않는지는 오직 내적 성찰을 통해서만 알 수 있다.

　유해한 오류는 정신의 내면과 외부세계 사이에 존재하는 관계를 오해하는 것이다.

　따라서 의도(intention, 에너지의 긴장이 내재한 것)가 없이는 확장도 없다는 것을 힘주어서 강조한다.

　정신적인 삶은 양적이고, 확장적이지 않다. 그것은 질적이며, 집중적이다.

　그래서 정신적 진화에는 강함이라는 특성이 있다. 그러나 정신적 강함은 외부 세계에도 영향을 주면서 외-연(ex-tendu)이 이루어진다. 공간적 확장이 이루어지는 것이다.

　정신적 특성의 가장 기본적인 형태는 필연적으로 집중적인 것(intensif)

과 외연적인 것(extensif) 사이, 즉 주체-대상, 정신-세계의 상호-영향이 가장 일반적이고, 가장 미분화된 형태로 나타난 흥분에서이다.

이런 전제로부터 진화에 대한 연구를 위한 매우 중요한 결과가 나온다.

순전히 양적이기만 한 확장, 즉 비활성화된 물질은 존재하지 않는다는 것이다. 원자는 이미 생명-이전의 것(pré-vie)에 의해서 생기를 얻었지만, 그 강도가 아직 흥분할 정도로 활성화된 정도에 도달하지 못하였다. 그러나 원자는 하나의 유기체이다. 그것은 조직자로서의 내재적 정신으로 가득 차 있다. 죽은 나무나 돌처럼 우리가 "죽은 물체"라고 부르는 것도 사실은 고도로 조직화된 원자와 분자들이다. 그것들이 죽은 것처럼 보이는 것은 그 원자들과 분자들이 여기에서는 덩어리를 이루고 있기 때문이다. 그것들은 내재해 있는 목적론을 따라서 조화롭게 조직된 전체를 이루지 못한 것이다.

진화적으로 흥분할 수 있게 된 물질인 분자는 원자처럼 생명-이전의 것에 의해서 생기를 얻지 않고, 드러난 생명에 의해서 생기를 받는다. 그것은 움직이는 유기체인 것이다.

그러므로 흥분 가능한 정신체계에 대한 발생학적 연구의 방법론적 원리는 무엇보다도 정신적 표현인 흥분성으로부터 시작되어 확장적 세계와 집중적 생명 사이의 계속적인 상호-영향에 의해서 유추적이고 진화적으로 결정되는 분화와 통합을 고찰하는 것이 된다.

흥분성은 불안이나 기쁨 안에서 진화적으로 강화되면서 인간의 정신체계가 출현하도록 이끈다. 그 안에서 정신은 강화되면서, 상위-의식적으로는 진화의 길을 계속하라는 "부름을 받고", 하위-의식적으로는 정신병리적 퇴화로 잘못 들어서기도 하면서 동기를 부여하는 의도성, 신중한 선택, 개인적 책임으로 된다.

제2부

제1장
발달의 형태와 불안

흥분성

자극하는 것과 자극 받는 것

흥분성(exitabilité)은 커다란 걱정거리, 즉 아직 분화되지 않은 불안이다. 흥분성은 그 반대쪽 극이 걱정을 달래려는 반응성이기 때문에 모든 중요한 징후들에 정의를 내린다. 반응성의 특별한 형태로 이해되는 진화는 전체적으로, 그리고 세세한 데 이르기까지 흥분성으로부터 설명되어야 한다.

흥분성과 반응성은 그 자체로 설명 불가능한 "활기"를 양극화하는 정신적 양태들이다. 정신체계의 모든 진화된 양태들은 걱정의 원리인 흥분성으로부터 생기거나, 그렇지 않으면 마찬가지이기는 하지만 만족을 찾는 반응성으로부터 생긴다. 정신기능의 가장 원시적 양태들은 가장 진화된 양태들처럼 그 안에 공통된 목적론을 연결선처럼 지니고 있기 때문에 서로 유추적으로 연결되어 있다. 그것들은 모두 생명의 보존과 만족을 얻으려고 하는 것이다. 생명은 만족스럽게 스스로를 보존하기 위하여 반응성을 계속해서 진화적으로 변화시키면서 걱정을 극복하려고 한다. 활기(생존을 위한 기본적 욕구)를 유지하려는 요청과 그 분명한 수단(반응적 흥분, 흥분적 반응)은 진화적 역동인 내재된 목적론을 구성한다.

사람들을 자극하는 걱정은 본능적 욕구의 형태로 나타난다. 살아 있는 모든 존재는 그를 자극하는 허기에 의해서 움직이는데, 그 목표는 종종 주체(sujet) 바깥에 있으며, 그의 반응에 의해서만 얻어질 수 있다. 허기라는 충동의 목표는 본래 흥분하는 주체의 바깥에 있기 때문에 주체는 환경에 의존하게 된다. 그는 거기에서 그의 흥분을 달래려고 "떠밀리고", 세상은 일차적 흥분성과 그것의 내적 원천에 비해서 이차적인 것으로 생각되는 수많은 외적 흥분성의 원천으로 된다. 세상은 겉으로 보기에 주체에 대해서 독립적으로 보이지만, 주체는 세상에서 만족의 대상들을 찾기 때문이다. 세상이 주체를 움직이는 욕구에 불가사의한 방식으로 미리 적응되어 있지 않았고, 주체와 그의 욕구의 분화 정도가 대상 세계의 진화적 분화의 정도와 일치하지 않았다면 주체와 세상의 이런 보완성은 가능하지 않았을 것이다.

주체가 물질세계와 이렇게 얽혀 있기 때문에 인간의 흥분성은 물질성, 말하자면 신체와 긴밀하게 연결되어 있다. 흥분성은 정신적 현상일 뿐만 아니라 신체적 현상인 것이다. 그래서 순전한 걱정인 활기의 설명 불가능한 원리로서 흥분성에 물질적 측면이 내포되어 있기 때문에 그 안에 구체적으로 표현되려는 것이 잠재적으로 들어 있다. 주변 세계와 공조해서 조건화된 수많은 형태의 자극과 정신-신체적 흥분으로 드러나려고 하는 것이다. 흥분이 드러날 때는 신체를 통하지 않고는 흥분이 생길 수 없고, 흥분이 세상을 향한 반응으로 배출되려면 몸의 도움을 받아야 한다.

언어의 지혜는 이 관계를 '흥분은 외현화하려는 언급이다'라고 말한다. 외부, 즉 세계로부터 비롯된 언급이 공간적 이미지를 통하여 마치 신체의 내면에 있는 것처럼 정신체계에 말한다는 것이다. 그러므로 정신적 충격인 흥분은 세상이라는 외적 자극과 정신체계라는 내면에서의 자극이 없으면 생길 수 없다.

순전히 기계적인 충격은 압력(pression)만 가할 뿐이다. 그것은 죽은 대상의 위치만 바꾸거나 그것이 파괴될 때까지 모양만 틀어지게 한다. 그 반면에, 정신적 충격은 인상(impression)을 남긴다. 그래서 계속되는 흥분은 살아 있는 물체에 스며든다.

외부로 나아가려는 운동이 환경의 미비 때문에 본능적 욕구를 충족시키지 못할 경우, 정동을 담은 인상은 충족이 유보되었음에도 불구하고 어느 정도 시간이 지난 다음에도 그에 대한 반응을 보이려고 한다. 그것은 무엇이라고 설명할 수 없는 활기를 띠면서 정신-신체적 유기체에 진화적 변환을 가져오는 것이다. 진화적 반응은 과거의 좌절들을 통해서 축적된 정동(émotion)들에 의해서 결정된다. 진화를 포함하여 모든 반응적 행동들은 엄격하게 결정된다. 그러나 축적되고, 내면화된 결정 요소들은 살아 있는 물질이 신체의 반응적 표현을 진화적으로 변화되도록, 그리하여 신체 조직을 변화되도록 한다. 우리는 나중에 진화 현상을 주관하는 이런 내재적 목적론의 존재에 대해서 자세하게 살펴보아야 한다.

살아 움직이는 존재의 반응에는 끊임없는 결정론에도 불구하고 자유라는 성격이 부여된 자동적 목적론이 내포되어 있다. 진화는 환경에 의한 결정에 대해서 자유가 점점 늘어나는 것을 의미하기 때문이다. 동물에게 자동적이고, 맹목적으로 이루어지는 듯이 보이는 자유로 가는 과정의 결정은 정동성(émotivité)이 활동성(motivité)으로 변환된 인간의 차원에서 의도적이고, 예측적인 것으로 된다. 반응의 정신내적 인과론이 원하는 활동을 하는 것으로 되는 것이다. 인간의 활동이 아무리 동기에 의해서 결정되지만, 동기들이 생명의 진화적 의미에 일치되는 한 그것은 자유 의지로 된다.

순수한 상태로서의 물질(물질적으로 비활성화 된 것)이 존재하지 않듯이 순수한 상태로서의 흥분성(비물질적 활기) 역시 존재하지 않는다.

단세포동물의 가장 초기 수준에서 흥분성은 본래 물질화된다. 존재하기 시작하는 것이다.

그것들 가운데 어떤 것들에는 놀랄 만큼 분화된 예민성이 있으며, 제닝스(Jennings)가 보여 주었듯이 뢰브(Loeb)가 묘사한 원시적인 굴성(屈性) 반응을 훨씬 능가하는 정신-신체적 기능을 가지고 있다. 그러나 이것은 결코 단세포동물의 조상—그것은 아마 존재하지 않을 것이다—이 지극히 미분화된 흥분에 의해서 활성화된 원시적 세포로 되어 있을 것이라는 사실을 방해하지 않는다.

인간의 몸은 그 자체로 하나의 세포이지만, 신체 자체는 흥분에 빠진다.

이 사실은 우리 역시 다른 사람에게는 신체로 나타나지만, 우리 자신은 흥분 상태에 있을 수 있다는 사실을 상기시킨다. 단세포인 생명의 배아(胚芽)에 나타난 활기의 본성에 대해서 살펴보려면, 진화를 이룬 인간의 정신체계에서 나타나는 흥분성과의 연결 고리를 찾아야 한다.

그러나 이에 대한 설명은 몇 가지 막연한 유추로 만족할 수 없다. 그것은 원시 세포의 미분화된 반응성 하나, 하나에서 아직 펼쳐지지 않은 진화적 기능들의 전체성을 밝혀내는 것이어야 한다. 그렇게 해야만 우리는 생명현상을 가장 원시적인 것으로부터 가장 진화된 존재인 인간에 이르기까지 전체적인 안목에서 살펴볼 수 있다.

생명의 배아는 우리에게 원형질, 핵, 막으로 이루어진 세포로 나타난다.

살아 있는 물질은 막으로 보호 받으면서 그 자체로 닫혀 있고, 환경과 분리되어 있다. 그것은 나누어질 수 없는 통일체이고, 개체이다.

삶과 삶의 의미에 대한 유일한 반성(反省) 수단인 유추적 비교는 원시적 개별화와 보존의 기본적 욕구는 모든 사람의 특성인 이기주의의 싹처럼 나타나게 하는데, 그것은 모든 생명체의 특징이다. 그러나 그것은 인간의 수준에서 병적이고, 제한적인 자아-중심성과 건강의 조건인 환경과의 자유로운 의사소통으로 양극화 된다.

이런 양극화는 막이 분리의 기관일 뿐만 아니라 삼투 작업에 의하여 환경과 물질을 교환하면서 연합하는 기능을 수행하기 때문에 원시 세포에도 이미 예시되어 있다. 세포는 그의 생존에 유리한 물질들을 통합하는 것이다. 삼투 작용은 선택적인 것이다.

해로운 물질의 유입은 방어적 반사를 촉구한다. 그래서 막의 구멍들은 수축되고, 닫힌다. 삼투의 화학적 성질을 벗어나는 이런 반응이 존속하는 한 세포는 살아 있다. 생명의 유일한 신호인 이런 선택적 흥분성이 사라지면, 그것은 단순한 화학 물질에 지나지 않으며, 죽은 세포이다. 여전히 순수한 반사적 반응인 생명의 선택성은 무한히 더 분화되기 위하여 반사의 확실성을 상실한 의식인 욕망에 의해 인도되는 선택의 재능을 보여 준다. 반쯤 정감적이고, 반쯤 의식적인 상태에서 비롯된 맹목적 욕망은 건강하지 못한 흥분을 더 좋아한다. 그래서 그것은 인간의 삶의 모든 복잡한 상황들을 만든다.

가장 원시적 반사 반응인 선택적 삼투는 영양 섭취만 예시하지 않는다. 세포는 스스로 양분을 취하고, 스스로 나누어지는 것이다. 이런 분열은 번식의 최초의 지표이다. 세포의 분열은 이기주의의 불가분리성에서 유일한 예외이다. 진화 과정에서 이기주의가 사랑으로 분극화되는 현상이 가장 분명하게 나타나는 것은 번식의 영역에서이다. 세포가 분열하기 위해서 영양을 섭취하는지, 아니면 영양을 섭취하기 위해서 분열하는지를 말하기는 쉽지 않다. 영양 섭취와 번식이라는 두 가지 기본적 충동들은 처음부터 아직 분화되지 않은 것이다. 이 충동들 가운데서 그 어떤 것도 우월적 중요성을 가지지 못한다. 그 공통의 뿌리는 생존의 욕구이다. 영양 섭취는 개인의 생존을 보장하고, 번식은 종의 생존을 보장해 준다. 요컨대 진화에는 기본적 충동이라는 성격이 있다. 진화의 충동은 보존 욕구의 특별한 경우이다. 물론 욕구와 환경 사이에는 무엇이라고 설명할 수 없는 활기에서 나온 사전 적응(pré-adaptation)이 존재한다. 그러나 이런 사전 적응은 종의 생존에 유리하고, 경우에 따라서 모양을 바꿔서 나타난다. 먹는 것에 대한 걱정은 치명적인 불안으로 구체화되고, 진화를 통한 재적응의 부단한 노력에 의해서 밖에는 극복되지 않는다.

그러므로 영양분을 선택하는 것과 성(性)이 생기기 이전의 분열은 생명체와 비활성적이라고 여겨지는 물질의 생명-이전 단계의 화학 작용을 구분하는 유일한 충동 현상들이 아니다.

세포는 기계적이고 화학적인 자동인형이기는커녕 진화적 충동을 부여받은 것이다. 그렇지 않으면 이 세상에는 단세포동물밖에 존재하지 않을 것이다. 진화의 추진력은 진화의 방향을 가장 효과적으로 이끌어가는 수단이 처음에는 지각이고, 그 다음에는 인식으로 나타나는 탐색이기 때문에

"정신적 충동"이라고 부를 수 있다.

원시 세포는 더 복잡한 조직을 가진 종의 출현으로 진화하게 된다.
생존을 위한 기본적 욕구는 어떤 경우 분열에 의하여 늘어난 세포들의 집적을 촉진한다. 그런데 생명체의 진화적 유연성에는 그 안에 세포 집단들이 다세포적 유기체로 변화될 수 있는 가능성을 담고 있다. 그래서 세포 집단들은 특수화되고, 오직 섭식 기능이나 번식 기능만 담당하는 기관으로 변환된다. 번식 기관은 그 나름대로 더 원시적인 수준에서 이미 예시된 수컷과 암컷이라는 성(性)의 모양을 취하면서 분화되는데, 거기에서 분열은 종종 서로의 핵을 교환함으로써 증식된 두 개의 세포의 임시적 연합이 있어야만 시행된다. 모든 세포들은 세포 분열을 통하여 신경 세포를 가진 민감성을 부여받는다. 그리하여 신경체계에는 흥분들을 집적하고, 거기에 따르는 반응들을 조정하면서 환경과 소통하게 된다.

다세포생물이 처음 출현할 때, 그들에게는 아직 지각 기관들이 없다. 그래서 더 좋아하는 자극을 찾거나 해로운 자극 앞에서 도망가는 것은 시행착오에 의한 매우 원시적이고, 자동적인 방식으로 이루어진다. 그들의 운동은 아직 수동적이고, 그 기관들은 종종 지시되지 않는다. 그래서 수생 환경에서 사는 개체들은 그들의 생존에 유리한 장소에 고착되어 있지 않으면 물결에 의하여 휩쓸려간다.

생명의 욕구를 채워 주는 이 두 가지 방식—바닥에 고착되어 있거나, 아니면 수동적으로 돌아다니면서 이동하는—은 종의 진화에 매우 중요하다고 밝혀졌다. 그것은 마침내 식물과 동물을 분화시키게 되고, 그 분화는 물 밖에서의 생존의 조건에 적응하는 것을 통해서 완성된다. 식물은 땅에서 영양분을 이끌어내면서 땅에 뿌리박는다. 식물은 언제나 존재의 이 초기 조건에 더 잘 적응하는 형태로 진화할 것이라는 말이다.

그와 반대로 수생 동물과 육상 동물은 이동을 통하여 생존의 조건을 찾아야 하는 필요성 때문에 생존에 대한 걱정을 더 많이 해야 하며, 그것은 불만족에 대한 불안으로 구체화된다. 그래서 불안으로 인한 진화의 역동성은 충동의 욕구와 그 충족 수단들을 더 분화시키게 된다.

초기에 살았던 삶의 방식은 시행착오에 의하여 조금씩 멀리서 관찰하는 방향으로 대체된다. 그리고 자신을 보존하려는 기능을 수행하기 위해서 자율적으로 이동하는 수단이 필요하게 된다. 유기체의 구조는 충동들(소화기관과 성기)에 의해서만 결정되지 않고, 사지에 의해서도 결정되고, 무엇보다도 먼저 진화가 이루어짐에 따라서 신경체계의 살아 있는 중심이 자리 잡은 두개골과 척추에 의해서도 결정된다.

그러나 이 모든 신체 기관들은 정신적 계열에 속하는 현상인 만족이라는 기본적 욕망과 욕구를 위해서 작용한다. 그 기관들은 하나의 목적을 가지고 의도적으로 기능들을 조절하고, 생명을 명확하게 표현하는 정신 기능의 수단이며, 그것이 외형화된 것일 뿐이라는 말이다. 유기적 기구의 진화 정도에 따라서 정신적 민감성과 더불어 세상에 대한 만족과 불만의 정동적 뉘앙스는 더 짙게 느껴지든지, 그렇지 않게 된다. 그 자체가 감각에 의해서 진화적으로 만들어지기 때문이다. 이렇게 복합적인 진화 속에서 일방적인 인과관계는 있을 수 없다. 정신적, 신체적, 환경적 원인은 결과를 만들고, 그 결과는 다시 원인으로 되는 것이다. 정신적인 것과 신체적인 것은 환경과 함께 하나의 기능적 연합체를 만든다. 그것들 모두가 진화하는 생명인 것이다.

생리학자들은 반사 작용의 근본적 중요성을 눈여겨보았다. 그래서 그들은 유기적 현상의 우선성과 그에 대한 생리학적 연구를 입증해 줄 수 있는 종합에 다가갈 수 있다는 희망을 가지고 흥분이라는 본질적 현상을 망각하면서 가장 원시적 반응 양태에 기반을 둔 설명 체계를 제안하였다.

진화된 유기체에서 흥분은 신경체계에 의해서 규정된 유기적 통로를 따라서 나아갈 수밖에 없기 때문에 본성 자체는 이 우선성을 말해주지 않을까? 반응에 의한 방출은 시냅스의 교대와 그에 의한 시차적 조절에 의하여 단계적으로 이루어지는데, 그 자체는 복잡성이 증가함에 따라 중심적 기관인 두뇌에 의해서 통제되는 매우 복잡한 유기적 작용이다. 우리가 반사궁의 존재와 그것들이 부신 피질 하에 국소적으로 분포되어 있으면서 일단 자극을 받으면 반사의 폭포를 촉발하는 중심이 된다는 사실을 확인할 때 어떻게 놀라지 않을 수 있을까? 우리는 그것을 흥분에 대한 실험을 통해서 살펴볼 수 있다. 그래서 우리는 유기체적인 것의 중요성을 인정하지 않을 수 없다. 유기체는 감정을 모방하면서 흉내 내는 것에서부터 모든 종(種)들의 특징인 공격이나 도주의 태도를 자율적으로 하게 하는 것이다. 그러나 우리는 너무 빨리 유기체적 요소의 지배적 특성을 강조해서는 안 된다. 그와 비슷한 그 어떤 실험이나 반사학(réflexologie)은 물론 더 나아가서 파블로프의 신호 이론이 있을지라도 환경의 변화하는 상황들을 의도적으로 통제하고, 개인적으로 잘 적응하게 하는 더 우수한 반응적 방출의 형태를 발견하지 못했기 때문이다. 유기체의 반사학은 개인적이고 어느 정도 의식적 특성을 가진 우수한 반응들이 신경체계의 제한된 영역들에 국소화 되어 있다는 사실을 보여 주었다면 개가(凱歌)를 불렀을 것이다. 그러나 우리는 그렇게 하지 못한 것을 안다.

이 결정적인 실패는 문제 전체를 수정하지 못했기 때문이다. 유기체는 그의 전체성 안에서 개별적인 흥분에 반응하는 것이다. 생리학은 최종적 반응의 준비 국면을 전체적으로 조직하는 구조화를 고려하면서 종합적 관점을 확립하는데 관심을 기울이고, 설명해야 한다. 그때 폭포처럼 터져 나온 반사들은 우선적인 중요성을 잃고, 심지어 자동적 성격도 잃게 된다. 그것들은 어떤 특별한 덩어리를 만드는 대신 거기에 목적성을 부여하는 전체 속에 통합되어야 한다. 그러나 정신적인 것은 불행하게도 정신-신체적 유기체의 전체적 반응성에서 다시금 조심스럽게 배제된다.

이렇게 생각되는 전체성은 반응적 상황인 환경과의 신체적 관계와만 관련된다. 그것은 반응성의 내적 원인이 포함된 실제적 전체성인 흥분은 감안하지 않은 것이다. 반응의 통일성을 보호해야 할 필요성에 의하여 신체에 작용하는 형성력의 결과로 제시된 "형태"(Gestalt)는 확실히 정신적 목적론, 즉 존재하는 모든 것 속에서 작용하는 조직자인 전-의식적 정신의 산물이 아닐까? 진화적 목적론의 형성력은 더욱더 분화되고, 더욱더 통합되며, 조화로운 정신-신체적 조직화를 향해서 나아가려고 한다. 진화는 언제나 더 강력하고, 더 민감한 기능적 조화를 창조하는 것이다. 조화의 힘은 통합하려는 흥분의 증가하는 숫자와 기능적 전체를 조직하려는 기능이다. 점진적인 민감화는 각각의 것이 내면의 조화를 잠시 교란하는 대상 자극들의 다양화에 달려 있다. 그런데 이 조화는 본능적 욕망들이 충족되고, 더 나아가서 환경이 그 어떤 걱정스러운 위협을 제시하지 않을 때 이루어진다. 고등동물에게서 반사궁은 신경체계와 연결된 전체, 즉 전-의식의 본능적 예견의 유기체적 도구를 형성한다. 맞서 싸우거나 도주하려는 신체적 반응을 촉발하는 본능성의 다양한 형태들은 그것의 놀랄 만한 정교성으로 인하여 그 아래 있는 정신적 요소의 존재를 증언하는데, 그것은 환경적 조건을 미리 알고 있다. 그러나 이런 전-의식성은 아직 완전히 통합되어 있지 않다. 체화되지 못한 것이다. 정신적인 것과 신체적인 것은 거의 구분되지 않은 전체인 것이다. 따라서 생리학적 구조는 여전히 그 아래 있는 정신적 기능을 가린다. 그것은 반사가 반성으로 되는 인간의 수준에서만 분명하게 드러나고, 전-의식의 정신-신체적 조화의 본능성은 상위-의식의 자기-조화의 요청을 향해서 진화한다. 본능적 의도성은 사람들에게 동기를 부여하는 다양한 의도들로 분화되는 것이다. 상위-의식에 의한 숙고적 반성은 병리적 실패를 무릅쓰고 그 의도들을 통합하며, 하나의 조화로운 전체 안에 종합하려고 한다. 이 본질적 실패의 가능성은 인간의 불안의 가장 중요한 원인이다. 그것은 무엇보다도 먼저 동기들이 너무 분화돼서 조화롭게 재통합하는 것이 불충분하기 때문이다. 그러나 불안의 이 본질적 원인에는 틀림없이 진화를 위한 변환 능력과 형성 능력이 담겨 있다. 진화의 목표는 의도들의 조화라는 완전한 형태를 실현하기가 어렵기 때문에 인간의 수준에서 생물-발생적으로 세워진 윤리적 명령인 상위-의식적 이상의 능력을 얻게 되는 것이다.

반사적 반응의 진화와 정신적 근원의 형성 원리 사이의 관계와 관련되는 매우 광범위한 관심으로부터 중요한 확인이 나온다.

구체적인 장애물은 불안에 내재된 걱정인 생명 에너지를 변환시킨다. 장애물과 불안은 양극적 쌍을 만들고, 에너지의 교환이 신체를 통하여 이루어지는 것은 환경이라는 극(장애물)과 정신적 극(불안) 사이인데, 이것들은 불안의 진화적 역동을 만든다.

따라서 불안은 기억의 흔적이라는 형태로 장애물의 통합으로 그 자신을 제시한다. 장애물의 고뇌에 찬 통합은 "정신-신체-환경"이라는 삼위성이 서로 얽히면서 형성한 현재적 상황의 균형을 방해한다. 이 교란은 신체는 물론 정신과 환경에의 진화적 재적응에 의해서 밖에는 극복될 수 없다. 정신적-물리적 유기체의 분화는 자극을 가했던 환경에 대한 기억의 통합을 통해서만 이루어질 수 있는 것이다. 처음부터 환경에 대한 기억의 통합은 정신적 성격을 가지고 있다. 진화적 통합은 환경에 대한 물질적일 뿐만 아니라 정신적으로도 인식적 포착을 향해서 나아가는 것이다. 환경-장애물에 대한 통합적인 정신적 표상은 우수한 방향 설정의 수단이다. 그것만이 환경과 유기체 사이의 진화적 분화의 고통스러운 성격을 사라지게 하는 것이다.

기억의 통합에 있는 정신적인 면은 불안을 사랑으로 변환시키는 승화적 성격과 분리시킬 수 없다.

의도를 통하여 조절된 인간 정신의 고도로 분화된 기능은 통합의 법칙 아래 복종한다. 활동 방식이 거의 무한하게 다양화될 수 있는 가능성은 의지의 형태를 가진 통합에 의하여 통제되어야 한다. 기쁨의 조건인 욕망의 조화로운 재통합의 노력에 의하여 통제되어야 하는 것이다. 따라서 기쁨과 정반대되는 고뇌는 조화로운 통일의 일시적 상실이나 병적인 경우 그것의 점진적 파괴로 정의된다. 이렇게 생각할 때 불안은 진화 법칙의 위반이다.

분화-통합의 법칙은 생명체의 정신-신체적 조직을 주관하는 "전-의식적 정신"이라고 불릴 수 있다. 진화에서 이루어지는 비슷한 통일성 덕분에 통일성을 보장하는 법칙은 분화-통합이 "분석-합성"이라는 양극성의 형태로 나타나게 하는 정신의 이론적 기능을 주관한다. 유전 법칙을 따르는 다세포 유기체가 분화-통합의 특별한 경우 점진적 분열을 통하여 난자로부터 언제나 재구성되는 것을 상기하는 것은 형식적 유추가 아니다.

분화-통합이라는 진화적 반응성의 이 두 가지 양극적 양태는 진화의 유추적 전개를 주관하는 법칙이다.

여태까지 말한 것은 열등한 것을 우월한 것(반사를 반성으로)에 연결시키고, 전체적으로 구조화된 전체 안에 머무르게 하는 법칙성에 대한 전반적인 관점이다. 종(種)들은 엄청난 법칙성으로부터 출현한 "섬"처럼 생각될 수 있으며, 이 산발적 출현은 우연한 사건들이 동시에 결정해서 생긴 것이다.

진화 법칙에 대한 사전 이해는 반사 반응으로부터 시작하여 진화적 반응성의 양태를 촉발하는 여러 가지 구체적 과정들을 알게 해 준다. 섭식적 자극의 부재는 반사-반응의 일시 정지를 불러일으키는 것이다.

배고픔이라는 활성화된 흥분이 만족 반응으로 즉시 응답되지 못할 때, 정신내적으로 고뇌에 찬 불만이 연장되고, 쌓이게 된다.

반응의 중단은 흥분의 유보(rétention)이다. 그래서 탐이 나는 대상과 고통을 주는 장애물에 대한 기억이 합쳐지게 된다.

유보(留保) 기간 동안 에너지 교환은 개인과 환경 사이에서 이루어지지 않고, 탈구(脫臼)된 반사의 내면화된 두 극 사이에서 이루어진다. 운동 반응 대신 정신내적 "움직임", 즉 정동(émotion)이 생기는 것이다. 그것은 정신체계 진화의 에너지를 담은 싹이다.

충족시키지 못한 흥분의 내면화로 인한 조급함과 함께 유보에는 욕망의 싹인 갈망의 뉘앙스가 담겨 있기 때문에 존재하지 않는 대상에 대한 일종의 정동적 "제시"(présentation)로 여겨질 수 있다. 그것으로부터 인간의 수준에서 재현(re-présentation)이 이루어지는데, 그것은 존재하지 않는 대상을 정동적으로 뿐만 아니라 상상적으로, 즉 인식할 수 있게 재현하는 기능이다. 유보된 흥분은 진화의 결과 가운데 하나인 지각에 의한 흥분보다 살아 있는 유기체의 더 본래적인 특징이다. 후자는 유보된 갈망처럼 시간적 팽창이 아니라 공간적 거리와 관계된다. 지각 기관의 출현은 존재하지 않는 자극의 정동적 제시가 실제로는 존재하지 않지만—낮은 수준일지라도—지각적으로 인식되는 상상적 재현으로 발달하게 한다. 존재하지 않는 대상의 기억을 통한 제시는 유기체적 지각과 떼어 놓을 수 없다. 그것은 일종의 정신적 조건인데, 거기에는 충족된 정도에 따라서 지각된 것을 해석할 수 있는 능력인 선택적 지각성이 포함된다. 평가적 통각의 특성이 없다면, 감각 기관들은 원하는 목표를 미분화된 자극들의 혼돈으로부터 분간할 수 없기 때문에 아무 소용이 없을 것이다. 기억의 보존은 진화적 분화의 첫 번째 단계이다. 원시적 존재도 선택적 욕구로부터 시작하여 완전히 무의식적으로 "가치 평가"를 한다. 더 좋아하는 자극제가 존재하지 않을 때 만족은 유보 상태에 놓이면서 더 좋아하는 것을 찾으려고 하는 것이다. 존재하지 않는 자극제는 기억에 통합되면서 모호한 자극을 예리하게 하고, 그것은 조금씩 주의를 기울일 수 있는 능력으로 된다.

그러나 원시적 자극의 내면화된 흥분으로의 분리와 중단된 반응의 결과에는 단지 정신적 성격만 들어 있지 않다. 섭식 자극의 부재는 정신적 영향을 줄 뿐만 아니라 순전히 유기체적인 감각, 즉 오랫동안의 배고픔을 불러일으킨다. 정신적 영향과 신체적 영향이 나란히 가는 것은 정신-신체적 유기체 자체의 특징이다. 그 공통된 원인은 유기체에 생기를 불어 넣는 본능적 욕망이다. 여러 세대를 거쳐서 반복된 오랫동안의 결핍은 신체적 변화의 보완이 없었을 경우 비효율적인 새로운 반응 양태의 출현을 가져왔다. 우수한 반응 형태가 적극적으로 방출하는 기관을 만드는 신체 기관을 조직할 능력이 없었다면, 정체된 에너지는 정신 기능을 변화시키지도 못했을 것이다. 그러나 그와 정반대로 진화를 통해서 쉽게 확인할 수 있는 기관들의 출현은 그것들에 생기를 주는 정신 기능들의 보완적 진화가 없었더라면 의미 있고, 효과적인 목적론도 보여 주지 못했을 것이다. 정신적인 측면에서의 걱정과 생리적인 측면에서의 허기는—그것들이 장기화될 경우—고통을 진화적으로 이완시키기 위해서 필연적으로 서로를 보완하게 된다. 그렇지 않으면, 생리적 욕구들은 더 도달하기 쉬운 다른 자극들에 달라붙는다. 또 그렇지 않으면 아직도 완전히 정동적인 가치 평가는 그 대상을 바꾸는 대신 고뇌에 찬 시기심의 형태로 통합된 장애물의 성격을 규명하고, 실행 기관을 가진 새롭고, 만족스러운 방출 수단을 만든다. 정신적 변환과 유기체적 변환의 동시적 성격은 진화의 매우 중심적인 문제이다. 우리가 그 해결책을 발견하지 못하는 한 그 어느 것도 설명될 수 없다. 방출의 유보가 반사를 분화시키고, 환경을 정동적, 상상적 또는 인지적으로 통합시키기 때문에 진화 에너지의 원동력이 된다. 이 과정은 세대를 걸쳐서 지속되고, 유전적으로 축적될 가능성이 높기 때문에 정동적 기원에서부터 진화적이다. 방출의 유보는 변환의 촉매로서의 불안의 역동을 만들고, 끊임없이 그것을 극복하려는 목적성을 만든다. 정신-신체적 유기체의 진화적 분화는 점점 더 세련된 지각 기관을 만들면서 지각되는 환경을 분화시키고, 선호하는 대상을 명확하게 지각하게 한다. 그러나 환경에 대한 분화된 지각은 다시 새로운 장애물을 만나게 한다. 흥분들은 더 자주 정체되고, 반응들이 중단되며, 흥분과 반응 사이의 간격에서 마침내 진화적으로 방출되기를 요청하면서 고뇌에 찬 시기심의 불만족스러운 긴장이 쌓인다. 거기에서부터 유보된 에너지의 지속적 강화가 일어난다. 이런 유보 과정이 일단 시작되면, 그것은 더 커지고, 진화된 종이 탄생한다.

이런 발견은 우리에게 진화에 대한 유기체적 가설 가운데서 가장 일관성 있는 파블로프의 실험에 대한 해석을 수정하게 하는데, 그것은 사실 정체에 대한 실험이다.

파블로프 실험의 관심은 생리적 반응의 관찰에만 집중되어 있다. 그때 유보라는 정신적 현상은 선호되는 자극의 부재 때문이 아니라 만족에 도달할 수 없었기 때문에 생겼는데, 그것이 무시되는 한 해석은 아직 충분하게 되었다고 할 수 없다. 멀리서 보이는 미끼는 기계적 충격이나 화학 반응을 일으키지 않고, 유기체 전체의 중요한 복제품이다. 문제가 되는 생리적 반응이 거기에 필수적인 정신적 보완 없이 나타날 수 있다고 믿는 것은 생명 현상의 본질을 심각하게 오해하는 것이 된다. 이 실험에는 두 가지 형태의 정신 요소들이 작용한다. 하나는 정동적으로 고조된 본능적 욕구(흥분의 보류로부터 생겼거나 만족스러운 반응의 중단에서 생긴)이다. 그것이 없었다면 소화액 분비라는 무조건적 반사가 행해질 수가 없었을 것이다. 다른 하나는 상상의 연합인데, 그것이 없었다면 종소리에 의한 반사 조건이 불가능했을 것이다.

조건화가 가능한 정신적 요소는 유전적으로 조건화에 선행하고, 그에 따라서 그것의 부수 현상적 결과가 될 수 없다. "무조건" 반사조차 진화적으로 조건화되어 있으며, 조건 반사를 연구하기 전에 소위 "무조건" 반사의 기원에 대해서 확실히 하는 것이 필요하다. 물론 "무조건 반사"라는 용어는 "조건 반사"라는 용어의 반대말이다. 그럼에도 불구하고, 그 용어에는 파블로프의 이론이 의도하는 것과 다른 의미가 담겨 있다. "무조건성"은 조건이 없는 것, 따라서 설명이 필요하지 않고, 심지어 설명할 수 없는 것을 말한다. 사실, 무조건적 반사에서는 신체적 성격뿐만 아니라 정신적 성격에서도 양태적 기원을 부정하는 한 설명을 찾을 수 없다. 그런데 정신성을 배제하면서 설명할 수 없는 것은 설명해야 하는 실존 속으로 들어온다. 따라서 정신현상은 유물론 학설의 특징인 "설명 불가능한 것"과 혼동된다.

그러므로 생기를 주는 것이 어떤 것인지 알지 못한다는 사실을 받아들이면서도 형이상학적인 것에 좌초되는 것이 두려워서 정신적인 것들을 고려하지 않으려는 생리학적 가설과 형이상학적 사변을 꺼리는 진화론적 가설을 대치시키는 것은 매우 중요하다. 그것은 분화-통합이라는 진화의 법칙을 구체화하기 위하여 정체의 현상학에 기반을 두고, 발생적 양태의 전체성(정신, 신체, 환경)을 고려하려고 한다.

유보

우리는 여기에서 정체의 진화적 시현(示現)과 같은 말이기는 하지만 변환의 촉매로서의 불안의 역동을 자세하게 다 설명할 수는 없다.

그래서 단세포동물로부터 우수한 기능을 출현하게 하고, 인간의 고뇌를 특별하게 만들기도 하지만 불안을 역동적 만족인 기쁨이라는 강한 감정으로 변환시키는 유보(rétention)라는 역동의 원천으로 이끄는 정신체계의 진화의 커다란 줄기를 찾아내려고 한다.

1) 시간과 공간

유보의 가장 원시적인 형태로부터 기다림이 생기는데, 그것은 시간과 시간의 상관성을 가진 공간의 최초의 지표이다. 유보된 흥분과 중단된 반응 사이의 간격인 에너지의 긴장은 곧 이완을 향해 뻗어나가는 걱정의 지속처럼 느껴진다. 시간-기다림은 외적 장애물을 향해서 나아가는 주의(注意)를 동반하는 내적 긴장이다. 주의 깊은 이 긴장(tension)은 결국 인지적 주의(attention)와 앞으로 이루어질 행동들의 정신내적 동기인 다양한 의도들을 조절하려는 의지적 의도(intention)로 변화된다. 그래서 의도는 진화의 각 단계에서 공간적 확대인 외연(外延)의 진화를 가져온다.

시간적 현상으로서 진화는 단세포동물의 유보된 기다림 속에 예시된 "싹"으로 들어 있다. 싹이라는 말은 비유적이지만 생명의 진화적 전개를 제일 잘 요약할 수 있는 단어이다.

단세포동물의 진화에서 유보된 기다림은 조바심과 인내심으로 전개된다. 사람들에게도 시간의 유보는 두 가지 요소로 나누어지는데, 하나는 승화의 힘인 인내이고, 다른 하나는 유보된 흥분을 병적인 조바심으로 퇴화시키는 약함인 과도한 초조함이다.

시간적 지각의 첫 번째 지표인 인내-조바심은 아직 진정한 시간적 연속체를 이루지 못한다. 시간은 아직 분할되어 있다. 개인은 오직 내적으로 오랫동안 흥분된 상태에서만 살기 때문이다. 부재하고, 갈망하는 자극제를 향해서 나아가는 정동적 긴장은 그를 그 자신으로 현존하게 한다. 그러나 아직 모호하고, 지극히 정동적인 파편화된 자기-현존은 지속적 현존의 싹처럼 여겨질 수 있는데, 그것이 "정신의 현존"으로 될 의식이다. 냉정하게 하는 목표의 부재에서 비롯된 자기의 원시적 현존은 주체와 대상이 먼저 적응했던 것을 찢고, 생기를 구체적 생명으로 변환시킨다. 대상 환경에 대한 지각은 아직 자기-인식만큼 모호하다. 주체의 정동적 기대가 진화 과정에서 완전히 미분화된 환경으로 나누어질 이 원시적 단계에 해당할지라도 말이다. 자기 현존의 각 단계는 주체와 대상이 재통합되는 만족의 순간 사라진다. 실존과 생명의 조건인 걱정스러운 이중성으로부터 해방되어 생명이 드러나기 시작하는 "비존재"를 임시적으로 다시 설정하는 평온 속으로 사라지는 것이다.

그러나 삶의 각 순간은 각성된 불안의 흔적을 남기고, 계속되는 흔적들은 결국 생명의 기능들이 아직 졸고 있는 최초의 평온 속으로 돌아가는 것을 막는다. 따라서 유보된 흥분의 단편적인 순간들과 초조한 기다림은 한 걸음, 한 걸음 이어지기 시작하고, 거의 끊어지지 않는 생명력의 사슬로 연결된다. 그것들은 주체가 점점 더 끊어지지 않는 흥분의 흐름이 나타나게 하면서 존재하도록 자극한다.

"실존한다"(exister)는 말은 "존재의-바깥에 있다"(ex-sistere), 시간과 공간 안에 있는 신비로부터 쫓겨났다는 의미이다. 진화하는 생명은 이렇게 점진적으로 추방된다.

평온으로의 결정적 복귀는 생명의 불가피한 종말이다. 개체화가 의식으로의 발달인 한, 결정적 소강상태인 죽음은 불안과 함께 이해된다. 그의 모든 안절부절 하지 못하는 실존 동안 개인은 잠이라는 평온으로 주기적으로 돌아가서 실존의 힘을 끌어내지 않고서는 살아남을 수 없다.

흥분의 흐름은 생명의 징후인 정동성을 강화시킨다. 그리고 파편화된 걱정이 합쳐져서 나온 이런 강화는 평온에서 점차 쫓겨난 생명체로 하여금 그의 생명의 가능성을 강화시키게 한다. 그 평온은 비존재에로의 복귀를 통하여 소강상태를 찾는 것이 아니라 실존의 조건에 진화적으로 적응하는 것을 통하여 찾으려고 한다. 조건화하고, 조건화된 환경은 개인이 기다림에 의해서 시간화 되는 한 공간적 확장의 보완적 특성을 얻는다. 그러나 시간에 아직 과거와 미래의 차원이 없는 것처럼 공간에도 아직 깊이의 차원이 없다. 공간은 멀리서만 보이는 것이다. 말하자면 공간은 생존에 유리한지 아니면 불리한지에 따라서 유쾌하거나 불쾌한 성질로 촉각이나 미각의 형태로 막(膜)에 붙어 있는 것이다. 환경에 거꾸로 투사된 감각들은 그 환경을 좋아해야 하는 장소인지, 피해야 하는 장소인지 주관적으로 구분하게 한다.

반응적 주의로 된 수동적 기다림은 환경의 시간적 변화를 살펴보게 한다. 유보된 흥분이 계속해서 정동 안에 합쳐지면서 기다림은 결국 시간적 연속체를 구성하고, 그것은 인간의 수준에서 공간적 연속체의 인과적 탐색을 위한 조건으로 된다.

처음부터 충족되지 못한 본능은 정신적인 측면에서 불안을 불러일으키고, 신경 계통에서 경련을 일으키게 하면서 신체적으로 나타난다. 수축과 팽창 현상이 그것이다. 그런 것은 기어가는 동작에서도 나타나는데, 그것은 장소를 이동하는 수단일 뿐만 아니라 암중모색하려는 노력이기도 하다. 이런 원시적 지향에서 불가피한 시행착오는 정신체계가 처음 갖춰질 때 그 나름대로 유리한 작용을 하게 한다. 그것들은 조금씩, 조금씩 학습의 초기 단계에서 있을 수 있는 실수를 피하게 해 주는 것이다.

이렇게 시작된 적응의 변화는 진화 과정의 정의에 기반을 두고 있다. 진화적 목적론의 의도는 개체와 분화된 환경이 본래적 통일성을 이루게 하려는데 있다. 그래야 개체가 환경의 변화하는 조건 속에서 섭식을 제대로 할 수 있기 때문이다. 진화의 법칙으로서 조화로운 복합성 안에서의 통일성은 기관과 정신체계를 점차 분화되게 하고, 우주에서 분화된 유기체가 다시 통합되게 하는데, 우주 역시 점점 더 분화되어 간다. 그것만이 진화적으로 조화롭게 재통합을 이루려는 종(種)들을 생존하게 하기 때문이다.

자극적인 세계를 지각한 결과 나타난 정신적 특성인 흥분된 정동 때문에 주체는 그의 주위에 그와 반대되는 것들, 즉 구별되는 대상들로 이루어진 대상 세계를 만든다. 아직 미분화된 채 출현한 이 다양한 대상들은 다시 다양하고, 변화무쌍한 흥분들로 된다. 그리고 그것들은 지각이 보완적으로 전개되면서 점점 더 분화되고, 강화된 신체적 반응성의 원인들로 된다. 예를 들어서 말하자면, 어떤 빛이 처음 지각되었을 때, 그 빛은 점점 수용막을 자극하다가 마침내 햇빛의 형태로 지각되고, 서로 다른 수많은 대상들이 있는 세계로 펼쳐나가게 된다.

그러나 이런 진화적 양태와 별개로 불가사의한 사전-적응이 존재한다. 처음부터 외부세계는 모든 진화 과정을 통하여 내면의 삶, 즉 본능적 욕구에 생존을 위한 충족의 조건을 부여하는 것이다. 이런 사전-적응은 환경이 자아내는 불리한 사건에서 비롯된 수많은 우연한 적응의 본질적 조건으로 된다. 사전-적응, 즉 적응성은 모든 진화적 변화를 통하여 변치 않는 생존의 조건이 된다. 그것은 진화의 모든 단계들을 유추적으로 전개된 통일성 안에 연결시킨다. 그것이 모든 생명체에 내재된 목적성이다. 모든 생명체에 생기를 주는 힘, 생명력이 그것이다.

사전-적응은 미신이 아니라 신비이다.

기계론자들의 오류는 사전-적응의 신비(생존하고, 진화하려는 성향)를 절대 물질이라는 미신적 관념을 통하여 설명하려는 데 있다. 유물론자들은 유심론자들처럼 필수불가결한 사전-적응을 부정하는 척하면서—우리가 살펴보았듯이—이미 확립된 시-공간의 틀을 미신적 형태로 끌어들이는 것이다. 따라서 그들에게는 정신, 신체, 환경을 모두 포괄하는 진화를 설명해 주는 유보 현상과 그 결과를 살펴볼 수 없다.

2) 전-의식적 기억

발달의 정체에는 개인은 물론 세대들과 관계되는 기억의 특성이 들어 있다. 이런 저런 종들의 개체에게 공통적인 항구적 결핍은 특별한 방향의 정체의 원인으로 된다. 따라서 유보된 에너지는 그 종의 모든 개체들에게 결정적인 방향에서 작용하고, 이 내적 작용은 그 특별한 결핍이 지속되는 한 필연적으로 여러 세대에 걸쳐서 연장된다. 이 항구적이고, 공통적인 특별한 방향에 대한 기억의 흔적은 항구적인 영향을 끼치지 않으면서 불안이 결국 자신의 이익을 위하여 적응을 돕는 변이(mutation)를 불러일으킬 때까지 여러 세대에 걸쳐서 보존되고, 축적된다. 그래서 어떤 개체들은 그 다음에 똑같은 좌절을 더 잘 방어하고, 생존을 위해서 더 좋은 기회를 얻을 수 있다. 그에 따라서 번식의 기회도 많아진다.

이렇게 기억의 유보는 진화에서 매우 중요한 현상인 유전적 획득을 이해하게 해 준다. 진화는 우수한 정신적 특성을 획득하지 않고서는 불가능하기 때문이다.

유물론적 이론들은 진화를 오직 유기체적 획득으로부터 설명하려고 하지만 헛된 일이다. 지금 유행하는 바이스만(Weissman)의 가설도 잘못된 길로 이끈다. 그에 의하면 진화는 어떤 것의 획득 때문이 아니라 우연히 어떤 변이들이 염색체와 유전자에서 작용하고, 그것이 유전돼서 일어난다. 그러나 그런 우연은 진화적 목적론의 확인 가능한 현상을 설명하기 보다 피할 수 없는 수많은 괴물적인 것들을 만들어낼 위험이 있다.

오직 생기를 주는 욕구와 기억의 유보에 있는 정신적 특성들만이 정신, 신체, 환경을 포함하여 모든 진화 현상의 광범위한 것들을 이해하게 한다. 유보는 불안과 함께 환경적 장애물이 주체와 같이 결정해서 만든 것들이 비록 즉각적으로 유용하지 않을지라도 쌓아 놓으며, 그것들은 진화적으로 불안을 달래준다.

그러므로 다양한 고통을 대가로 하여 여러 세대에 걸쳐서 얻은 오랫동안의 기억의 유보를 유전과 구별하는 것은 매우 중요하다. 그것은 불안을 해소하게 하는 목적론에 의하여 작용하고, 종이 환경에 더 잘 적응하도록 많은 것들을 전해 주기 때문이다.

종을 안정시키는 유전적 기억은 여러 세대에 걸쳐서 개체들을 변화시킨 유보된 기억에 덧붙여진다.

개체의 기억 기관은 신경 체계이고, 그것은 결국 두뇌이다. 그런데 종의 기억 기관은 유전자와 염색체로 구성되어 있다.

종의 기억(유전성)은 본래 유보된 개체적 기억과 다르지 않다. 그런데 이런 분열은 각각의 새로운 세포에 정신-신체적 획득을 전해 준다.

유기체는 양성적으로 된 다세포동물에게서 전체적으로 성별의 표시를 지니게 하고, 그것은 유전적 기억의 소유자가 된 생식 세포의 형성의 영향이 지속되는 것을 증언해 준다. 수정 행위는 성숙 과정에서 종의 획득으로 펼쳐질 수 있는 새로운 유기체를 낳고, 그것들이 정신-신체적 유기체의 전체적 생기와 관련될 경우 유전적으로 전할 수 있는 새롭게 유보된 획득을 축적한다.

오직 정신-발생적 유보 과정에 대한 이해만이 전-의식적 기억의 두 가지 형태들을 분명하게 구별하게 한다. 그것들은 보통 "유기체적 기억"이라는 타당하지 않은 용어와 혼동된다.

유보와 유전은 그것들이 환경에 대한 기억을 가지고 있기 때문에 "기억"이라는 형태를 하고 있다. 이 기억은 개체적 유보일 경우 존재하지 않는 자극의 정동적 "제시"이지만, 유전에서는 획득된 적응의 정신-신체적 전체이다.

순전히 유기체적이기만 한 기억은 존재하지 않는다. 기억은 처음부터 기관적-정신적인 것이고, 기억-의식의 상상적이다. 그리고 인지적으로 우수한 형태들이 나타나는 것은 그것의 정신적 구성을 통해서이다.

3) 본능

다세포적 유기체는 결국 방향 탐색과 이동이 종종 시행착오를 겪는 경련적 암중모색으로 이루어진 원시적 촉각 단계에서 벗어난다. 기억의 유보가 정동적으로 경험되는 시간과 공간의 연속체를 만들면서 거리를 인식하고, 지속적 주의로 변한 정동적 긴장에 이끌려서 이동하는 운동은 적응적으로 분명한 특성을 가지기 시작한다. 거기에는 공격과 도주라는 양극성이 있다. 이 정동적 반응의 양극적 쌍은 자극적인 욕망에 부응하려는 본능의 최초의 출현이다. 공격과 도주에는 분노나 공포의 갑작스런 촉발 때문에 본질적인 불안의 원시적 경련이라는 특성이 담겨 있다. 그러나 암중모색의 위험과 오류의 가능성은 대상 인식이라는 더 나아간 단계로 대체된다. 공격과 도주라는 경련적 운동들은 원시적 반사 반응의 확실성을 상기시키는 인력과 척력이라는 선택적 정동에 의하여 이끌리기 때문이다.

기본적 본능성은 실존의 헤아릴 수 없는 깊이에 관여한다. 먹이나 죽여야 하는 적에 대한 지식은 적응의 결과 때문만이 아니라 신비한 예지의 결과인 것이다. 작용하는 충동과 마찬가지로 본능적 예지는 부분적으로 대상에 대한 주체의 사전-적응이라는 설명할 수 없는 영역에 뿌리박고 있으며, 선호하거나 해로운 자극에 대하여 원시적 선택성의 성격을 띠고 있다. 공격과 도주라는 기본적 본능이 적응에 의한 획득이라는 점은 명백하다. 그래서 초식동물과 육식동물의 구분은 공격과 도주가 그 동물들의 특성으로 되었다.

불가사의한 사전-적응은 본능 선택의 확실성과 관계된다. 그 반면에, 유보된 에너지와 유전적 기억에서 비롯된 적응은 공격이나 방어의 다양한 방식을 낳는다. 그것은 곧 이런 저런 종의 행동을 결정하고, 실행 기관에 의해서 결정되는 신체적 조직의 특징으로 되는 것이다.

그러나 이차적 본능의 적응 기능은 기본적 본능의 사전-적응의 확실성에 내포되어 있다.

예를 들어서 말하자면, 거미는 마치 그의 먹이를 완전히 알고, 그의 실존의 조건에 대해서 완전히 아는 것처럼 거미집을 만든다. 포획된 먹이는 거미줄을 흔들면서 거미에게 모든 후속적 반응을 자동적으로 하게 하면서 경보를 보내는

데, 그것은 상황에 적응하려는 공격 본능으로 구성되어 있다. 그러나 파리는 우리가 볼 수 있듯이 거미의 우주에 있지 않다. 우리는 파리가 거미에게 나타나는 상황에 절대로 접근할 수 없다. 우리는 우리의 지각을 가지고 해석하는데, 모든 것들은 마치 파리의 행동은 거미의 행동을 하나의 해결할 수 없는 "전체", 즉 유기적 통일체라고 여기면서 행해지는 것을 보게 된다. 다시 말해서, 파리의 실존 조건은 설명할 수 없는 사전-적응에 의하여 거미라는 유기체 속에 기입되어 있는 것이다. 파리는 거미의 전체성 안에서 정신-신체적으로 조직되어 있는 것이다. 거미의 몸에 거미줄을 짤 수 있는 땀샘이 갖춰져 있지 않다면, 파리의 예지와 생존의 조건은 어떻게 될까?

사전-적응에 의한 선택과 본능으로까지 되면서 특별하게 획득된 적응 능력은 전-의식에서 나온 지식 이전 단계의 수준에서 광범위한 방향으로 펼쳐진다. 환경은 아직 대상 안에서 분화되지 않았고, 주체와 독립적으로 존재하는 것처럼 여겨진다. 고등동물들도 대상이 움직이지 않을 때는 종종 잘 식별되지 않고, 단지 움직이는 동작들에 의해서만 먹이를 발견하거나 아니면 위험하다는 정동적 반응이 전해지는 것이다. 그래서 후각이 불충분한 지각을 대체해 준다. 본능적인 지식 이전 단계의 인식이 우리가 그렇게 보는 것처럼 먹잇감이나 적을 식별해 주지는 않는다. 그것은 단지 경고 신호로 작용하는 어떤 특성들만 알려 준다. 이렇게 주관적이고, 부분적인 지각은 그 안에 자극하는 것과 자극 받는 것이 하나로 합쳐져 있고, 서로간의 행동을 결정하는 "포괄적인 상황"을 만든다. 예를 들어서 말하자면, 사람이 만든 덫이 아무리 그 동물의 치명적인 적과 비슷하게 만들어졌을지라도 그 동물이 본능적으로 아는 적의 특성을 나타내지 않으면 그 어떤 반응도 하지 못하지만, 덫이 전체적으로 그가 이미 아는 적의 특성을 아주 조금만 나타낼지라도 곧 반응을 하게 된다. 따라서 선택적 적응이 이렇게 확실하게 작용하기 때문에 본능적 적응의 경직된 포괄성(globalité)은 때때로 치명적일 수도 있는 잘못된 반응을 일으키기도 한다.

불안의 진화적 역동은 인간이 반쯤 의식화된 상태에서 하는 선택의 유연성을 발달시키면서 본능의 포괄성을 극복하는 방향으로 나아간다. 그것은 이미 유인원들에게서도 모호하게 예시되어 있다.

진화의 이 새로운 단계는 본능이 수많은 의미를 가진 불안으로 분화되지 않고, "본능적 욕구"가 수많은 욕망들로 분화되지 않고는 완성될 수 없다.

본능의 수많은 욕망과 불안으로의 폭발은 인간화로 나아가는 결정적인 발걸음이다.

욕망은 인간적인 형태에서 미래의 만족스러운 외면화에 대해서 숙고하지 않을 수 없다.

4) 욕망과 불안

동물의 삶에서 가장 진화된 수준은 고등 포유류에서 본능이 지성화를 향해서 나아가는 것이다. 그러나 그들의 욕망은 아직 거의 분화되어 있지 않다. 거의 개인화되어 있지 않은 충족의 약속은 충동적이고, 기본적인 욕구 속에 획일적으로 통합되어 있다. 또한 불안의 경우, 그것은 현재의 위험 앞에서 느껴지는 불안과 거의 분리되지 않은 막연한 걱정일 따름이다.

욕망과 불안은 올바르게 말하자면, 개인적 의미를 가지며, 본능적 욕구의 자연스러운 요청을 무분별하게 벗어날 정도로 다양해질 수 있는 인간의 예외적인 감정이다.

그럼에도 불구하고, 쾌와 불쾌 및 만족과 불만의 색조는 다양한 강도에 따라서 동물과 인간의 공통된 욕구를 이어주는 연결 고리이다. 따라서 모든 흥분 현상을 공통분모를 가지고 포괄적으로 생각하는 것이 정당화된다. 본능적 욕구에 대한 걱정은 처음부터 "고통스러운 욕망"처럼 생각되는 것이다.

욕망의 유보는 가장 원시적 형태에서 고통스러운 욕망을 두 가지 요소로 분화시킨다. 유보된 흥분은 불안을 예시하고, 원시적 반응의 중단은 욕망을 예고하는 것이다.

더 나아가서, 본능의 수준에서 욕망과 불안은 이미 공격과 도주에 연결돼서 형태를 갖추기 시작한다. 그러나 여러 가지 의미를 담은 감정의 분화는 정형화된 신호들에 의해서 촉발된 본능적 경보가 만족스럽거나 만족스럽지 못한 환경적 조건을 이미지를 통하여 예측될 때만 이루어진다. 인간의 욕망과 불안에는 상상적 성격이 특징적이다. 상상에 의한 예견은 본능의 정형화된 사전-지식 안에 예시되어 있는 것이다. 자극의 끌어당기거나 위험한 성격을 식별하기 위해서 전형적인 신호에는 적어도 하나 이상의 분명히 구별할 수 있는 특성들이―객관적인 이미지가 아니라면―담겨 있어야 하는 것이다.

이미지는 분명해지면서 다양해지고, 고정되며, 현존하는 자극을 식별할 뿐만 아니라 존재하지 않는 대상을 나타내기도 한다. 상상력은 이렇게 순전히 정신내적 자극과 예견의 받침대가 되고, 본능적 예견을 대체한다. 지각되는 순간적인 공포는 결국 상상적 불안으로 되는 수많은 감정들로 분화되기 시작한다.

세상이 내면화돼서 만들어진 이미지인 상상력은 에너지의 유보가 진화한 형태이고, 그것이 기억의 흔적으로 남은 것이다.

에너지 방출의 미래적 가능성과 그것의 만족에 대한 상상적 예견은 인간의 삶과 동물의 삶 사이에 동물과 식물 사이를 가르는 것만큼 깊은 웅덩이를 만든다.

인간과 동물 사이의 이런 근본적인 차이에도 불구하고 인간의 삶은 진화의 법칙과 생명의 모든 형태들을 공통된 방향으로 이끄는 내재적인 의미에 완전히 통합되어 있으며, 변환의 촉매로서의 불안이라는 기반에 서 있다. 동물계의 역사는 공간 속에서 방향을 잡을 수 있게 하는 지각 장치를 마련하는 것으로 특징지어진다. 그러나 인간의 단계에 오면 공간에서 방향을 잡는 것에 시간 속에서 방향을 잡는 것이 덧붙여진다.

동물은 지금, 여기에서 살지만, 인간은 지금에서만 살지 않는다. 그의 유보된 기억은 과거와 미래로 확장된다.

인간은 오늘이 그가 어제 살았던 것과 같다는 것을 알고, 그의 삶이 내일로 연장된다는 것도 안다. 그는 다가올 그의 삶을 상상할 수 있고, 욕망을 충족시킬 수 있는 수단을 예견할 수도 있다. 시간이 차원들로 나누어져 있고, 하나의 연속체로 통합되어 있기 때문에 인간은 과거로부터 미래에 투사하는 경험을 끄집어낸다. 상상에 의한 예측은 지적 예측으로 진화하고, 정신의 투시력으로까지 나아갈 수 있다.

생각하는 동물의 모든 뛰어난 기능들은 미래의 삶을 의미 있는 방향으로 나아가도록 상상하는 능력의 결과이다. 그러나 그것은 상상력의 과도한 능력에 의해서 무분별하게 될 수도 있다.

제2장
인간의 불안

인간의 정신체계의 구조
의식적, 반(半)-의식적 작용. 초-의식적 심급

상상력과 인식

상상에 의한 예측과 그에 따르는 욕망 증가의 생물-발생적 결과는 충동의 확대이다.

전-의식적인 정신의 충동인 방향에 대한 지각적이고, 인지적인 수단을 향한 진화의 추진력은 사람들에게서 충족의 장(場)을 확장시킨다. 그때 즉시 느껴지는 만족과 불만에 미래의 만족에 대한 예측이 덧붙여지는데, 그것은 반쯤만 명료하게 어느 정도 막연한 상태로 생각되면서 제대로 수립되지 않은 계획들을 쌓아 올린다. 그래서 그 실현은 언제나 실망을 가져온다.

확대된 정신적 충동에는 실망을 피하기 위하여 약속을 명료하게 평가해야 하는 과제가 있다.

의미 있거나 무분별한 평가로부터 불안과 기쁨 사이를 가르는 미묘한 모든 감정들의 진폭이 생긴다.

정신이 하는 기능인 평가의 요청은 영양 섭취와 번식이라는 기본적 본능에서 나오는 수많은 물질적 욕망과 성적 욕망들로 펼쳐진다.

영양 섭취에 대한 욕망은 장기간에 걸친 계획을 실현하고, 부(富)를 축적할 수 있는 준비 작업 덕분에 물질적 만족을 가져오는 힘의 가능성으로 확장된다. 그리고 그 과정은 원시 사회를 이미 분업에 의한 경제 체계를 만들게 하였다.
　행위에 의한 일시적 연합을 뛰어넘는 성욕은 파트너-부모의 지속적 유대의 수준으로 높아진다. 그들은 조상들로부터 얻은 규범화된 습속, 원리, 제도를 자손들에게 물려주는 교육적 노력을 통하여 그들의 희망을 자녀의 장래 속에 투사시킨다.
　우리가 본능의 확장에 대한 생물-발생적 현상을 고려하지 않고 인간의 행동에 대한 이해를 동물들의 본능이나 사회적 관계로부터 유추하려고 하면 도저히 이해할 수 없고, 그것은 왜곡될 위험의 원인이 된다.

의지와 사고

　인간의 정신체계에서 유보는 예상할 수 있고, 의도적으로 바랄 수도 있다.
　의지적 유보는 주의를 내면화시키는 특성이 있다. 그때 주의는 외부로 직접 이끌리는 대신 그 전에 욕망의 증가에 의해서 만들어진 정신내적 상황에 집중된다. 주의를 이렇게 의도로 전도시킨 진화의 의미는 불확실성을 해소시키고, 결심을 공고히 하기 위하여 서로 상반되는 수많은 욕망들로 인한 갈등을 연장된 통제, 말하자면 내적 숙고라는 정신내적 작업으로 돌리려고 한다.
　따라서 동물의 자동적 반응은 의지적 통제를 통하여 인간의 활동으로 된다.
　동물의 본능적 예지에 의해서 만들어진 전반적 상황에는 아직 전형적인 특성이 있음에도 불구하고 그를 환경과 하나가 되게 한다. 상상력에 의한 약한 예지의 출현에 의하여 어느 정도 변화된 이 전반적인 연결은 더욱더 분화되도록 촉구된다. 정감적 상상력은 진화의 방향을 추구하는 과정에서 환경적 우주에 대한 인지적 표현으로 정신화 된다. 인식은 환경과의 관계를 분화시키는 것이다. 그것은 이미지들을 개념화하고, 그렇게 하면서 의지에 뛰어난 적응 수단을 제공한다. 대상 표상들에 대한 반성은 환경 변화의 원인과 결과를 알아차리기 시작하기 때문이다. 따라서 정형화된 환경에 대한 본능적 적응은 유연한 적응 능력으로 변환된다. 그래서 상황의 모든 변화들을 고려하고, 그것들을 예견할 수 있게 되며, 주체는 끊임없이 변하는 목표들이 주체와 독립적으로 존재하지만 특정화된 분명한 대상들로 된 공간-시간적 환경을 마주할 수 있다. 그래서 사람들은 인과 관계를 살펴보면서 의지적 개입을 통하여 목표들에 접근할 수 있다.

의식적인 삶

사고와 의지는 서로 독립적으로 존재하는 두 가지 기능이 아니다. 인과적으로 예측하고, 선택적으로 가치 평가하는 사고 없이 의지는 실현시켜야 하는 분명한 목표를 가지지 못하고, 실행 의지가 없으면 사고에는 그 어떤 실현 가능성도 없게 될 것이다. 그래서 의지와 사고는 서로의 에너지 교환이 그 자체로 의식화된 삶의 만족과 불만을 결정하는 하나의 쌍이다.

인지적이면서 동시에 의지적인 의식적 정신은 생명 현상의 진화된 표현으로 그 전체의 저변에 흐르는 원리—그 자체로서 다 설명할 수 없는 생기—는 관찰 가능한 효과에서 그것이 어떤 것인지 알 수 있다. 그것이 종의 기원이다. 무엇이라고 설명할 수 없는 생기(生氣)는 신비한 채 머무르면서 몸을 구성하는 전-의식적 정신의 형태로 드러나고, 진화를 통하여 정신화되어 결국 생명의 의미를 설명하고, 욕망을 평가하면서 의식적 정신의 측면 아래 자신의 모습을 드러낸다.

그러므로 정신은 정신내적 삶과 그것들을 더 복잡하게 만드는 원천이 된다. 내면에 있는 정신은 신화적 이미지 속에서 볼 수 있는 생명을 상징적으로 나타내고, 그것들에 활기를 불러일으키는 초월적 영(靈)인 것이다.

분화되고, 진화된 정신체계의 (조화롭게 통합된) 질서는 이상이다. 개체들은 의지적 유보의 결과 특징적으로 분화된다. 그래서 각자에게는 개인적 특성이 있는데, 그것은 숙고에 의하여 그가 선호하는 경향이고, 특별하게 반응하는 양태이다.

개인은 사회에 통합되어 공동의 목표를 성취하려고 하는데, 그것은 가능한 한 각자의 생존을 보장 받으며, 생명의 욕구를 만족시키려는 것이다.

종은 이제 더 이상 유기체의 돌연변이를 통하여 환경적 조건에 적응하지 않는다. 그는 의식적 예측의 결과인 기술적 발명에 의하여 환경을 그의 욕구들에 적응시킨다. 그러나 사회적 환경은 개인을 직접적으로 환경의 위험—이것이 동물에게는 종종 치명적으로 된다—으로부터 보호하는 동시에 새로운 질서의 위험에 노출시킨다.

개인적 특성을 타고난 각 개인은, 말하자면, 그 자신을 위한 종(種)으로 된다. 이렇게 그는 그 자신에 의하여, 그 자신을 위해서 진화하도록 부름 받았다. 한 개인이 활기가 없으며, 그를 활기 있게 하는 진정한 욕구를 따라서 살지 않고, 관습을 따라서 사는 한 현재의 사회적 환경이 지배하는 대로 살 수밖에 없다. 그때 그를 활기차게 하는 진정한 욕구는 자아-중심적 정체(停滯)와 사회적 관습주의와 반대되는 진화적 이기주의(egoisme évolutif)라고 불린다. 거기에 진정한 만족을 추구하려는 요청이 담겨 있기 때문이다. 그 이기주의는 활기를 주는 욕구의 결과이기 때문에 그 자체가 하나의 결과로 되려고 한다. 정신내적 온전성을 가지고 사회의 관습적 통합을 뛰어넘으려고 하는 것이다.

합리적인 이기주의, 또는 같은 말이기는 하지만 진화적이고, 정신화된 본능은 생기가 가득 찬 개인이 사회적 관습(외부에서 실용적으로 조직하는 것)을 뛰어넘으며, 자신의 궁극적 만족을 추구하도록 떠민다. 개인은 그가 아무리 사회적 조직화의 노력에 참여할지라도 생명의 심층적 의미를 진화적인 측면에서 찾으려고 하지 않는 한 그의 온전성을 찾을 수 없다. 의지적 유보에 담긴 진화적 의도는 지속적인 무질서가 사회적 무질서의 심층적 원인이며, 본질적 위험인 정신내적 의미를 조직하려는 방향으로 나아간다. 본질적으로 활기로 가득 찬 개인에게 진화의 추진력으로 작용하는 삶의 의미는 본질적인 욕망, 즉 그 자신을 완성시키고, 자신의 진정성을 얻으려는 욕망으로 변환된다. 생명이 나아가는 방향인 진화의 추진력은 정점(頂點)에서 개인이 승화되기를 바란다. 그의 다양한 욕망들이 분화되어 조화롭게 되기를 바라는 것이다. 그래서 인간의 차원에서 의지적으로 된 흥분의 유보, 말하자면 반응의 정지는 진화적 이상을 향해서 나아간다.

　사회화된 환경에 대한 적응은 동물의 수준에서 자연적 환경에 대한 적응과 마찬가지로 진화적 성취의 외적 표시에 지나지 않는다. 그 본질적 조건의 특성은 정신내적이고, 개인적 역량에 달려 있다. 그것은 사람들이 욕망의 조화로운 재통합이라는 본질적 만족을 추구해야 하는 것이다. 의미 있는 행동이 어떤 것이냐 하는 데 대한 이론적 오해는 물론 인간의 삶에서 일어나는 모든 복잡한 문제들은 한편으로는 만족의 추구가 본능의 확실성에 의해서만 이끌리지 않고, 다른 한편에서 가치 평가하는 정신의 통제를 제대로 받지 않기 때문에 생긴다. "만족"을 추구하는 인간의 정신체계는 방황과 고뇌에 노출되어 있으며, 그 특별한 성격은 동물의 무의식이 부분적으로 의식적 심급(審級)으로 분화되었고, 부분적으로 초-의식적 심급으로 분화된 결과이다. 억압의 성격을 가진 유보의 현상학인 인간의 고뇌의 특성격 초-의식적 심급에 대한 생물-발생학적 연구로부터 시작되지 않는 한 이해할 수 없다.

의식과 초-의식

　프로이드는 최초로 심리학에 "자아"라고 불리는 의식의 심급과 구별되는 초-의식에 대한 연구를 도입하였다. 그것들이 초-의식의 두 심급인 "이드"와 "초-자아"이다. 이드는 정신적인 것과 유기체적인 것이 아직 구분되지 않고, 뒤섞여 있는 본능성인 동물의 무의식이다. 무의식은 인간의 수준에서 계속해서 자아-의식의 통제에서 벗어난 식물적 기능들을 조절한다. 프로이드의 초-자아는 의식적인 것보다 우월하기도 하고, 열등하기도 한 통제의 심급이다. 우월한 것은 그것이 도덕적 가치의 영역을 고려하기 때문이고, 열등한 것은 그것이 부모의 금지에서 비롯된 경직되고, 강박적인 방식으로 관습적 가치들을 부과하기 때문이다. 프로이드의 개념에서 가치는 오이디푸스 콤플렉스를 극복한 결과 나타나며, 그 콤플렉스는 부모와 자녀를 이어주는 사랑의 관계인 성적 형태로 제시된다. 프로이드에 의하면

이상적인 사랑의 관계에는 유아기부터 부모의 금지가 부과했던 죄 있는 불결(不潔)의 요소가 담겨 있다. 그래서 아이는 개체발생 과정에서 억압을 통해서 밖에는 거기에서 벗어나지 못한다. 이렇게 잘못 정의된 초-자아에는 부모의 금지가 거짓된-승화와 관습적인 순종의 이상이라는 경직된 형태로 담겨 있다.

너무 경직된 초-자아는 갈등의 심급으로 나타난다. 그것이 도덕화하는 거짓된-승화와 병을 일으키는 억압 사이의 계속적인 갈등의 원인이기 때문이다. 이렇게 생각할 때, 초-자아는 오히려 하위-자아인 듯하다. 그것이 자아의 병적 왜곡의 원천이기 때문이다. 초-자아는 병적인 방식으로 의식의 통제에 맞서서 상위-의식이 아니라 하위-의식의 성격을 가지고 있다. 프로이드의 이론은 전체적으로 볼 때, 생물-발생론에 기반을 두지 않고, 거짓된-오이디푸스적 개체발생 위에 토대를 두고 있다. 오이디푸스 신화 위에 자의적으로 기반을 설정한 범성욕적 가설인 것이다. 여기에서 불가피하게 반론을 펴고 있지만 프로이드가 초-의식적인 것과 꿈, 신화, 정신병리적 증상 등의 상징적 표현을 분석하는 길을 열었던 것은 부정할 수 없다. 프로이드는 그렇게 하면서 그 중요성이 너무 성적인 특성이 있는 가설적 외관을 한없이 뛰어넘는 발견을 통해서 인간의 인식을 풍부하게 하였다. 그가 인문과학의 노력에 남겨 준 것은 더도 아니고, 덜도 아닌 새로운 방식의 사고이다. 욕망의 비논리적 투사들과 하위-의식적 불안을 심리학적으로 다시 고찰한 것이다. 정신의 심급에 대한 그의 이론은 그가 "대략적인 가설"이라고 불렀지만 놀랄 만큼 명료하였다. 그가 거기에 대해서 말한 것은 다음과 같다: "그것은 과학에서 많이 찾아볼 수 있는 것과 같은 가설이다. 모든 것들 가운데서 첫 번째 것들은 언제나 대략적인 것이다. 개정의 여지가 있다."[29] 이 대가(大家)가 말했던 것에 비추어 볼 때, 그가 어떻게 그의 제자들이 심급의 기원에 대한 "대략적" 가설을 공격할 수 없는 도그마로 격상시

---

[29] S. Freud, *Ma vie et la psychanalyse,* trad. par Bonaparte, Paris, Gallimard, 1938, 139.

키려고 노력하게 했는지 이해하기 쉽지 않다. 그러나 이 방황에 대한 이해는 프로이드가 본래 강박적이라고 설명하려고 했던 초-의식과 관계된다는 것을 받아들이면 쉬워질 수 있다. 프로이드의 제자 가운데서 특히 융은 초-의식적 심급 이론에 커다란 공헌을 가져다주었다. 그는 모든 민족에게 공통적으로 있는 신화적 상상력을 연구하고, 신화적 이미지에 상징적으로 나타나는 인도자-가치, 즉 삶을 진화적인 방향으로 이끌어가는 것이 존재한다는 사실을 깨닫고, 상위-의식적 심급을 발견하였다. 이 연구들은 그를 사실 하위-의식에 불과한 프로이드의 초-자아와 반대되는 새로운 심급인 "자기"(Soi)에게 이끌어갔다. 융은 자기(自己)를 다음과 같이 정의하였다: "인격이 그렇게 찾으면서도 알지 못하는 중심. 정의할 수 없는 이 점에서 모순들이 화해한다."[30]

하지만 이 심급은 정의할 수 없는 "점"이 아니다. 하위-의식과 반대되는 상위-의식의 기능과 그것의 의식과의 관계는 우리가 이 세 가지 심급의 생물-발생학적 기원을 내재적 목적론으로부터 이해한다면 어렵지 않게 정의할 수 있다. 동물적 무의식이 변환의 촉매로서의 불안이라는 역동으로 변했기 때문이다. 따라서 에너지의 유보가 정신체계 진화의 원동력인 것은 틀림없다.

우리가 의식으로의 진화에는 필연적으로 초-의식적 심급—의식보다 상위에 있는 심급과 의식보다 하위에 있는 심급—의 출현이 내포되어 있다는 사실을 이해하지 못하고, 사람들에게서 의식화된 존재밖에 보지 못한다면 인간화에 대해서 충분히 알지 못하게 된다.

가장 중요한 이런 분화는 그것이 반쯤은 상상에 의한 것이고, 반쯤은 인식에 의한 것이기 때문에 의식의 심급의 본성에 내포되어 있다. 상상력은 고조되면서 하위-의식으로 퇴화된다. 인식은 그것을 효과적으로 치료하기 위하여 필연적으로 그 안에 상위-의식적 통제 가능성을 담고 있다.

---

[30] C. G. Jung, *Le Moi et l'inconscient,* 228.

이렇게 서로 조건화되고, 역동적으로 연결된 모든 심급들은 내적으로 가치 평가적 숙고를 하는데, 그 요소들은 행동의 동기들이며, 그 목표는 서로 모순되는 동기들을 조화롭게 재통합하는 것이다. 그리하여 하위-의식에 사로잡혀 있던 것으로부터 해방되고, 상상에 의하여 미리 만족된 상태를 보여 주면서 기만적으로 유혹하고, 병적으로 달라붙는 일종의 "깨어 있는 꿈"으로―퇴행적으로―타락시키고, 희롱하는 것으로부터 해방된다.

그 자체 역시 본능에서 비롯되었지만 예측의 긍정적 특성을 지니면서 통찰적 직관으로 진화한 상위-의식은 하위-의식에 의한 잘못된 충족의 약속에 맞선다.

그러나 하위-의식은 물론 상위-의식도 조화를 상실한 도착(倒錯)과 조화로운 정신화의 가능성이 의식과 초-의식의 중간에 있는 상상력에 의하여 예시되지 않으면 의식의 주저하는 선택에 영향을 미칠 수 없다.

상상력은 주변의 환경에서 나오는 약속과 위협을 재현하는 다양한 이미지들을 결합하고, 재결합하기를 즐거워한다. 따라서 상상력은 욕망과 불안을 고조시킬 위험이 있다. 그와 반대로 상상에 의한 예견과 똑같은 의식의 기능인 인지적 지성은 그 나름대로 이미지를 사용하지만 거기에서 반쯤만 의식적인 몽상이 아니라 정감에 사로잡힌 것들을 뛰어넘는 객관적 추상화(抽象化)를 이끌어낸다. 그런데 보편화의 능력을 가진 추상화는 언어적 관념에 고착돼서 이제 더 이상―동물들의 경보 신호처럼―정형화되고, 산발적으로 흩어진 신호가 아니라―그것의 원인과 결과를 따라서―논리적으로 외부세계의 변화를 공식적으로 나타낼 수 있는 유연하고, 변화 가능하며, 다면적인 신호들로 된다. 그 세계에는 사람들이 욕망하고, 두려워하는 대상들이 있다.

외부세계의 인과적 변화와 함께 정신 내면의 동기들이―승화적이거나 도착적으로―변화된 것을 직면할 때 심급들 사이의 "대화"가 이루어진다. 각자는 부분적으로 초-의식적이기 때문에 자기도 모르게 정신의 깊은 곳에서 내적 숙고가 이루어지는 것이다.

내면세계와 거기에서 인과적 동기가 이루어지는 외부세계 사이의 인과적 연결을 자세하게 설명하기는 쉽지 않다. 그래서 객관적 표상의 작용은 인간의 역사에 기록된 진화를 통해서만 주관적 상상과 분리될 수 있다.

우리는 의식이 그 자신을 공간적 이미지로 드러내면서 광대한 무의식에서 드러난 지극히 작은 출현이라고 말할 수 있다. 사람들은 동물적 본능의 잔재인 초-의식적 심급에 의하여 무의식에 잠겨 있으며, 의식은 진화적으로 계속해서 분화된다. 그리고 분화는 그 다음에 의식의 영향 아래서 이루어진다. 다시 말해서 의식은 그것이 나온 무의식의 심층으로 점점 더 파고드는 것이다.

하지만 의식은 무의식의 모든 광대함을 다 분화시키지 못한다. 다 규명하지 못하는 것이다. 의식이 도달하는 것은—이 공간적 이미지를 계속해서 사용해도 된다면—단지 "표면적 지역"일 뿐이다.

무의식은 원시적인 형태에서도 정신체계의 심급에 머물러 있다. 무의식은 많은 부분 그것의 유기적이고, 자동적 반응성을 지니고 있는 것이다. 그러나 이것은 자동적 반사에 의한 식물적 기능에 국한된다.

무의식적인 것과 반쯤만 의식적인 것 사이에서 이루어지는 상호 작용의 역동으로부터 두 개의 새로운 심급이 탄생한다. 상위-의식적인 것과 하위-의식적인 것이 그것들이다. 그것들은 잠재능력으로 존재하며, 선재하는 잠재성으로부터 초-의식적 심급을 실제로 작용하게 하는 것은 각각의 건강하거나 건강하지 않은 숙고이다.

하위-의식적인 것은 원시적 무의식의 건강하지 못한 왜곡의 결과이다. 반쯤만 의식적이라서 반쯤은 무의식적인 기능인 상상력은 인지적 표상의 부족 때문에 고조되면서 무의식으로 퇴행한다. 이렇게 맹목적으로 왜곡된 결과 고조된 상상력은 무조건적 반사에서 나오는 적응력을 회복하지 못하고, 미래에 대한 반쯤 의식적인 전망이라는 자연적인 기능까지 잃어버린다. 그래서 결정이 비의지적으로 되면서 집착으로 전락하게 된다.

맹목적으로 왜곡된 상상에 의한 고조와 그 결과는 앞을 내다보는 인내심상실의 징표이다. 유보된 에너지가 조바심을 내는 것이다. 그래서 어떤 계획을 적극적으로 실현시키려고 나아가거나 그 계획을 설명할 수 있게 심층적으로 반성하면서 당면한 어려움을 긴 안목에서 공격하는 대신 정감이 조급하게 돼서 어느 때나 즉시 주어질 수 있는 상상에 의한 사전-만족에 내맡기고는 한다.

정감적으로 고조된 상상은 에너지의 진정한 방출이 차단되어 무의식적 자동성과 즉각적 만족을 얻으려는 원시적 방법인 반사 반응으로 퇴행하여 헛된 탈출구를 찾는다. 그러나 지나치게 고조되고, 지나치게 다양한 정감들의 침입에 의하여 수많은 욕망들과 계획들로 넘쳐나는 무의식은 상상으로 가득 찬 요청들을 만족시킬 수 없다. 그래서 자동적 방출이라는 원시적 기능은 말을 듣지 않는다. 방출에의 요청은 상상력에 의하여 고조되지만 실제로는 억제돼서 막혀버리는 것이다. 그 결과 그것은 실제적인 행동과 꿈 사이에 머문다. 그 결과 몽상이라는 비실제적이고, 거짓된-만족밖에는 아무것도 주어지지 않는다. 여기에서 문제가 되는 것은 강박적인 조급성과 몽상적 폭발이라는 의도들의 해결 불가능한 양가성이다. 그리고 그것은 하위-의식적 반응의 병리적 성격을 결정한다.

하위-의식의 특성은 의식에 있는 선택하고, 반성하는 것 같은 적응성이 부재하고, 무의식에 있는 본능적으로 예측하고, 자동적으로 반응하면서 안전을 찾는 것 같은 적응성의 상실이다. 그것으로부터 하위-의식의 방향감각 상실과 부적응적 특성이 비롯되는데, 그것이 안전을 더 해치고, 짜증나게 하는 통제 불가능하며, 끊임없는 원천이다. 하위-의식은 계속해서 고통스러운 사고를 일으키고, 점점 더 극복하지 못하게 한다. 그 결과 하위-의식적 고뇌는 극복할 수 없는 새로운 사고들에 의해서 끊임없이 악화되고, 내면에 축적되며, 정체된다. 그러다가 결국 수많은 우발적인 형태의 불안이 영구적인 병적 불안의 상태로 굳어지는데, 그것이 하위-의식의 가장 특징적인 성격이다.

상위-의식과 하위-의식은 두 가지 다 원시적인 무의식에서 나타나 꿈과 같은 방식으로 스스로를 표현한다는 점을 제외하고는 모든 관점에서 볼 때, 하위-의식의 심급과 정반대된다. 그러나 의식의 설명적 기능과 무의식의 본능적으로 확실한 기능이 혼합되어 있는 상위-의식의 산물들은—확실하고, 동시에 명료하지만—지성적 사고의 개념적 정확성에는 미치지 못한다. 또한 상위-의식의 심급은 하위-의식의 심급처럼 이미지로 된 표상을 통해서 스스로를 표현하지만, 이 상상적 형태에는 창조적 숭고성의 성격이 들어 있다. 상위-의식은 다양한 욕망들을 가지고 있음에도 불구하고, 분열되지 않는 존재로 남아야 하는 개인의 더 높은 관심 속에 직관적으로 사고의 통합이라는 비전(진), 감각의 통합이라는 비전(미), 행동의 통합이라는 비전(선)을 창조한다. 직관에 의하여 고상한 방식으로 상상력에 들어온 영감(靈感)인 이 인도자-이미지는 지적 개념들처럼 인과적으로 연결되어 있지 않고, 왜곡된 상상력처럼 정감에 의해서 주관적으로 연결되어 있지도 않다. 상위-의식의 대표적인 비전은 유추에 의해서만 만들어진다. 따라서 모든 우월한 형태들이 어쩌다가 다양하게 나타날지라도 본질적으로 열등한 형태와 비슷하지만 진화는 실제로 계층적 변이를 따라서 진행되기 때문에 그 비전들에는 생명의 진화적 의미가 담겨 있다. 반쯤 의식적인 단계에 도달한 존재인 인간은 때때로 선택하기를 주저하고, 때때로 하위-의식적으로 강박적이기 때문에 그의 모든 욕망들을 과거의 삶은 물론 미래의 삶과 이어주는 계층적 통합을 파괴할 수 있다. 그러나 종들을 반쯤 의식화된 생명으로 이끌어왔던 진화의 법칙은 계속해서 통합될 것을 요청한다. 상위-의식의 유추적 비전들(진, 미, 선)은 동물의 본능처럼 똑같이 확실한 성격을 가진 명령처럼 제시된다. 그럼에도 불구하고, 그것은 상위-의식의 명령에 복종하거나 거부할 수 있는 의식적 선택의 능력이 있기 때문에 곧 바로 결정할 것을 요구하지는 않는다. 그러나 거부할 때는 반드시 불안이 그것의 가장 명령적 형태인 죄의식의 모습으로 나타난다.

신화적 이미지의 상징적 표상으로 이루어진 진화적 명령에는 인도자-이상의 성격이 들어 있다. 창조적 상상력과 그것의 진화적 명령은 동물의 반응적 인도자인 본능이 그렇듯이 원시적(자동적이고, 포괄적인) 통합을 이루게 하지 않는다. 욕망을 전체적으로 다루는 것이다.

상위-의식의 인도자-비전(vision-guide)은 사람들에게 죄의식이라는 이런 본질적 불안의 희생물이 되는 것을 무릅쓰고 다양한 욕망들을 재통합하도록 촉구한다. 다양성 속에서의 통일성이 조화이고, 상위-의식은 그것만이 우발적인 불안의 방향감각 상실을 극복할 수 있는 욕망들의 조화를 부과하며, 그것으로부터 활동의 의미 있는 방향이 더 높은 측면에서 재탄생할 수 있게 한다.

무의식적 본능성이 진화한 형태인 상위-의식의 명령은 그것이 가진 모든 진화의 능력을 펼치기 위하여 몽상적인 베일을 쓰지 않고, 개념적으로 공식화할 수 있는 통찰력을 향해서 진화해야 한다. 의식은 상위-의식을 향해서 확장되려고 한다. 그리고 그것은 하위-의식의 독창적 작용을 규명하지 않고서는 이루어질 수 없다. 그런데 확실성은 관념적이고, 이상적으로 대표하는 이 확실한 것을 정신내적으로 찾으려는 노력에 의해서만 발견될 수 있다. 그것이 진리이다. 그러나 생명의 진화적 의미에서 볼 때, 오직 그것만이 의식적 적응을 가능하게 하는 진리의 명령이 그 자체의 분명한 과학적 공식을 발견하지 못하는 한 상위-의식의 인도자-이미지(image-guide)는 욕망과 불안의 하위-의식적 고조에 반대하는 유일한 조상들의 방식으로 남게 된다.

그러나 진리를 추구하는 인간의 정신은 그 자체로 초-의식적 산물인 신화, 밤에 꾸는 꿈, 정신병리적 증상들 속에 감춰진 본질적 진리를 과학적으로 이해하려는 요청 앞에서 뒤로 물러나서는 안 된다.

욕망과 억압된 불안의 표현인 정신병리 증상들은 삶의 의미와의 관계에서 벗어났다는 것을 정확하게 알려 준다.

밤에 꾸는 꿈 속에서 의식은 배제돼서 흔들리며, 상위-의식과 하위-의식이 맞선다. 꿈들은 하위-의식에서 나온 거짓된 몽상들의 범람에 의하여 불

분명한 채 남아 있는 낮 동안의 숙고가 지속되는 것이다. 꿈은 상징적 이미지를 통해서 해결되지 않은 채 남은 일상의 문제들의 해결을 촉구한다. 꿈은 꿈꾼 이에게 그가 깨어 있는 상태에서 명료하게 숙고하지 못하게 한 거짓된 동기들을 일러주는 것이다. 깨어 있는 상태는 명료한 상태라기보다는 종종 몽상적인 상상들로 뒤얽혀 있다. 그리고 사람들이 자기도 모르게 끝까지 다다르지 못한 생각들이나 끝을 모르는 야심들에 의해서 불러일으켜진 몽상들로 가득 차 있고, 심한 걱정들과 앙심, 불평들로 이루어져 있다. 되 뇌이고, 되 뇌인 복잡한 감정들의 행렬로 덮여 있는 것이다.

상위-의식의 산물인 신화는 조화와 부조화의 법칙을 형상화한다. 신화의 저변에 있는 주제는 한 사람의 방황이 아니라 각 사람과 모든 사람들의 무분별하거나 의미 있는 숙고를 주관하는 법칙성인 것이다. 그래서 정신내적 갈등들은 상징적으로 외면화된다. 신화적 영웅(인류의 상징)은 신성(상위-의식의 조화롭게 하는 힘의 상징)의 도움을 받아서 악마(하위-의식적 유혹)나 괴물(집어삼키는 열정의 상징)과 싸운다.

따라서 초-의식은 세 개의 심급으로 이루어져 있다. 본래적 무의식, 병적인 하위-의식, 직관적인 상위-의식이 그것들이다.

인간의 불안과 그것을 극복하려는 노력의 모든 형태들은 이 심급들의 작용과 반작용에 의해서 결정된다.

사람들을 흥분하게 하는 우발적 불안은 에너지를 방출하려고 만들어진 의식적 심급의 두 가지 기능인 상상력과 인식 사이의 갈등에서 생긴다.

본질적으로 제대로 정리되지 않은 유보된 흥분(본질적인 약점)이라는 성격을 가진 죄책으로 인한 불안은 의식적으로 설명이 제대로 되지 않은 상위-의식과 하위-의식 사이의 갈등 때문에 생긴다.

우리는 인간 정신체계의 분화, 즉 필연적으로 반쯤 의식화된 심급의 출현의 보완으로서의 초-의식적 심급의 기원이 유보된 에너지가 방출되는 길을 찾던 진화적 산물인 생물학적이고, 정신적 진화 현상이라는 사실을 강조하지 않을 것이다. 정신내적인 것은 모두 불안과 불안이 승화되거나 왜곡된 변환이기 때문이다.

　인간 정신체계의 기원의 문제가 무엇보다도 중요하기 때문에 몇 번 반복하는 한이 있더라도 그것을 보완적인 관점에서 살펴보는 것도 잘못은 아닐 것이다.
　우리는 매우 중요한 현상에 대해서 강조해야 하는데, 그것은 본능적 욕구가 확장되면서 정신적 욕망은 물론 물질적, 성적인 욕망들이 다양화되는 현상이다.
　인간은 그의 깊은 내면에 주변 환경에서 실제로 자극하는 것이 존재하든지, 존재하지 않든지 간에 그의 욕구들을 자극하고, 과잉 자극할지 모르는 이미지의 형태로 된 세계 전체를 지니고 있다. 내면에 있는 이런 자기-흥분 때문에 정신 작용은 이제 더 이상 신체의 자연스러운 본능은 물론 환경에 의해서 주어지는 충족의 조건들과 직접적으로 연계되지 않는다. 정신체계는 신체와 환경에 대해서 상대적인 독립성을 얻는데, 그것은 상상에 의한 과잉 자극을 통해서 정신-신체-환경이라는 생명체의 통일성으로부터 고통스러운 단절을 불러일으킬 위험이 있다. 그런데 신체적, 환경적 현실과의 즉각적 접촉의 상실은 인간적 고뇌의 원인이 된다. 병적으로 되지 않기 위해서는 고뇌가 풀어져야 하는데, 그것은 상상에 의한 과잉-자극의 내적 원인인 내밀한 동기들이 묵상을 통해서 먼저 규명되지 않으면 불가능하다. 거기에 대한 유일한 임시방편적 완화제는 자신을 정화시키는 자기-관찰밖에 없다.
　따라서 인간의 정신체계는 욕망들이 기본적인 보존의 욕구를 넘어갈 정도로 다양해지기 때문에 신체에 대해서 일종의 독립성을 얻는다. 전-의식적 정신은 문제가 될 경우 인간의 고뇌에 대해서 책임지는 자율적인 자기-조절자로 되는 것이다.

　동물에게서 정신적인 것은 아직 허기와 같은 신체적인 본능적 욕구와 완전히 분화되지 않았다. 야생적인 상태에서 계속하여 죽음의 위험에 노출된 동물은 기본적인 자기 보존의 욕구와 즉각적으로 연결된 본능적으로 깊은 형태의 공포밖에 알지 못한다. 그러나 고등동물에게는 상상력과 지성이 있다. 그래서 그들의 본능적 공포에는 불안의 싹이 들어 있다. 예를 들어서 말하자면, 초식동물에게는 지각적 불안에 불안의 싹인 상상력에 의한 공포의 좌절된 형태가 덧붙여지는 것이다. 그래서 초식동물들은 지금 포식자 동물이 없을지라도 그들이 갑자기 들이닥칠 수 있는 가능성에 시달리고, 그것은 그들이 끊임없이 눈으로 보고, 냄새를 맡을 수 있는 지평을 찾게 한다. 그런데 고등동물들은 꿈을 꿀 수 있다. 그들의 꿈에는 시각적이고, 후각적인 이미지들이 들어 있다. 그러나 그것들은 외따로 떨어진 상황들뿐이고, 그 이미지들은 저변에 있는 중요한 이야기들과 연계되지 않는다고 가정할 수 있다.

인간의 정신체계 속에서 심상(心象)의 사슬은 밤에 꾸는 꿈뿐만 아니라 백일몽으로도 나타난다. 언어의 지혜를 따르자면 그것은 "공상"(folle du logis)이다. 그것은 때로는 욕망, 때로는 불안에 의하여 고조된 염려 사이에서 흔들리면서 종종 스스로 고조될 경우 망상과 환각으로까지 악화될 수 있는 신경증적 과민을 낳는다. 거기에서 욕망이나 불안의 대상들은 거짓된 해석과 거짓된 지각에 의해서 만들어진다.

이런 관점에서 볼 때, 우리가 어떤 동물에게 미끼를 던졌다가, 빼앗기를 교대로 할 때 그 동물에게 이와 비슷한 분노나 공포로 인한 민감성이 유발될 수 있다는 사실을 확인하게 된다. 그런 경험들의 반복이 동물들을 사납고, 공격적으로 만든다. 그러나 신경증이나 정신증이 이렇게 실험적인 방식으로 촉발된다고 생각해서는 안 된다. 결정적 차이점은 동물의 신경증적 과민은 상상력에 의한 자기-고조 때문이 아니라 자신의 기본적인 본능적 욕구의 인위적 좌절 때문이다. 이 사실은 여기에서는 물론 다른 어디에서도 유추적 비교가 동물의 기본적 충동과 인간의 확장된 충동 사이의 근본적 차이를 생략할 때 오류의 근원이 된다는 것을 보여 준다.

종에 공통된 자연적 욕구밖에 없는 동물은 상상력에 의해서 개인적으로 고조될 수 없다. 그래서 우리는 동물의 수준에서 신체 조직은 환경처럼 진화의 추진력에 내재해 있지만 아직 전-의식적인 "정신-조직자"의 표현이라고 말할 수 있다. 이런 의미에서 동물은 생명의 의미 그대로, 정신 속에 순진무구하게 존재한다고 할 수 있다. 동물의 유기체는 진화적 의미에서 볼 때 전혀 일탈하지 않은 채 환경에 완벽하게 적응하도록 되어 있는 것이다.

그러므로 발생학적으로 볼 때, 본능적인 전-의식은 자기-보존을 위해서 환경에 적응하는 것과 진화의 의미에 통합되는 두 가지 기능을 수행한다.

그러나 이런 완벽한 상호보완성에도 불구하고, 적응에는 동물의 수준에서 볼 때 불완전한 측면이 있다. 환경의 모든 위태로운 변화에 제대로 준비하지 못하는 본능의 포괄성이 그것이다. 예측의 불충분성은 어떤 상황에서 치명적 위협으로 될 때까지 심각해진다.

진화에 의하지 않은 의식의 개화는 어쩔 수 없는 결과로서 삶의 순수한 의미의 상실을 가져온다. 동물의 무의식에서 완전히 하나였던 진화의 두 가지 기능은 진화에 의해서 완전히 갈라지는 것이다. 진화의 기능 가운데 하나인 환경에 대한 적응은—그 다음에 자극적인 세계와 위험들의 반쯤만 명료한 표상들에 의한 의식의 작용으로—순수성 상실의 원인인 하위-의식적 방황에 노출된다. 또 다른 무의식적 기능인 진화적 의미에 대한 적응은 의식보다 높은 예지, 즉 상위-의식으로 변환된다. 그것은 욕망을 다시 순화시키는 진화적 정신의 요청을 드러내며, 정신화-승화라는 개인적 노력을 통해서 밖에 달성되지 않는다. 조화에 대한 상위-의식적 요청으로 된 통일성을 유지하려는 기본적 욕구는 욕망의 과도한 다양화에 의한 분산이라는 치명적 위험과 반대된다.

인간의 갈등 상황은 외부세계와 직접적으로 관계되지 않고, 무엇보다도 먼저 하위-의식적인 것과 상위-의식적인 것 사이의 정신내적 관계와 관련된 것들이 많다. 완전히 내면화된 이 투쟁의 관건은 환경에 대한 적응이 아니라 진화의 의미를 재통합하는 것이다. 그때 우발적이었던 갈등은 본질적인 갈등으로 된다. 그 갈등이 확장되고, 내면화되는 변천을 거듭하면서 불안 역시 이제는 우발적인 성격에서 본질적인 것으로 된다. 이 본질적 위험, 말하자면 정신 안에서 맛보는 휴식의 상실—다른 이름으로 "진화에 의한 초탈로의 약동"이라고 불리는 역동적 휴식—은 그 전에 상위-의식에서 위험을 알리는 통고가 행해지지 않고는 오지 않는다. 그런데 그것은 신체적 죽음이 아니라 정신적 "죽음", 즉 과도한 욕망이다. 치명적 잘못에 대한 이런 통고는 죄책감이라는 형태로 나타난다. 상위-의식은 죄책감 자체인 이런 본질적 불안을 통해서 진화의 법칙 위반을 알려 준다. 진화의 법칙은 분화된 다음에 다시 통합되는 것이다. 이와 동시에 상위-의식은 결함이 있는 의식의 심급에 제재를 "가하는데", 그것이 죄책으로 인한 불안의 고통이다. 이렇게 상위-의식은 심판자-심급(양심)의 기능을 수행한다. 그러므로 윤리적 양심과 공리주의적 지성인 의식을 분명하게 구별하는 것이 매우 중요하다.

> 생물학적으로 설명 가능한 꿈의 상징화를 통하여 상위-의식은 그 자신의 작용을 의인화시키고, 그것을 모든 사람들의 내면에 들어 있는 신화적 이미지의 형태로 나타낸다. 그것들이 구체화된 형상들은 은밀한 의미를 보여 주면서 인간이라는 종의 운명과 생명의 생물학적으로 참된 의미를 지켜준다. 다양한 민족들의 신화들 역시 의식의 출현과 순수성의 상실이라는 생물학적 현상을 상징적으로 보여 준다. 원초적 중요성을 지닌 이 생물학적인 사건은 유대교 신화에서 아담에 의해서 상징적으로 나타났다. 인류의 탄생을 나타내는 아담은 의식 출현의 상징인 선악과를 먹어서 동물적 낙원(정신 안에서의 휴식의 상징)으로부터 쫓겨난 것이다.

거기에 초자연적 존재의 결정을 실제로 끌어들이는 것은 의식적인 것과 초-의식적 심급들 사이에서 이루어지는 진화 작용에 존재하는 규칙성의 관계를 오해하는 셈이 된다. 신화의 은밀한 직관에 의하면 심판자-신은 상위-의식의 자기-결정의 상징이다. 죄책으로 인한 불안은 잘못을 저지른 것, 죄와 죄에 대한 제재, 불안과 연결된다. 생물학적으로 말해서, 제재는 "범죄"에 덧붙여지는 것이 아니라 죄지은 것에 내재하는 것, 다시 말해서 죄지은 것 자체이다.

생물학적으로 세워진 법칙성은 심급들 사이의 에너지 교환과 관계된다. 우발적 욕망들의 무한한 다양성을 정당화하려는 하위-의식적 경향은 우리가 "본질적 욕망"이라고 부를 수 있는 충동인 재통합을 위한 상위-의식적 충동과 반대된다. 에너지의 긴장이 에너지의 만족스러운 방출을 추구하는 욕망들 전체에 의하여 주어지기 때문에 정신에너지는 우발적 욕망들과 본질적 욕망으로 나누어진다. 본질적 욕망이 강화되면, 우발적 욕망을 고조시키려는 경향이 감소하는 것이다. 그러나 이와 반대로, 우발적 에너지의 고조는 본질적 에너지의 통합적 에너지를 감소시키고, 그것은 실현의 희망을 점점 더 잃으면서 본질적 특성을 가진 불안으로 가득 차게 된다.

본질적 욕망은 모든 우발적 욕망들을 즐거운 조화로 통합해야 하고, 이것을 실현하는 것이 삶의 희망이다. 우발적 욕망들의 상상적 고조는 희망을 절망으로 변환시키고, 건강한 정신체계를 병적 왜곡으로 변환시킨다. 상위-의식에 의하여 예견하는 본질적 욕망이 반(半)-의식적 심급의 고조되는 실패 때문에 고통당하면 본질적 불안의 힘은 모든 고조된 욕망들에게 미친다. 그리고 그 죄책은 한 개인이 그의 더 높은 관심에 대하여 저지른 잘못으로 나타난다. 죄책으로 인한 불안이 만든 내면의 얼룩 속에는 모든 고조된 욕망들과 자기-판단이나 자기-정죄의 모호한 감정으로 뭉친 미분화된 용암들이 들어 있다. 다시 말해서, 현실적 환경의 요청에 맞춰서 에너지를 방출하는 효과적 방도를 사용할 수 있는 반(半)-의식적 심급을 동원하지 못한 데서 오는 모든 우발적 불안들이 죄책감에 덧붙여지는 것이다. 정신체계의 복잡한 전체적 작용들에 대한 역동적 관점을 갖추기 위하여 자세한 것들을 모으고, 그것들의 상호 작용의 역량을 확장할 수 있게 되는 것은 정신체계의 생물-발생적 단계를 확립하고, 그것을 결국 그와 반대되는 심급들로 분화시킨 다음이다. 유보된 에너지의 산물로서 심급들의 작용과 반작용은 내면의 정신내적 작업을 결정하는데, 그 결과는 불안의 병적 고조나 그것이 기쁨으로 변환된 정신화-승화이다. 진화적인 유보는 인간의 수준에서 동물계에서는 예외적으로 죄책으로 인한 불안의 출현과 하위-의식적 억압의 가능성 때문에 변질되기도 한다. 그래서 유보가 억압된 형태에서는 언제나 어떻게 더 명료하고, 통찰적 기능들의 개화로 이끄는 진화적인 길과 정반대되는 퇴화적 상태(정신질환들)를 만드는지 이해하는 것이 대단히 중요하다.

제3장
불안과 불안의 초-의식적 변환

불안은 상상에 의한 공포 유보의 산물이다. 상상에 의해서 재현되는 공포인 불안은 실제적인 위험 앞에서 느껴지는 걱정으로서, 가능하다고 여겨지는 위험 때문에 불러일으켜진다. 공포를 자아내는 사건은 언제나 현재적인 것이다. 그와 달리 불안을 일으키는 위협은 과거나 미래에 속해 있다.

어떤 경우, 예를 들어서 말하자면 몸에 병이 걸렸을 때 지속적인 현실적 위험이 불안한 두려움의 원인으로 되기 때문에 공포와 불안은 겹쳐진다.

공포는 실제적 원인이 그치면 곧 사라진다. 그때 가끔 걱정으로 대체될 수는 있다. 그러나 분명하게 말하자면, 그 상태는 그 전의 반향이 연장된 것이기 때문에 초기의 공포가 가지고 있던 성격은 더 이상 가지고 있지 않다. 현실과 다른 것은 더 이상 안전에 대한 유일하고, 독특한 욕망이 아니라 모든 종류의 욕망들의 사슬이다. 그때 상상력이 활동 속에 들어오고, 위험에 의하여 악화되어 어느 정도 경련을 일으키기 시작한다. 공포에 대한 상상력의 게임이 바로 불안인 것이다.

이 사실은 불안이 상상과 현실 사이의 대조라는 새로운 정의를 내리게 한다.

상상력이 실제로 존재하는 위험을 미리 볼 수는 있고, 그 경우 고뇌는 자연스럽고, 우발적이며, 일시적이다. 불안은 그런 상태에서 긍정적 의미를 가진 통고(通告)이다. 그것이 위협을 몰아낼 수 있는 분별 있는 노력을 동원하도록 자극하기 때문이다. 그러나 고뇌에 찬 두려움은 상상에 의해서 실제로 존재하지도 않는 위험을 예견하거나 실재하는 위협을 과장한다. 상상력은 비실제적이고, 병적이며, 지속될 위험이 있는 것이다.

　병적 불안은 위협에 대비하기 위하여 상상력의 자연스러운 기능인 상상에 의한 예견보다 혼돈된 상태를 연장시키면서 위험을 재현(re-présenter)시킨다. 그때 위험이 다시 제시되는데, 그것이 갑작스러운 공포심의 특징이다. 병적으로 불안해진 상상력은 공황적 공포와 비슷하다. 그것은 방어적 반응을 하게 하지 않고 그것들을 억제하며, 심지어 마비시키기도 하다. 그래서 불안은 정상적인 상태보다 고조되거나 위험이 다시 나타났을 때 느끼는 것만큼 커진다. 병인적(病因的) 상태의 상상력은 실제의 사건에 대해서 방비하지 못하고 혼돈된 상태와 공황을 연장시키면서 그것을 반추하기만 한다. 정신이 부재한 것이다. 그러면서 상상력은 수치스러운 결과만 되씹는다. 더 나아가서 상상력의 놀이는 급하게 닥치거나 늦어지는 위험을 축소시키면서 고뇌에 대비하려고 할 수도 있다. 과거에 겪었던 위험 때문에 방향감각이 상실돼서 허황된 비현실적 낙원에서 위안을 찾으려고 할 수 있는 것이다. 상상력이 고조되는 한, 과거의 사건을 통해서 얻은 것이나 미래의 상황은 왜곡 때문에 위험이 커지고, 그 결과 점점 더 현실과 위험에 적응하지 못하게 된다. 상상력은 현실적 불안을 고조시키거나 실제로 필요한 노력을 하지 않으면서 상상한 것들에 겁을 집어먹거나 공상 속에서 물리친 것에 만족하면서 결국 과거의 위험뿐만 아니라 실제적 상황과 미래의 모든 위험들을 제대로 해석하지 못하는 것이다. 결국 불안은 상상에 의한 재현이기 때문에 공포처럼 실제적인 위협이 사라질지라도 끝이 나지 않는다. 또한 불안은 그 어느 때든지 불안한 상황이나 대상을 소환하고, 승리의 환상 속에서 즐기거나 실패의 처절한 고통 속에서 힘들어 한다. 쓸데없는 가능성을 즐기다 보면 상상력은 미래를 전망할 수 있는 능력을 잃게 된다. 그것은 불가능한 것들 속으로 도망치고, 비현실적인 것들 사이에서 방향을 잃어버린다. 병적 불안이 인간의 정신을 압도하고, 정신생활에서 그렇게 중요한 자리를 차지할 수 있는 것은 상상력이 이렇게 쓸데없는 것들을 만들고, 방향감각을 잃게 할 수 있는 힘을 가지고 있기 때문이다.

상상력의 자연스러운 형태와 병적인 상태는 상위-의식의 기능인 창조적 상상력과 반드시 구별되어야 한다.

병적 불안은 한 개인과 그의 상상력의 독특한 산물이 아니고, 환경적 상황에 의해서 생길 수도 있다는 기본적인 관찰(외부에서는 다가갈 수 없는 관찰)을 반대할 수도 있다. 불안을 이렇게 외적인 것으로부터 설명하려는 방식에 따르면 위험이 실제로 이렇게 자주 반복되는 것은 정신을 거의 끊임없는 불안 상태 속에 잠기게 하면서 공포의 사슬로 접근하기 때문이다. 그런데 모순, 아픔, 환멸이 신경증적이고, 불안한 상태의 결과라는 것은 널리 퍼진 견해 가운데 하나가 아닌가? 정신내적 고뇌와 그것이 병적으로 악화되는 문제는 사람들로 하여금 상처를 줄 수 있는 환경적 원인만 채택하기 위하여 내적 동기, 즉 주체의 과오를 부정하려는 경향의 동기들을 찾아보도록 강요한다. 실제로 불안은 내적 고뇌의 특별한 경우이다. 그것은 과거의 실패의 기억들로부터 나온다. 상상 속에서 앞으로 다가올 모든 장애물들이 한꺼번에 다가와서 도저히 헤어날 수 없을 정도의 외상(外傷)으로 돼서 주체를 겁에 질리게 하려는 억압된 기억으로부터 나오는 것이다.

그러나 실패가 계속해서 꼬리를 물고 이어지며, 불안한 상태에까지 도달하려면, 실제적인 위험이 없는데도 불구하고 과거의 공포를 소환하고, 정감적 상상력을 통하여 그것으로부터 위험을 떠올려야 하지 않을까? 그러므로 불안의 원인은 그와 비슷한 경우에서도 그를 둘러싼 현실보다 한 개인에게 더 있다. 물론 실제적 현실이 불안을 만드는데 매우 중요한 역할을 한다. 그것은 상상력을 고조시키는 것이다. 그러나 그것은 단지 보조 요인일 뿐이다. 진정한 결정인자는 정신내적 본성이다. 그것은 한 개인이 정말로 분별 있거나 분별없이, 긍정적으로나 부정적으로 대응하는 태도에 달려 있는 것이다. 본질적인 것은 사람에게 다가오는 것이 아니다. 오히려 그가 반응하고, 반응을 동기화하는 그의 방식이다. 그것이 그의 개인적 특성이다.

따라서 정신체계에는 심지어 반복되는 위험들 앞에서도 긍정적인 반응 형태가 주어져 있다. 한 개인이 만일 위험이 없는 순간에 고조된 상상력에 빠지는 대신 현실과 현실의 요청들에 직면하려고 한다면, 다시 말해서 그가 상상 속에서 정신적 부재 상태를 연장시키는 결정적 과오를 피할 수 있다면, 그는 다가올 위험을 공상적 승리나 쓰라린 실패를 과장되게 상상하지 않으면서 맞이할 수 있는 것이다. 환경적인 것은 물론 내적인 현실에 대한 참조는 반드시 사람들에게 위험이 다시 닥칠 경우 그것을 실제로 물리치는데 무엇을 해야 하는지 알 수 있게 해 줄 것이다. 따라서 주체는 상상에 의한 도주와 그 결과 생기는 병적 불안에 빠지는 대신 용감하고, 분별 있게 공격하는 태도를 되찾게 된다. 실제로 극복했던 과거의 공포들은 이제 더 이상 불안과 합쳐지지 않고, 그로 인하여 다가올 위험 앞에서 느끼는 불안이 감소하며, 사라질 수도 있다. 그래서 삶의 어려움들은 이제 더 이상 극복할 수 없는 위험처럼 여겨지지 않는다.

그러나 이 두 가지 반대되는 반응 방식을 설명하는 것이 쉽다면, 그 어떤 것도 실제적인 삶에서 어느 하나를 피하고 다른 하나를 침착하게 실현시키는 것보다 더 어려운 일은 없을 것이다. 하지만 우리는 너무 자주 분별 있게 반응하려는 노력을 하지 못하고 그것이 쓸데없는 짓이라고 불신하려는 유혹에 빠진다. 그러나 그런 의심 자체는 어쩌면 삶과 삶의 어려움, 특히 내적인 삶에 대한 너무 불안한 표상 때문이 아닌가 하는 생각이 든다. 우리 자신에 대한 객관적 가치를 불신하고, 유일하게 구원적인 반응을 포기하기 위하여 반응을 깎아내리는 것보다 더 고약한 일이 있을 것인가? 정말 제일 중요한 문제를 왜곡하고, 상상력의 맹목성을 따라서 병적 불안의 성격과 기원 및 정신내적 도정과 그것을 격파할 방도에 대한 인식의 혼란을 가져오게 하는 것은 우리가 너무 쉽게 미리 포기하려고 해서이다.

병적 불안은 인지적 전망으로 충분히 변환되지 않는 상상력의 산물이고, 거기에서 현실과 극도로 반대되는 불안의 좋지 않은 특성이 유래된다. 이런 대조는 외적인 조건, 즉 자극을 가하는 환경뿐만 아니라 무엇보다도 내적인 현실, 즉 앞으로 어떤 반응을 보일 것인가 하는 동기를 결정하는 정신내적 인과론의 측면으로까지 확장된다. 고백하기는 괴롭지만, 특히 불안을 조장하고, 불안으로 가득 차 있어서 결함이 있는 동기는 의식적인 것을 회피하려는 경향이 있다. 그때 동기를 이해하려는 노력은 거의 언제나 상상력에 의해서 왜곡되고, 정감적 사고로 악화된다. 따라서 고조된 상상력은 반성하는 척하면서 정감적으로 잘못된 핑계를 둘러대며 정당화하려는 욕망과 불안의 사슬이 된다. 정감적 사고는 거짓된 인지적 전망의 가장 일반적인 수단이다. 그 상상력은 특히 그것이 이해하기 원치 않는 것에 눈이 멀었고, 욕망 때문에 상상력의 놀이를 하려는 자신도 인정하지 않는 동기에 눈을 감고 있다. 그 동기들은 상상력에 의해서 이미 충족감을 느끼기 때문에 강박적인 동기들로 되고, 쓸데없이 상상력과 충족감을 고조시키며, 그것들은 다시 무한하게 풍부한 것처럼 보이는 공상적 조합의 사슬이 된다. 그러나 사실을 말하자면, 그것들은 욕망의 유일한 존재 이유인 실현 가능성에 비추어 볼 때 너무 빈약하다.

동기부여라는 정신내적 측면에서 볼 때, 불안과 현실 사이의 차이가 끊임없이 커지는 원인은 욕망을 실현시키려는 충동이 너무 빈약하기 때문이다.

따라서 불안의 모든 형태들, 말하자면 자연스러운 불안과 병적 불안 및 본질적 불안과 우발적 불안들을 이해하려면, 수많은 조합들을 만들어내려는 욕망으로부터 배열된 상상력 게임의 본성에 대해서 제대로 깨달아야 한다.

주체가 선택 대상을 향해서 일으키는 긴장인 욕망은 두 가지 요소들로 되어 있다.

객관적 성격을 가진 한 가지는 욕망하는 대상의 이미지라는 표상이고, 다른 한 가지는 대상이 주체에게 불러일으키는 정감적 매력인 충족에의 만족이다.

대상적 요인의 기원에는 인지가 있다. 주관적 요인은 상상력에 의한 사전-만족과 관계 깊은 것이다.

앞에서도 말했듯이 인지에는 대상의 이미지를 추상적이고, 객관적인 개념으로 변환시키려는 경향이 있다. 현실적인 삶에서 사고는 정감적으로 어느 정도 구체적인 대상들과 연결되어 있다. 그럼에도 불구하고, 정감의 조급성은 개념화가 충족에 대한 약속을 어느 정도 분명하게 목표라는 표상으로 변환시킴에 따라서 줄어든다. 또한 주체는 심사숙고하면서 욕망을 실현시키는 방도를 선택하는 능력을 얻는데, 그것은 긴 안목에서 보면서 결국 그것의 실현을 자유롭게 거부할 수 있게 한다.

욕망의 대상적 요인이 더욱더 개념화되고, 객관화될수록 정감적 요인의 주관성은 더욱더 덜 강박적으로 된다.

그러나 중요한 것은 다양한 욕망들과 무분별한 다양성에 의한 무한한 가능성이 만들어내는 복잡성이다. 지성의 공리적 계산을 가지고 이런저런 욕망을 아무리 훈련시키려고 해도 소용이 없다. 그리고 정감적 조급성은 언제나 반성하지 않고 즉각적으로 충족시키려는 수많은 다른 욕망들로 흘러넘친다.

그런 이유 때문에 지성적 과정과 매우 다른 상상력의 과정은 실제적인 삶에서 커다란 중요성을 가지게 된다. 상상력은 수많은 욕망들의 정감적 요인들을 미리 맛보게 하는 게임의 사슬에 집어넣기 때문이다. 상상력은 욕망의 대상적 요인의 개념화와 근본적으로 반대된다. 상상력은 유혹적 심상 때문에 주체를 여러 가지 형태의 관객이 되게 하는 비대상적 요인들을 필요로 하기 때문이다.

그럼에도 불구하고, 자연스럽고, 전망적인 형태의 상상력은 인지적 전망과 상충되지 않는다. 오히려 그것은 인지적 전망에 도움을 주려고 한다. 상상력의 암중모색하는 작업은 미리 방향을 잡으려고 하고, 미리 만족할 방도를 찾으려고 하는 것이다. 방향을 모색하려는 시도가 뜻대로 되지 않았다면 시행착오라는 원시적인 방식으로 암중모색하는 전망적 상상이 한편으로는 충족에 대한 약속들에 둘러 쌓여있고, 다른 한편으로는 욕망하는 대상들을 얻기 위하여 극복해야 하는 장애물들을 의식한 인지적 요인들로 이루어져 있기 때문이다.

전망적 상상은 환경적 변화를 대략적으로 감안하면서 그것의 변화하는 게임을 통해서 욕망의 주관적 요소인 충족에 대한 약속을 대상적 요인인 환경적 조건에 미리 적응시키려고 할 수 있다.

연결하는 작업이 전망적 가치를 가지기 위해서는 각각의 욕망을 구성하는 두 가지 요소들을 분리하는 작업보다 선행되어야 한다.

이 사전 작업 덕분에 전망적 상상은 그 나름대로 그 전에 분류한 정감적 요소들과 인지적 요소들을 다시 연결시키고, 재조합할 수 있다. 상상력은 본래 유보되었던 욕망으로부터 정감적으로 덜 조급하게 새로운 욕망들을 선택적으로 취하는데, 거기에는 뚜렷한 대상적 표상이 들어 있다. 어쨌든 그 조건은 분리와 재조합이 상위-의식의 올바른 가치 평가에 의해서 인도된다. 새로운 욕망들은 그것들의 충족에 대한 약속을 따라서 건강하게 평가되었기 때문에 고착되고, 우선적이며, 습관적으로 되려는 경향이 있다. 그것들에는 분명하고, 꾸준한 결정적 힘이 있다. 그러나 그것들이 동기로 고착화되는 것은 그것들의 존재 이유가 반복적으로 재(再)기억화 되지 않는 한 생기지 않는다. 언어의 지혜는 욕망과 동기의 이런 발생학적 관계를 분명하게 표현한다. 동기들은 우리의 "반응 이유"이다. 건강한 동기들은 과장을 벗어났기 때문에 본질적으로 합리적이고, 조화로운, 올바른 결정이다.

에너지가 많이 담긴 긴장의 동기 부여하는 배열을 신중하게 변화시킴으로써 상상력을 통해서 방향을 미리 잡는 일은 정신 작용을 올바르게 한다.

그러나 타락의 위험은 언제나 존재한다. 그것은 즉시 방향을 미리 잡는 것을 잊어버리고 병적 상상력이 모든 현실적이고, 실현 가능한 준거도 없는 공상적 만족을 위하여 욕망들을 조합하고, 재조합하려고 할 때 생긴다. 상상력은 자신을 제한하는 모든 제약에서 풀려났다고 믿으면서 허황되고, 거짓된 전능감 때문에 잘못되는 것이다. 그리고 상상력은 혼란한 몽상들을 명료하게 평가하려고 다시 생각하면서 다시금 정감적으로 서두르는 만큼 수많은 새로운 욕망들을 만들어낸다. 실제적인 것과 합리적인 것을 모두 망각하는 것은 건강한 동기들을 타락하고, 모순적이며, 조화될 수 없게 악화시키는 하위-의식의 강박적으로 반복되는 잘못된 가치 평가 때문이다.

  욕망을 올바르게 평가하려는 노력과 잘못되게 평가하려는 취약성, 말하자면 올바른 동기에 의해서 만족을 느끼거나 잘못된 동기에 의해서 만족을 느끼려는 태도 사이에는 건강한 동기를 병적 동기로 타락시킬 수 있는 강한 가능성이 존재한다. 잘못된 상상력이 어느 때나 영향을 미칠 수 있는 것이다. 다음과 같은 용어들은 거의 비슷한 의미를 가지고 잘못된 몽상과 합리적인 생각 사이의 끊임없는 동요를 보여 준다: "나는 생각한다. 나는 믿는다. 나는 예상한다. 나는 상상한다. 나는 꿈꾼다."

  우리의 내적 숙고에서 논리적 사고로부터 몽상으로의 우회(迂廻)는 전혀 예상할 수 없는 현상인 만큼 자주 일어난다. 그래서 잘못된 자기-정당화에 의해서 정당하지 못한 것 정당한 것으로, 정당한 것은 정당하지 못한 것으로 여겨지고, 진실한 것을은 거짓된 것, 거짓된 것은 진실한 것으로 여겨진다. 자발적 결정이라고 생각됐던 것들이 몽상에서 나왔다고 생각되는 것이다.

  잘못된 정당화에서 벗어나는 것은 고약한 몽상을 명료한 사고로 다시 변환시키고, 잘못된 동기를 올바른 동기로 다시 변환시키지 않을까?

  거짓된 만족의 몽상 속으로의 도피는 어쩌면 자아-중심적이고, 허영심으로 가득 찬 잘못된 정당화로 나아가는 경향을 명쾌하게 공격하는 것보다 훨씬 쉬운지도 모른다.

  모든 정신질환의 공통적 원인은 거짓되게 정당화하는 허영심이다(라틴어로 허영이라는 단어는 *vanitas*인데, 그 말은 헛된 vain, 빈 vide이라는 의미이다. 즉 의미가 비어 있고, 가치가 비어 있다는 말이다). 허영심은 명료한 정신을 가지고 공격하는 것으로부터 도망치는 것이기 때문에 모든 정신질환의 원인이다.

  건강하거나 건강하지 않고, 의미 있거나 무분별하며, 정말 만족스럽거나 만족스럽지 않은 형태의 정신 작용의 문제는 공격이나 도주라는 생물학적 기반 위에 있는 두 가지 태도에서 나온다.

하나는 의지적이고, 다른 하나는 비의지적인 두 가지 태도는 지금까지 정신내적 기능, 말하자면 정신화 하는 작업과 상상에 의한 게임으로 묘사되었다.

생물학적 토대를 필요로 하는 모든 진정한 심리학적 이해는 정신화뿐만 아니라 상상적 왜곡 역시 기본적으로 생물학적 현상인 흥분의 유보, 말하자면 행동을 잠시 중단시킨 것들이 복잡하게 얽혀서 생긴 결과라는 사실을 자세하게 밝혀야 가능하다.

생물학적으로 말해서 정신화(spiritualisation)는 유보하는 능력이다. 그것은 내면의 흥분과 아직 실현되지 않은 욕망을 공격한다. 정신화는 이렇게 공격하면서 올바른 방향과 유리한 상황에서 흥분에 담겨 있던 에너지를 방출시킨다. 따라서 허황된 몽상은 유보시키는 능력의 허약성을 말해 준다. 강압적이고, 경련적인 유보는 결국 에너지의 방출을 방해하기 때문이다. 상상력이 고조되어 정신적으로 경련을 일으키면서 자아-중심적으로 도주하는 것은 잘못된 유보(rétention)의 또 다른 원인이다. 그래서 정신에너지는 통속적으로 방출된다. 모든 유보를 포기한 자아-중심적 욕망의 분출적 방출인 통속화(banalisation)는 유보된 욕망들을 제대로 조절하려는 작업에 대한 포기이며, 도주이다. 그런 의미에서 신경증적 경련과 다르지 않다. 그러나 통속화는 신경과민과 달리 몽상 속으로 도주하지 않고, 에너지를 좀 더 적극적으로 방출하면서 도피한다.

상상력에 의한 도피

고조된 상상력은 정신내적 작업을 건설적으로 조절하려는 것에서 도피하고, 정감적 에너지를 현실적 상황에서 접근할 수 없는 객관적 표상들이나 전혀 붙잡을 수 없는 표상들에 종종 집중시킨다. 그것이 겉으로 보기에는 전능하고, 지극히 자유로운 선택에서 나온 것 같지만, 사실은 전형적으로 단조로운 퇴행에 지나지 않는다. 그래서 몽상은 쉬지 않고 결코 이룰 수 없는 물질적 걱정, 성적 공상, 거짓된-정신적 야망과 동경 등 막연한 계획

주위를 맴돈다.

무한히 가능할 것 같은 이런 충족에의 약속은 절대적인 지경으로까지 도주한다. 그것들은 또 다시 절대적으로 실현 불가능한 고조된 과제를 만드는 것이다. 거기에서 오는 불가피한 실망은 때로는 과거에 대한 회한, 때로는 미래에 대한 고통스러운 걱정으로 도주한다.

잘못한 것을 받아들이지 않으려고 하는 것, 즉 오류와 잘못의 억압은 도망자가 가장 심각한 위험에 봉착할 수밖에 없는 하위-의식적 피난처 속으로의 탈주를 가져 온다. 상상에 의한 자기-만족은 그 자신을 향해서 돌아서는 것이다. 그래서 그것은 심각한 자기-불만족으로 변환돼서 쓸데없는 후회와 죄책에 의한 고통에 빠지게 한다. 이제 점점 더 고통스러워지는 도주는 가장 환상적인 방어에서 출구를 찾으려고 하면서 세상에 대한 정죄로 변환된다. 허영심에 의한 잘못된 자기-정당화는 거짓된-현실을 만들어내는 것이다. 그래서 주체는 곧바로 환경과의 관계, 즉 다른 사람들과의 관계를 그르치게 된다. 그리고 그는 그 자신의 공상적인 세계 속에 갇혀서 그 자신에 대해서 판단할 수 없게 된다. 그는 자신이 보기에도 유령처럼 돼서 자신을 다른 사람들을 비교할 수밖에 없는데, 어떤 때는 자신이 다른 사람보다 우월하다고 생각하고, 다른 때는 한없이 열등하다고 생각한다. 그래서 외부의 장애물에 의한 불안에 다른 사람들의 견해라는 더 무거운 불안이 덧붙여진다. 주체는 한편으로는 과민해지고, 다른 한편으로는 끊임없이 잘못했다고 비난하는 세상에 둘러싸여서 대부분의 경우 자기도 모르게 나오는 실망 때문에 스스로에 대해서 감상적인 연민을 느낀다. 점점 더 커지는 불안의 원인과 결과인 이 모든 인정할 수 없는 일탈(逸脫)은 그에게 적대적이라고 생각되는 위험한 현실로부터 도망치려는 경향을 강화시킨다.

이렇게 상상에 의한 현혹으로의 도주는 두 가지 전형적인 방법으로 전개된다. 하나는 현실적인 환경에서 도망쳐서 허황된 물질적, 성적, 거짓된 영적 희망으로 이끌리는 것이고, 다른 하나는 다른 사람을 정죄하면서 투사하여 그 자신의 결함을 허황되게 정당화하는 것이다. 그때 그 자신에 대한 진실을 말하는 내면의 현실을 더욱더 길을 잃게 된다.

    탈주의 상상과 정당화의 상상은 정신화 하는 용기를 병적인 자기-만족으로 타락시킨다. 병적이고, 처량한 백일몽으로의 탈주는 의식적 정신이 부재하다는 점에서 밤에 꾸는 꿈과 똑같다. 백일몽은 "공상"으로서 밤에 꾸는 꿈처럼 실제 세계와 세상의 어려움 앞에서의 일종의 휴식인 것이다. 그러나 다른 점은 밤에 꾸는 꿈은 자연스럽고, 일시적 휴식이라는 점이다.

    그 반면에, 백일몽 상태에서도 운동성은 작동하지만, 의지는 흘러넘치는 정감성에 사로잡혀서 조화롭지 못하고, 부적응적 행동으로 되는 일관성 없는 결정을 내린다. 그리고 마비상태에 빠지며, 의지는 충동적으로 퇴화된다. 그리고 반성은 산산이 흩어진다. 모든 반응성은 강박적인 형태로 되면서 자동성과 반사로 퇴행하는 것이다.

    미분화된 반응성으로의 이런 병적 퇴행은 주체가 그의 공상적 세계가 실제 사실과 직면할 때 분쇄되는 것을 보지 않으려고 방어하기 위하여 그의 모든 에너지를 감소시킬 필요가 있기 때문에 나온 것이다.

    행동이 불가피해지면, 거꾸로 행사되기도 한다. 그에게 적응하려는 노력이 부족해서 모든 행동이 최면술에 의한 암시에 걸린 것처럼 똑같은 공격과 도주의 태도(불신, 앙심, 토라짐, 헛된 복수심, 이기려는 마음)를 강박적으로 반복하는 것이다. 좀 더 악화된 상태에서, 상상에 의한 자기-암시는 자기-최면으로 퇴화된다. 전형적인 분노에 의한 도주(스스로에게 명료한 설명을 할 수 없어서 도피하는 것)는 전형적인 행동들뿐만 아니라 꿈에서 보는 것 같은 비논리적인 행동들도 하게 한다. 그 결과 신경과민에 의한 조급성은 더 심해진다. 그래서 결국 신경증 증상들을 낳는다. 이때 강박신경증과 공포증들은 억압된 욕망들이나 불안들을 상징적인 모습으로 드러낸다.

    강박신경증은 공격하거나 도주하려는 욕망의 환상이 공포증적 성격을 가진 불안에 대비하려고 상징적 위장을 사용하지만 에너지가 적극적으로 방출된다는 점에서 상상에 의한 몽상과 다르다. 그런데 공포증적 불안은 더 이상 내면의 감정만은 아니다. 그것은 의미 있는 행위들을 대체하는 틱이나 다른 비논리적 행동인 동작들을 통해서 드러나게 표출되기도 한다.

몽상적 집착과 밤에 꾸는 꿈 사이의 유사성은 그것들이 모두 탐욕과 죄책에 의한 불안을 똑같이 상징적 전치(déplacement) 과정을 통해서 해소시킨다는 점에서 분명히 드러난다. 갈망하는 대상에 도달하지 못하는 무력함을 감추기 위하여 고통스러운 욕망에서 나온 정감적 긴장은 그것을 대체하는 목표에 집착하지만 그것은 그것과 비슷한 행동만 촉발하는 것이다. 그때 상투적 행동들이 얽히고, 비논리적 의례들이 뒤덮게 된다. 그러므로 예를 들어서 말하자면, 공포증적인 강박관념에서 불결하다고 느껴지는 욕망의 기저에 깔린 죄책으로 인한 불안은 상상력의 고조된 강박적 갈망의 대상과 분리된다. 욕망을 충족시키려면 금지는 다른 대상이나 다른 대상들 집단으로 옮겨져야 하고, 그것으로부터 접촉 불가능한 것으로 여겨진다. 그 어떤 대상도 연상을 통해서 이 대체적 의미를 얻을 수 있다. 그래서 주위에는 그 다음에 혐오스러운 대상들로 가득 차게 된다. 우리는 이런 과정을 원시 부족들의 금기에서 살펴볼 수 있다. 의례적 조심은 상징적으로 현실 세계에 대한 불안을 나타내는 것이다. 현실 세계의 위협과 유혹은 비현실적이고, 공상적인 세계로의 도주 결과 위험하게 고조되고, 상상적으로 다양해진다. 그러나 공포는 더욱더 자기-정당화의 필요성을 나타낸다. 이런 무서운 금기(禁忌)를 정당화시키는 의미는 세상에 대한 상상적 고발로 구성된 복합적인 동기들을 담고 있는데, 그것과의 접촉은 더러움을 불러일으키고, 혐오스러운 세상에 사는 것에 대한 감상적 불평을 품고 있다. 그러나 그것은 또한 완벽한 순결성에 대한 허황된 갈망과 불결한 것과의 접촉을 피함으로써 순결해지려는 시도를 드러낸다. 이런 비논리적인 예방 조치는 전체적으로 그것의 본래적 유혹을 다 충족시키지는 못할지라도 적어도 거기 연결된 죄책으로 인한 불안의 돌출을 막으려고 한다. 불안은 이제 더 이상 불결하다고 여겨지는 욕망이 실현될 때가 아니라 그것의 대체물이나 대체물들, 즉 쉽사리 피할 수 있는 "부정행위"와 접촉할 때 느껴지는 것이다. 그러나 공포증적인 불안은 불결한 욕망으로 인한 긴장에서 제거된 에너지와 떨어져서—그 욕망은 금지된 방식으로 밖에는 실현될 수 없는데—그 자신이 그 역동의 일부로부터 단절된 것을 발견한다.

상상에 의한 만족으로의 탈주, 말하자면 현실을 피하려는 상상적 도주는 언제나 더 병적인 불안과 언제나 더 실제적인 금지를 이끌어 온다. 세상 전체와 가장 자연스러운 만족은 결국 금지될 수 있는 것이다. 상상력의 놀이는 처음에는 즐겁고, 매혹적이지만 점점 더 참을 수 없는 방향감각 상실로 이끌어 간다. 그것은 복잡한 것들로 이루어져 있고, 고통을 담고 있다. 그것으로부터 신경증과 정신증으로 나아가는 신경과민이라는 병적 상태가 나온다.

상상에 의한 쾌락을 방향감각 상실이라는 고통으로 바꾸는 에너지의 경제학, 아니 오히려 경제학의 결핍에 대해서 이해하는 것보다 중요한 것은 없다.

방향감각을 상실한 주체인 신경증적인 사람을 침범하는 고뇌로 가득 찬 정감인 부정적 에너지는 충분히 방출되지 못한 과거의 모든 흥분들의 잔재로 이루어져 있다. 그의 미래는 과거의 실망에서 비롯된 감정인 불안과 앞으로의 반응들의 불충분성을 미리 결정하는 불안으로 예기(豫期) 되면서 어둡게 된다. 그 주체는 현실인 지금 이 순간을 살지 못하고, 더 이상 존재하지 않거나 아직 오지도 않은 미래에서 살기를 바라면서 그의 모든 에너지를 자기 마음대로 사용하지 못한다. 에너지는 잘못 조합되고, 재조합된 다양한 욕망들로 분산될 뿐만 아니라 과거의 흥분들의 잔재를 풀어내지 못하고, 그것들을 되뇌는 데 강제로 사용된다. 모든 새로운 흥분은 이 막다른 작업 때문에 격화된 욕망들로 인하여 혼란을 더하게 된다. 그는 현실에서 그 어떤 만족도 얻을 수 없다고 생각하고, 이 세상에서 그 어떤 만족도 얻을 수 없다고 의심하는데, 그것은 사실 그 자신을 불신하기 때문이다. 그것의 다른 이름이 죄의식이다. 그는 절망이라는 치명적인 불안에 빠진 것이다. 불안이 쌓이면 변명을 시도하게 된다. 이렇게 해서 얻어진 긴장의 이완은 비실제적이고, 상상적인 것에 불과하다. 그래서 다른 사람과 세상과 삶에 대해서 비난한다.

부정적으로 된 욕망의 신경증적 긴장, 즉 그것들의 경련적 에너지는 정신적으로 과부하되면서 방출을 요구한다. 하지만 경련적 에너지는 생산적으로 되지 못하고, 파괴적인 힘만 자아낸다. 그때 불안은 공격적으로 되고, 그것의 다양한 표현들이 강화되어 비난은 분노로 변하고, 불신은 미움으로 악화된다. 이런 혼란은 과도한 흥분 상태, 말하자면 정감의 무절제를 유발하는 지속적 조급성으로 해석될 수 있다. 그래서 과도한 흥분 상태에서 정감은 폭발하게 된다. 상상에 의한 도주는 다시 방향감각 상실의 공격으로 변환되는 것이다.

이렇게 축적된 정감의 반응적 폭발, 말하자면 공격적 불안으로 되돌아간 욕망의 분출은 환경의 불리한 조건들을 의미 있는 방식으로 변화시키기 어려운 것으로 드러난다. 그것은 도발적인 영향밖에 주지 못하는 것이다.

오랫동안 상상 속에서 이루어졌던 고발적 비난에 의한 공격 때문에 주변 사람들은 그들 나름대로 왜곡의 정도에 따라서 그 자신의 공격적 불안이 폭발하는 것으로 응수한다. 미움과 분노로 가득 찬 비난은 상호적으로 되어 불신이 일반화되는 것이다. 그래서 그것은 험담이나 중상모략 같은 말로 하는 공격은 물론 거리낌 없는 공격에 의해서만 이길 수 있는 더 적극적인 분규인 음모적 분위기를 유발하면서 서로가 서로에게 이겨야 하는 것으로 악화된다. 상상력의 염증이 만들어낸 고름이 터지는 것이다. 그것은 다시 주변을 감염시킨다. 서로간의 공격이 그동안 쌓인 잘못된 동기부여로부터 일반화된 행동들로 되는 것이다.

승리와 복수의 계획은 성공의 기회를 노리면서 교활하게 진부한 음모를 꾸민다. 그러나 신경질적인 사람은 모든 사람들 가운데서 그런 계략을 사용하는데 제일 서투른 사람들이다. 하지만 과도한 조급성은 그를 눈멀게 하고, 영리한 예측을 하지 못하게 한다. 허황된 정당성을 찾으려는 죄책으로 인한 그의 불안은 끊임없이 되살아나는 이상한 양심의 가책으로 그를 가득 채우는데, 그것은 주위 사람들이 아무런 양심의 가책을 느끼지 않는 것과 비교할 때, 그의 눈에 자신이 더 고상하다는 증거로 된다. 그래서 신경질적인 사람은 스스로를 방어하는 대신 자신을 더 연민하게 된다. 그래서 그는 자신을 무장해제 시키고, 실패로 처박는 과장된 분개 속에서 즐거워 한다. 그러나 그것은 그를 더 불안하게 만든다. 신경질적인 사람은 고삐가 풀린 세상의 한복판에서 처량한 희생자로서 무기력한 분노로 고약해졌지만 동시에 선하게 되기를 좋아하면서 자신의 공격성을 음험한 편협함과 개량적 비판으로 변환시키려는 경향이 있다. 그러나 달콤하고, 아이러니하거나 광신적인, 계속되는 암시에는 분노의 일시적 폭발보다 훨씬 더 큰 도발적 힘이 담겨 있다. 신경질적인 사람은 그 자신도 모르게 그의 공격적인 불안을 외면화함으로써 끊임없이 도발한다. 그에게 적대적인 환경은 그에게 점점 더 적대적인 세계로 되는데, 그것은 왜곡 초기에 그의 상상 속에서 그려졌던 것과 똑같지는 않다.

사회 환경의 영향 때문에 해롭고, 음험하며, 울분을 가지게 된 불안을 외적으로 표출하는 것은 정신의 내면에 해방을 가져다주지 못한다.
더 커진 불안만 터져 나올 뿐이다. 그 바닥에는 실망을 되뇌고, 실패에 의해서 끊임없이 주어지는 정체만 가득하기 때문이다. 얻어지는 안도감은 일시적일 뿐이고, 분노의 경련적 방출은 억압된 분노에서 나오는 독처럼 정신을 탈진시킨다. 그의 무절제의 증가는 저항력을 약화시킨다. 환경의 습격은 끊임없이 배가(倍加)되고, 이런 분규의 도발자이면서 동시에 희생자인 주체는 끊임없이 그 자신을 무장해제한다. 거기에서부터 그런 상태의 본래적 원인인 상상력과 현실 사이의 고통스러운 대조의 참을 수 없는 확충이 생긴다. 이 원인이 악화되면서 상태는 더 나빠진다. 지나치게 들뜬 상상력이 난무하는 것이다. 거기에 대한 방어는 궁극적으로 광기에 찬 도주로 나타난다. 따라서 주변 현실과 그 자신에 대한 진리 앞에서 느끼는 불안은 정신질환이 최고도에 달한 정신증을 낳는다. 정당화의 상상이 망상으로 되는 반면, 도주의 상상은 거짓된 현실을 환각적으로 나타낸다. 이렇게 점차 당황에 빠지는 것을 공포에 휩싸인 동물들이 나타내는 공포 반응과 비교하면 이해하기가 쉽다.

우리는 공포의 원시적 수준에서 질겁하는데, 그것은 공격이 너무 재난적인 데 도주가 불가능할 때 나타나는 현상이다. 이동이라는 외적 운동을 통하여 에너지를 방출하는 대신 정동성이 너무 증가한 것이다. 그것은 공황 상태 속에서 공격의 충동과 그와 반대되는 도주의 충동이 외면화되지 못해서 일어나는 내적 양가성이다.

인간의 수준에서 정신증의 공황적 흥분은 더 이상 공격-도주의 본능의 마비에서 오는 것이 아니라 과장되게 절정에 달한 공격-도주의 상상 사이에서 오는 양가적 갈등 때문이다. 스스로에게 만족하는 몽상 속으로의 도피는 이제 불가능하다. 그것이 점점 더 쑤시면서 참을 수 없게 된 죄책으로 인한 불안으로 변했기 때문이다. 다른 사람을 과도하게 정죄하는 세상에 대한 공격 때문에 무력감에 의한 분노의 폭발이 점점 더 위험하고, 압도적인 환경의 반격을 불러일으키는 것이다.

불안은 정신적 상태만은 아니다. 그것은 모든 유기체에 깊은 영향을 미치며, 불안이 여러 가지 다양한 정도의 공포로까지 진전되는 것은 정신체계의 병적 배열에 의한 것일 뿐만 아니라 신체적 영역과 유전적 체질 때문에도 나타난다.

병적 고뇌와 명료한 공격

명료한 공격의 두 가지 방식은 지적 예측과 정신적 통찰이다.

지성은 환경적 장애물을 공격한다. 지성의 예측은 공리적이고, 보수적이다. 그것은 실존의 필수적 기반인 물질적 안전을 보장하려는 경향에서 나온다. 그러나 공리(功利)는 반드시 의미 있지 않다. 가치의 위계인 만족의 서열은 환경에의 적응을 넘어가는 간다. 지성의 공리주의는 오직 외적 성공만을 고려하는 작은 규모의 계산이다. 또한 그것은 지성에서 외적 성공이 삶의 궁극적 의미라고 믿는 지경으로까지 고조되는 거짓된 이상의 시도인 상상력의 고조로 도망갈 위험이 있다. 지성은 허황되게 고조되어 통속화되는 것이다. 그래서 그것은 술수와 폭력에 의해서라도 그 어떤 대가를 치르면서 물질적, 성적 향락을 추구하려고 한다.

그러므로 통속화로의 도주는 지적으로 거짓되게 정당화하고, 양심의 가책도 느끼지 않으면서 잘못을 저지르는 용기의 해로운 결과를 예측하는 통찰력 있는 정신의 고차원적인 힘에 의해서만 저지될 수 있다.

정신의 기능은 지성에 의한 외적 성공의 과대평가에 반대하고, 욕망들의 조화를 이룬 내적 성공을 먼저 평가한다. 정신화 하는 공격만이 신경질에 의한 개인적 고뇌와 통속화에서 비롯된 집단적 고뇌를 극복할 수 있는 힘을 가지고 있다.

신경질과 통속화는 그것들의 내밀한 동기에 의해서 밀접하게 연결되어 있다. 신경질은 통속화된 세계의 타락에 대한 과도한 분노의 결과이다.

그러나 모든 사람들 속에는 강도가 서로 다르지만 통속화에 대한 유혹은 물론 그것에 대한 분개가 들어 있으며, 그것이 신경질적인 조급성의 원인이다.

상상과 현실 사이의 불안한 대조는 "주체-대상", "정신-물질" 사이의 근본적인 불화에 대한 진화의 결과이다. 불화는 사람들에게 정신화-승화를 통해서 조화의 일치 속에서 진화의 변환을 이루게 한다. 그때 진정(鎭靜)은 두 가지 방식으로 이루어진다. 하나는 왜곡되지 않은 공리적 지성의 계획에 의하여 현실을 합리적 욕망에 알맞도록 적극적으로 변화시킴을 통해서이고, 다른 하나는 변화시킬 수 없는 현실적 조건을 상상력을 동원하여 받아들이게 하는 승화적 변환을 통해서이다.

수용(受容)이 약한 것이 아니다. 강력하게 되기 위해서는 체념적 굴복은 물론 분개라는 무기력한 분노와도 맞서야 한다. 양가적 상태는 복종하면서 동시에 반항하고, 사라지기는커녕 회한과 앙심으로 계속해서 반복되는 형태로 존속되기 때문이다.

수용은 정신적으로 명료하고, 숭고한 전투력이다. 수용에 의해서 자기 자신에 대한 통제와 환경에 대한 통제의 강도는 높게 이루어진다. 변화시킬 수 있는 것을 끊임없이 변화시키고, 변화시킬 수 없는 것을 수용할 줄 아는 사람은 그것에 의해서 모든 불만족의 원천과 싸우고, 정복할 수 있을 것이다.

수용은 가장 진화된 의지적 유보력으로서 실현 불가능한 욕망을 없앨 뿐만 아니라 조화시킬 수 없는 욕망들도 해소시킨다. 그것이 지극히 고조되고, 통속적으로 돼서 양심의 가책 없이 실현시키려는 경우에도 말이다. 수용은 해소된 욕망의 에너지를 회복시켜 주고, 그것을 의미 있는 실현으로 이끌어간다.

이런 모든 특성들로 인하여 수용은 욕망의 경련적 망각, 말하자면 몽롱하게 하는 억압인 망각과 반대된다. 수용은 몽롱한 것과 반대이기 때문에 정신화 하는 설명 과정과 긴밀하게 연결되어 있다.

그렇기 때문에 수용은 필수 불가결한 조건이다.

사실, 수용은 욕망의 대상을 명확하게 하기를 요청한다. 실현 불가능성이나 무분별한 실현에서 비롯되는 피해에 대한 분명하고, 논박할 수 없는 인식만이 정신으로 하여금 후회 없이 포기할 수 있게 하기 때문이다. 그러나 내적 반응이 상호적인 방식으로 완수되기 때문에 수용은 그 나름대로 정신화 하는 설명에 가장 좋은 조건이다. 수용은 유보를 가장 높은 단계에서 제시하면서 욕망들을 의미 있게 설명하려는 내적 작업에 가능한 한 가장 오랫동안 드러내기 때문이다. 따라서 수용은 충족의 약속을 분명하게 해 준다.

수용 없이 정신화는 있을 수 없고, 정신화 없이 수용은 불가능하다.

정감적 구성 요소들의 승화와 그것을 대표하는 요인들의 정신화 덕분에 욕망들은 상상 속에서 고조되기를 그치고 조화롭게 된다. 정신화-승화 덕분에 정신에너지는 삶의 이상인 흥분을 제어하는 방향으로 나아가는 것이다.

정신내적 작업의 긍정적 결과인 정신화-승화는 욕망들을 의미 있는 동기로 변환시킨다. 에너지를 참된 생각과 올바른 이상의 형태로 모으는 것이다. 인도자-가치 안에 농축된 객관적인 에너지는 사회적 환경에 의미 있는 방식으로 영향을 주면서 적극적으로 방출할 수 있는 힘을 배양한다. 그러나 그 영향은 이제 지적 작업처럼 문명화하는 계열의 것만은 아니다. 정신적 방출은 문화적 가치의 창조자이기 때문이다.

정신체계는 밀려드는 흥분의 원시적 에너지를 건설적 목적으로 전환시키고, 사용할 수 있는 정신적이고, 승화적인 에너지로 변화시키는 집적기-변환기와 비교할 수 있다. 이런 긍정적 전환은 개인들의 정신체계들이 제대로 작동하지 못함에도 불구하고 여러 세대를 통해서 계속해서 이루어진다.

과거의 문화적 경험들은 사상들과 이상들로 농축된다. 각 사람들은 그들이 성숙한 정도에 따라서 거기에서 정신화된 욕망들이 만든 진리들과 과거의 세대들이 극복했던 고통을 자신의 발달의 기반으로 발견한다.

그러나 진리는 언제나 어느 정도 오류로 더럽혀지고, 그 자체는 잘못된 이데올로기로 농축되기도 한다. 그럼에도 불구하고, 정신적 공격은 이런 방황을 극복하게 된다. 정화 과정의 이 진화적 역동은 선한 의도로부터—이것은 종종 상상력에 의해서 이루어진다—영양을 공급받을 뿐만 아니라 무엇보다도 먼저 오류의 결과인 고통의 표상, 즉 진화적으로 극복할 것을 요청한다.

승화된 에너지를 만들어서 전달하는 정신화 과정은 생각의 흐름인 정신적 회로를 만들려고 하는데, 그 회로는 어떻게 하면 만족을 올바르게 얻을 수 있을까 하는 방법을 분명하게 밝히면서 여러 세대에 걸쳐서 전달해 왔다.

그 방법은 공통의 진화적 노력에 의하여 여러 세대를 통해서 점진적으로 분명해졌다.

정신-발생은 가장 원시적인 반응 유보로부터 가장 높은 단계인 인간의 의지적 유보에 이르기까지 점점 더 깊이 있게 체험되는 방식으로 이루어졌다. 그러나 정신-신체적 유기체의 진화는 그 안에 원자로부터 우주에 이르기까지 존재하는 모든 것들이 포함된 진화 원리의 특수한 경우이다. 그 안에 생명과 생명-이전이 포함된 이 일반적인 원리는 유기체의 조화를 요청한다. 그래서 무질서는 소멸의 원리이고, 생명의 수준에서 소멸은 죽음이다. 유보는 생명체와 그의 환경 사이의 조화를 방해한다. 그것은 조화의 회복을 요청하며, 종의 소멸과 더 고차원적으로 조직된 종의 출현에 의해서 이루어진다. 그리고 더 고차원적인 조직은 존재의 조건인 주체와 대상 사이의 에너지 교환의 조화, 즉 흥분의 유입과 방출 사이의 조화를 회복시킨다. 가장 원시적인 수준에서도 이미 에너지의 교환은 중요한 걱정의 원천인 정신-세계라는 양극적 대립의 "화해" 수단이었다.

인간의 수준에서 고조된 상상력에 의한 탈주는 정신과 환경 사이의 대립을 악화시키고, 심각한 걱정을 병적 불안으로 변환시킨다. 그와 반대로 정신적 공격은 가장 고상한 형태로 현실과의 화해를 실현한다. 생각과 현실 사이의 만족스러운 연합을 이루는 것이다. 이해에 대한 요구에는 외부세계만이 아니라 그것의 보완적 축인 내면세계와 그것의 건강하거나 건강하지 않은 작용도 관계된다.

에너지 교환의 조화는 환경의 호의적 조건뿐만 아니라 무엇보다도 먼저 흥분에 대한 적극적 응답을 맡은 정신체계의 건강한 기능에도 달려 있다.

이 세상에 존재하는 생명체나 생명체-이전의 모든 다른 유기체들과 달리 생각하는 존재인 인간은 내면의 부조화 상태 속에서도 살 수 있다. 그러나 그때 그는 건강하지 못하다. 그의 생각의 부조화는 정신질환으로 내몰기 때문이다.

생명의 만족의 주요 조건인 정신건강은 외적으로나 정신화-승화라는 길을 통해서 억압과 달리 내면에서 의미 있는 방식으로 욕망을 방출하는 능력으로 정의된다. 그런데 정신화-승화는 에너지를 가장 의미 있는 형태로 적극적 방출의 준비를 위한 사전적 방출 과정이다. 정신적으로 건강하지 않은 것은 상상력에 의한 균형의 교란, 즉 반응적 방출의 고조-억제(신경과

민)나 그와 반대로 에너지의 유보 없는 방출로 정의되는데, 후자는 통속화에서 나타난다.

  이렇게 볼 때, 정신 작용 전체는 생물학적 기반 위에 서 있기 때문에 이미 결정되었고, 결정될 수 있으며, 정의될 수 있다. 그러나 생물-발생학적 결정론은 개인적 자유의 가능성을 막지 않는다. 자유에 대한 노력은 숙고가 그 나름대로 그것들을 건강하게 조합할 수 있도록 동기 부여하는 결정들을 의식화하는데 있는데, 그것은 설명적인 내적 성찰의 수고 없이는 불가능하다. 따라서 각각의 개인적 결심은 반사를 숙고적 반성으로 이끄는 진화의 역사에 의하여 결정되지만 다른 한편 의지적으로 자유롭다. 하위-의식적 강박관념을 제외하고, 그 어떤 것도 생각하는 존재가 그 자신의 동기 부여의 의도를 자연의 신비한 조직자의 의도와 조화시키면서 모든 고통스러운 제약에서 벗어나는 것을 방해할 수 없다. 의지의 자유는 사람들이 그가 원하는 모든 것을 하는 것에 있지 않고, 가능하지 않은 것을 바라지 않는 것에 있다. 그런데 그것은 내재적인 진화적 목적론과 반대된다. 자유의 반대는 결정론이 아니다. 결정론이 진화적 자기-결정, 말하자면 조화로운 자기-결정으로 될 수 있기 때문이다. 그러므로 자유의 반대는 하위-의식적인 강박관념이다.

  자기-조화의 불가능성은 심각한 취약성, 즉 치명적인 죄인데, 그것은 죄책감이라는 자기-고발의 강압적 불안으로 드러난다.

제4장
죄책으로 인한 불안과 윤리적 해방

정신의 모든 심급들은 해방의 노력이나 죄책을 유발하는 실패 등 내적 숙고에 참여한다.

인간의 운명은 죄책으로 인한 불안에 대한 그의 태도에 의존되어 있다. 그의 태도는 내적 결정의 중심지이자, 심급들이 작용하는 연결고리이다. 또한 그것은 상위-의식이 의식에게 보낸 "메시지"이고, 매우 자주 하위-의식에 의해서 방해받는다.

죄책으로 인한 불안인 자기를 향한 불만은 사람들에게 자신의 결정적 만족을 위하여 반드시 해야 하는 것에 대한 일종의 전-인식이 없다면, 그것이 비록 막연한 감정의 형태라고 할지라도 의식에 경고할 수는 없다. 진화라는 의미에서 벗어났다는 느낌으로서 죄의식은 자신의 존재 원리로 진화적 목표에 대한 어떤 형태의 사전-지식을 요구한다. 조직적으로, 그리고 자동적으로 결정되는 동물의 본능과 달리 상위-의식적 예지는 결정적 영향을 미치기 위하여 망설이는 선택의 기반이 되는 반쯤만 의식적인 심급의 두 가지 기능인 반성과 상상력에 작용한다. 인간은 의식의 주저하는 선택으로만 인도 받는다면 제대로 살지 못할 것이다.

상위-의식적 명령은 동물로서 인간은 개별적 존재임에도 불구하고 공통된 동물적 예지에 의하여 인도 받는 종(種)에 종속되게 한다. 그러나 상위-의식으로 된 본능적 연계가 오직 섭식이나 성욕 등 신체적 욕구들과 관계되지 않는다는 차이가 있다. 본능들이 다양한 욕망들로 확장됨에 따라서 상위-의식도 확장된다. 그것은 인도자-정신으로 되어 각 사람들에게 개인적으로 종의 운명을 주관하는 공통적인 조화의 법칙을 강요하는데, 그 법칙은 위반했을 경우 제재가 이루어지는 윤리적 법칙이다. 사람들에게 죄책감을 불어넣고, 그것을 억압하면 병의 원인으로 작용하는 것이다. 상위-의식의 죄책으로 인한 불안은 생물-발생학적 산물로서 변환의 촉매이며, 불안의 역동의 특별한 경우이다. 자기-결정력 때문에 잘못 나아갈 수 있음에도 불구하고 인간을 포함한 존재하는 모든 것들을 결정하는 원동력인 것이다. 사실이 그렇기 때문에 시정(是正)의 통고는 각각의 오류에 대해서 개인들에게 즉각적으로 주어지지만은 않는다. 본능적이기 때문에 진실하고, 초-의식적이기 때문에 꿈같은 상위-의식적 예지(叡智)가 인도자-이미지의 형태로 조상 대대로 신화적 상징주의 안에 응축되었다.

  거부의 경고가 사람들에게 죄책으로 인한 불안을 불어 넣으면서 재조화를 이루려는 진화적 노력을 자극하기는 하지만 신화적인 전(前)-인식의 진화적 목표는 거부의 경고를 왜곡시키는 상상력의 부조화하려는 의도와 반대된다.

  신화들을 보면, 죄의식은 정신의 내면에 불화를 조성하지만, 그것은 결국 참을 수 없게 되면서 자기 자신과 화해하려는 노력을 하게 한다. 그러나 신화적인 상위-의식의 몽상적 의도는 동물의 본능처럼 구성적이지 않다. 단지 지시하는 지표일 뿐이다. 의식적 선택이 상위-의식에서 지적한 잘못을 단순하게 인정하는 대신 여러 심급들 사이의 내적 일치를 회복시키려고 할 수 있다. 그때 그것은 허황된 자기-정당화를 통해서 나오는 죄책으로 인한 불안의 통고를 억압할 수 있다.

  억압은 상위-의식의 해방을 가져다주는 결정과 정반대로 하위-의식의 강박적 결정을 가져오는데, 그 궁극적 산물은 신화적 몽상에서 볼 수 있듯이 희화적(戱畵的) 변형이며, 결국 정신병리적 증상으로 나타난다.

    신화적 상징은 이런 반명제적 유사성 때문에 하위-의식적 몽상의 위험을 예견할 수 있다. 신화적 상징은 그것을 "집어삼키는 괴물"의 이미지로 그리는 것이다. 이 이미지는 정신적 현상을 완벽하게 그린다. 하위-의식은 생명력을 강탈하고, 그것을 도착적인 형태로 축적하면서 "집어삼키는" 것이다. 유기체는 신체적 기능에까지 영향을 미치는 이 "괴물 같은" 위험에 심각한 위협을 받는다. 정신병리적인 하위-의식은 억압된 불안이라는 파괴적인 괴물이 "깃들어 있는 은신처"이다. 하위-의식은 원시적 무의식의 변형으로서 그 괴물을 품고 있으며, 여러 가지 유기체적 장애들을 통해서 억압된 불안으로 표현하려는 정동들을 과장한다.

그러나 하위-의식적 결정으로부터는 몽상적 증상들만 나오지는 않는다. 거기에는 환원될 수 없는 강박성이 있어서 수많은 잘못된 이념들은 물론 비논리적 편견들, 원칙으로까지 발전하는 순응주의적 예방 조치, 독단적 위안, 광신적 입장 등 성격적인 고정관념들도 양산한다.

이와 반면에, 정신의 배열이 부정적인 방식으로가 아니라 고발된 잘못을 부정하면서, 그것을 포괄적으로 인정하며 상위-의식적 결정론을 따라간다면, 거기에서는 해방의 작업이 이루어진다. 죄책으로 인한 수치심과 그것의 원인-결과(결함이 있는 활동)는 명료한 표현의 수준으로까지 높여지는 것이다. 이제 죄책으로 인한 불안은 막연한 감정이기를 그치면서 상상에 의한 불안과 실제로 죄를 지은 불안이라는 두 가지 요소로 나누어진다. 따라서 고뇌에 찬 방향감각 상실은 고백에 의해서 극복되고, 죄 지은 것은 정신을 흐리게 하는 불안으로부터 정화되어 객관적으로 된다. 그리고 그것들은 의식의 통제 아래 다시 놓이며, 스스로의 체험을 통하여 억압의 해로운 결과들에 대한 인식에 의해서 풍부해진다. 이렇게 내적 성찰의 체험은 어느 정도 모호한 감정을 정신적 통찰력의 수준으로 끌어올리면서 상위-의식의 통고(죄책감)에 무분별한 행동들을 재평가하게 하고, 더 높은 가치를 실현시키게 하는 힘을 회복시키게 한다.

개인을 해방시키는 진화의 길은 모든 개인들, 즉 인류라는 종에게 매우 중요하다. 그것은 인도자-가치를 결정하는 것이다. 그때 신화적 의식은 심리학적 인식으로 변한다. 심리학은 정신 위생에 대한 체험을 바탕으로 하여 초-의식적 몽상의 수수께끼 같은 외피(外皮)를 꿰뚫고, 신화적인 꿈은 물론 밤에 꾸는 꿈과 하위-의식의 병리적 몽상 등 상징 언어의 의미에 대한 이해를 보여 줄 것이다. 자기-체험은 치유적 체험으로 이끄는 것이다.

정신병리적 증상들을 만드는 정신질환의 치료는 삶의 내재적 의미로 다시 이끌어간다.

그러므로 치료는 부조화적인 가치 평가를 조화로운 가치 평가로 대체시키면서 죄책으로 인한 불안을 벗겨 주고, 더 나아가서 몽상적으로 옷을 바꿔 입은 증상들의 원천인 하위-의식의 깊은 층에 다가간다. 그런데 흐릿한 의식은 반복된 억압 때문에 하위-의식적인 것들로 넘쳐난다. 죄책으로 인한 불안의 호소는 끊임없이 잘못된 정당화 때문에 질식당한다. 그래서 치료의 목표는 환자가 정신질환의 원인을 규탄하는 상위-의식의 부름을 다시 들을 수 있고, 그것을 견딜 수 있게 하는데 있다. 그래야 거짓된-정신적, 물질적, 성적 욕망의 상상력에 의한 고조에서 벗어나게 된다. 치료는 억압적인 자기-정당화를 반대함으로써 결국 욕망들과 억압된 불안들이 머물러 있고, 그것들이 상징적인 모습으로 다시 나오는 원천인 정신의 심층에 다가간다. 거짓된 자기 정당화가 신경증적 증상들에 에너지를 공급하지 않는 한 그것들은 조금씩, 조금씩 분쇄된다. 증상을 만들어내는 거짓된 자기 정당화의 에너지는 증상의 기능적 의미가 드러남에 따라서 하위-의식의 피난처로부터 끌려나오는데, 거짓된 만족의 약속도 그 하나이다. 의식은 깨달음에 의하여 그것의 영역과 하위-의식의 방향을 통제하는 능력을 확장하게 된다. 주체는 이제 그의 잠에서 깨어난 진화의 약동 덕분에 자유롭게 된다. 이것이 본질적으로 가치 있는 치유이다.

신화적 상징주의의 의미에 대한 보완적 지식은 상징이 밤에 꾸는 꿈을 포함하여 모든 형태들로 정신적인 삶의 본질적 주제들을 나타내기 때문에 정신병리적 증상들의 소실을 돕는다. 죄책으로 인한 불안의 상위-의식적 통고와 허황된 자기-정당화의 하위-의식적 경향 사이의 갈등도 여기에 포함된다.

신화적 예지는 그것이 역사적으로 구성된 것을 보면, 상위-의식의 출현 이래 필수적인 것으로 밝혀진 오랫동안의 적응 작업의 결과이다. 그것은 동물들에게 본능의 정확성과 그 다양한 형태가 단번에 얻어진 것이 아닌 것과 마찬가지이다. 무의식의 확실성은 부분적으로 의식적 심급의 진화적 출현과 그것의 망설이는 선택에 의해서 교란되기는 하지만 정령숭배의 전-신화적 단계로부터 시작하여 오랫동안의 암중모색을 거친 다음 비로소 상위-의식적 예지로 재구성되었다.

인류라는 종은 처음부터 만족스럽게 생존할 수 없었다. 그가 삶의 의미에 대한 지시적 비전을 고안하지 못했다면 치명적인 걱정을 극복할 수 없었을 것이다. 개별화된 종의 구성원들을 하나의 신앙으로 통합하면서 방향을 잡아주는 이 비전들에는 종교적 역량이 있다. 종교의 어원 *religare*에는 다시 잇는다(relier)는 의미가 있는데, 그것은 다시 조화시키다(re- harmoniser)로 생각할 수 있다. 무의식이 아직 상위-의식적인 것과 하위-의식적인 것으로 충분히 분화되기 이전의 잠재기에 있던 정신체계의 산물인 종교적인 삶의 가장 원시적 형태로서, 정령숭배적 비전은 상상력의 고조에 의한 정신병리적 산물들을 연상시킨다. 그러나 정령숭배는 개인적 퇴행의 병적 현상과 달리 집단적 적응의 원시적 수단이라는 점에서 차이가 있다. 상위-의식적 상상력이 그의 본능적 확실성을 온전히 되찾으면서 그 영향력이 오늘날까지 전해지는 고대의 위대한 문화들을 분출시키게 하면서 여러 민족들에서 신화들을 만들 수 있었던 것은 계속적인 발달을 통해서였다.

이 영향들은 단지 집단적인 것만은 아니고 개인적 특성도 있다. 신화적이고, 정령숭배적인 층들은 사람들이 점진적으로 지성화됨에도 불구하고 사람들의 초-의식 안에 계속해서 살아 있다. 또한 신화적 이미지들은 그 지시하는 힘을 가지고 쉬지 않고 각 사람들의 상위-의식을 활성화시킨다. 그것은 미신적 금기로 변질된 정령숭배적 마술이 영향력을 계속해서 미치는 것과 똑같다.

죄책으로 인한 불안의 내적 결정에는 관습적 금기와 집단적 압력이 덧붙여지고, 대립한다.

모든 민족들에서 습속과 습관 같은 사회적 전통은 신화적 꿈으로부터 발달하였다. 죄의식 자체는 부분적으로 본능의 본질적 성격으로부터 벗어난 것이다. 그것은 사회 제도와 밀접하게 연계되어 있다. 이렇게 벗어난 형태는 죄의식이라는 이름으로 부를 만하지 않다. 그것은 단지 환경에 의한 우발적인 불안의 특수한 표현일 뿐이다. 비슷한 사람들의 견해 앞에서 느끼는 불안이나 전통에 대한 불복종 때문에 공동체에서 가해지는 제재와 욕설 앞에서 느끼는 불안인 것이다. 다른 사람들의 의견들은 신학적, 정치적, 유사-예술적 이념의 전통으로 세분되는데, 거기에서 채택된 믿음이 부족할 때마다 거짓된 죄의식이 불러일으켜진다. 하지만 한 개인이 진정성을 얻음에 따라서 관습에 대한 그의 애착은 줄어든다. 또한 그가 더 강하고, 거짓된 죄의식에서 벗어남에 따라서 그는 아직 의식하지 못한 상위-의식의 본능성에서 헤매는 것을 받아들이게 하는 본질적인 힘을 보여 준다.

먼 옛날의 상위-의식적 산물인 신화들의 저변에는 심리학적 전(前)-지식이 담겨 있다. 그것들의 공통된 주제는 각자의 삶에서 언제나 실제하고, 매일 새롭게 대두되는 문제인 본질적 죄책으로 인한 불안인데, 그 불안 역시 상위-의식에서 비롯된다.

요약하자면, 인간의 정신적 기능은 승화나 억압으로 이끄는 죄책으로 인한 불안에 대한 지속적 숙고로 이루어진 것이다.

신화적으로 말해서, 죄책으로 인한 불안은 상위-의식(올림포스 산, 하늘나라)으로 형상화되는, 보다 높은 지역에 거주하는 유익한 신들의 메시지이다. 신들은 하위-의식적 세력들(악마들과 괴물들)과 맞서 싸우는(정신적 갈등) 인간(투쟁하는 영웅)에게 활기를 주고, 영감을 주는 전투적 충동의 다양한 힘들(덕성들)을 상징적으로 나타낸다.

죄책으로 인한 불안의 억압은 본질적 패배이다

신들에 의해서 상징적으로 가해지는 형벌은 본질적 패배의 결과이다. 정신질환의 두 가지 형태인 신경질(죄책으로 인한 과도한 고행)과 통속화(상위-의식 영역의 황폐화와 본질적으로 투쟁적인 충동)로 이끄는 양가적인 도덕적 퇴폐는 거기에서 비롯된다.

이렇게 이해할 때, 도덕은 신들로부터 주어진 것으로서 인간의 본성에 반한 딱딱한 의무가 아니다.

불유쾌한 도덕주의인 도덕-의무의 원천은 신화적 상징주의를 제대로 알지 못해서 생긴다.

진정한 도덕은 진화적 충동의 역동 위에 기반을 두는데, 그 상징들이 신이다. 내재하는 에토스는 신비한 생명력이고, 그것은 생물-발생학적으로 사람들의 상위-의식으로 된다. 에토스는 정신체계의 숙고하는 기능의 통합적인 부분으로서 의식적이고 전(前)-의식적인 생명의 모든 형태들의 가장 특징적 성격, 즉 만족의 추구에 의해서 결정된다. 기본적 충동들이 정말 가치가 있거나 별로 가치가 없고, 상위-의식적으로나 하위-의식적으로 결정되고, 결정된 수많은 만족의 약속으로 폭발한 결과 심사숙고 끝에 내린 선택은 그것이 아무 가치도 없는 것들 가운데서 가치를 분별해내고, 비뚤어진 쾌락의 유혹에 맞서서 자연스럽고, 고상한 형태의 쾌락을 선호하게 될 때 도덕적 특성을 얻게 된다.

쾌락이 여러 가지로 갈라진 물질적, 성적 욕망의 충동적 욕구들의 기본적 충족으로 채워질 때, 그것은 자연스러운 것이다.

하지만 비뚤어진 쾌락은 상상적인 몽상이나 통속적인 오락 같은 욕망의 과도한 증가 때문에 추구하게 된다.

고상한 쾌락은 기쁨이다. 욕망이 조화를 이루는 것이다. 왜곡으로부터 정화된 고상한 쾌락에는 최고 수준의 만족감이 담겨 있다.

자연스러운 욕망만이 조화로울 수 있다. 욕망들이 고조된 상태로부터 일단 벗어나면, 욕망들은 스스로 조화를 이루게 된다. 비뚤어진 쾌락에의 유혹, 말하자면 악의 원리인 건강하지 못한 왜곡은 사람들에게 뒤늦게 나타나지만, 조화에의 요청은 생물학적으로 기본적인 것이다.

조화에의 명령은 분화와 통합이라는 진화 법칙의 특수한 경우이다. 본능적 욕구의 다양한 욕망으로의 분화는 그것들을 조화롭게 재통합할 것을 요구한다. 그런데 사람들에게 진화적 목적론은 윤리적 법칙으로 된다.

윤리적 법칙의 생명-발생론은 생각하는 동물인 인간의 운명을 결정한다. 인간은 그를 기쁘게 하는 것을 자유롭게 생각하고, 행할 수 있다. 그러나 그가 그 자신과 그의 삶에서 만족을 얻으려면—이것이 모든 사람들에게 본질적인 욕망인데—그는 심사숙고를 통해서 다양한 욕망들을 조화롭게 재통합하게 하는 법칙에 복종해야 한다.

인간의 유일한 구원은 자신의 삶을 진지하게 생각하는 데서 온다. 그것은 하위-의식의 맹목성에 대한 내적 투쟁이 없으면 얻을 수 없다. 그러나 그 승리는 결코 완전할 수 없다. 모든 신경질과 통속성으로부터 해방되기는 불가능한 것이다. 오직 가능한 것은 조화를 추구하는 것이다. 그것은 정의상 안정되지 않아서 언제나 다시 만들어가야 한다.

인간의 본성에 있는 내재적 결함 때문에 윤리적 법칙에는 인도자-이상의 기능이 들어있다.

완벽하게 실현할 수 있는 것이 아니라 완벽에의 노력을 고취시키는 것이 이상(理想)의 속성이다.

본질적 노력의 완수가 도덕이다. 진정한 도덕은 윤리적 법칙을 수행하는 것이다. 그것은 도덕화하는 경련뿐만 아니라 통속화하는 이완과도 반대된다. 도덕은 신체의 위생처럼 매일 예방적이고, 자연스럽다. 그렇기 때문에 도덕은 세수하는 것과 같은 쾌락을 준다. 정신적 횡설수설은 비뚤어진 쾌락의 불결함에서 비롯된 자기에 대한 죄책으로 인한 불만의 표시이다. 하지만 도덕은 만족을 약속하는 건강한 재평가이다. 정신위생은 아무렇게나 하는 잘못된 쾌락의 건강하지 못한 결과의 예견에서 나온 기쁨과 습관으로 된다. 도덕적 쾌락은 심층적 인식, 즉 도덕-의무라는 도식은 물론 통속적인 회의주의의 건강하지 못한 광기의 해로운 결과까지 예견할 수 있는 정신적 지식에 의해서 지지되고, 예리해질 필요가 있다.

도덕은 쾌락의 경제학이다

윤리적 법칙은 삶의 이상이 승화된 쾌락인 기쁨(joie)이라는 반박할 수 없는 진리를 확인한다.

"기쁨"이라는 말과 "삶에 대한 사랑"이라는 말은 같은 말이다. 사람들은 그가 기쁨에 내재해 있는 조건들에 만족하지 않는 한 삶을 사랑할 수 없다.

섭식과 성욕은 기본적인 가치이다. 그것들에 대한 충족이 없으면 삶은 존속될 수 없다. 물질적 욕망과 성적 욕망을 높이 평가하거나 낮게 평가하지 않고, 과장하거나 금지하지 않으면서 건강하게 평가하는 것은 여전히 중요하다. 그것들을 건강하게 평가하는 것이 정신의 작업이다.

그러나 정신은 스스로를 높이 평가할 수 있으며, 그것은 정신이 성욕과 물질을 제대로 평가하지 않게 한다. 거짓된 정신성은 자연스러운 쾌락의 추구는 사람들에게 맞지 않는 쾌락주의라고 주장하면서 가치의 위계인 만족의 경제학을 파괴한다. 그러나 이렇게 과장된 분개가 도덕주의라는 거짓된 위엄에서 찾았던 쾌락이 아니라면 어디 서 있는 것일까? 거짓된 위엄은 상상에서 나온 사전-만족을 그대로 맛보면서 적절하지 않다고 여겨지는 행동들을 정죄하거나 막는 것에서 즐거워한다. 그러나 그것은 조만간 부끄러워서 숨겨두려고 했던 너무 좋은 의도를 와해시키고 만다. 성적 욕망과 물질적 욕망의 통속적이고, 통속화하는 과대평가에 대한 효과적인 장벽인 건강하게 평가하는 정신의 자율적 힘을 작동시키는 대신 도덕주의는 불안하게 과거의 모든 실패에 대한 기억 속에서 그것들의 유혹에 방어벽을 치고 있다. 신화적 상징주의에 대한 오해 위에 쌓인 자기-정당화라는 비뚤어진 쾌락에 의해서 도덕주의는 기쁨은 오직 죽은 다음에만 접근할 수 있고, 지금-여기에서의 삶은 눈물과 헛된 회개의 골짜기이며, 오직 초자연적인 도움만이 "육체적" 욕망들의 통속적 고조의 습격으로부터 인간 본성의 타고난 취약성을 보호할 수 있다고 선포한다.

그러나 도덕의 생물-발생적 기원이 제대로 이해되지 않으면 도덕은 즉시 진정하지 않은 것으로 되고, 도덕주의-비도덕주의라는 양가성 속에서 길을 잃는다. 윤리적 법칙과 그것의 실행인 도덕은 정신체계 진화의 산물이다.

부도덕한 오류는 생명의 영화인 자연 현상 속에 초자연적 인과론(신화적 이미지를 논리적 개념으로 생각하는 것)이나 자연적인 것 이하의 인과론을 끌어들이는 것(이렇게 될 때 인간은 자동인형으로 타락한다)에 있다.

기대되는 쾌락의 할증(prime)이 없다면, 그 어떤 결정적 분별이나 그 어떤 심사숙고도 가능하지 않다.

통속주의는 물질적 욕망과 성적 욕망의 예외적인 만족으로 인한 쾌락을 기대한다. 통속주의는 이 세상에 선이나 악은 존재하지 않는다고 주장하면서 스스로를 정당화하려고 한다. 그래서 죄책으로 인한 불안은 병리적 잘못일 뿐이고, 양심 가책의 부재가 이상적인 수준으로 높여진다. 언어의 지혜는 "비열함"(platitude), "비천함"(bassesse), "치욕"(ignomimie) 등의 용어로 통속적인 비도덕성을 고발한다. 여기에서 "상스러운, 천한, 비열한"(ignoble)이라는 말은 "고귀함, 점잖음, 귀족"(noblesse)이 부재하다는 의미이다. 그런데 여기에서 사용하는 "통속화"(banalisation)라는 용어에는 그 어떤 평가절하 하는 정감적 의미도 들어 있지 않다. 그 용어는 통속화 하는 역동의 존재를 객관적으로 확인할 뿐이다. 통속화된 사람은 그가 타고난 가치 아래, 즉 그의 생명의 약동 수준 아래로 내려간 것이다.

통속화된 사람은 일반적으로 진단 받지 않으려고 한다. 그것이 너무 자주 일어나기 때문에 통속화는 사회적 적응의 하나의 규범으로 취급된다. 통속화가 제안하는 쾌락주의적 탈-억제는 도덕주의의 과도한 억제에 대한 치료제로 여겨지는 것이다. 그러나 극복하려는 충동의 점진적 파괴인 통속적 비도덕주의는 본질적으로 말해서 생명을 진화하는 방향으로 나아가는 사회에 대한 부적응의 원인이 된다.

통속화된 사람은 양심의 가책이 없어서 비인간화된다. 인간이 다른 인간에 대해서 적으로 되는 것이다. 그때 문화는 붕괴된다. 공동체적인 삶을 기술적으로 조직화한 문명은 오랫동안 존속할 수 있다. 그러나 그것의 퇴폐는 드러난다. 문명은 사회생활의 모든 측면에 스며든 집단적 죄의식을 통속적으로 위반한 개인을 지켜 주지 않는 것이다.

　상위-의식이 보내는 메시지인 죄책으로 인한 불안의 결정은 지속된다. 그것은 정신의 심급들의 내적 관계들에 관계될 뿐만 아니라 인간의 모든 상호 관계에 윤리적 명령의 범위와 내재적 기원을 증명하면서 확산된다. 신화적 전(前)-지식은 통속화와 신경증적 정신병리가 아무리 욕망들의 상상적 고조의 결과라고 할지라도 통속화는 정신의 심급들과 사람들 사이의 갈등을 유발하는 신경증적 정신병리보다 훨씬 더 위험하다고 선언한다.

　심리학 언어는 신화적 꿈처럼 정신체계의 갈등적 상황을 나타내기 위하여 어쩔 수 없이 공간적 이미지를 사용한다. 그것들은 "의식보다 상위에 있는 것"과 "의식보다 하위에 있는 것"을 그 의미가 월등하게 만족을 주는 것이나 만족을 전혀 주지 못하는 공간적 이미지들을 통해서 그려내는 것이다. 더 나아가서 정신적 심급의 관계를 주관하는 법칙의 보편성은 우주의 공간적 운동과의 비교로 강조된다.

　별들이 조화롭게 운행하는 하늘은 상위-의식적 영역과 정신적 조화의 필요성을 그린다. 그리고 빛나는 태양은 정신의 상징으로 된다. 또한 하위-의식은 지하계의 영역으로 표현된다. "낮-밤", "해-달"의 대립 때문에 그 둘이 모두 혼미(昏迷)한 해로운 원리를 나타내는 지하세계와 달의 세계의 관계를 나타내는 것이다. 중간 영역인 땅은 사람들이 살고, 싸우는 곳인데, 의식의 심급과 숙고적 갈등을 상징적으로 나타낸다.

　이렇게 정신내적 배열 전체는 신화적 이미지에 의해서 그려진다. 이 이미지는 상징화가 유추적 전개에 의하여 땅 위의 영역, 즉 저 세상인 유익한 신들의 거처(하늘)를 지하세계(지옥: 해로운 신들의 거처)와 대립시키기 때문에 형이상학적으로 된다. 신화적 이미지를 따르면 유익한 신들은 본질적으로 싸우려는 충동에 의하여 활기를 찾은 사람에게 도움(정신화-승화의 힘)을 준다.

　신화적 상상력에 의하면, 매장이 가장 보편적인 장례 습관이기 때문에 죽은 자들은 그들의 과거의 삶을 심판하고, 본질적인 싸움에서 그들의 부족 때문에 제재를 받는 지하세계, 지옥에서 신들과 합류한다. 이 이미지와 정반대로 용감했던 영혼들은 저승에서 보상 받는다. 그들은 하늘나라에 살도록 받아들여지는 것이다. 그런데 이 종말론적 이미지들에는 인간 실존의 설명할 수 없는 측면을 고려한 것이 들어 있다: 생명이 절대적 무로부터 비롯된다는 사실을 받아들일 수 없는 생각이 죽음이 단순한 무화(無化)가 아니라고 상상하는 것이다. 생기(生氣)의 설명할 수 없는 원리는 "영혼"에 의해서 형상화된다. 생존의 이미지의 양태들은 필연적으로 기쁨과 불안 사이에서 오가는 정신적 삶의 양태들을 빌려온 것이다.

살아 있는 동안 "영혼이 죽은 상태"(통속화)의 이미지는 실제로 죽은 다음에 있는 영혼의 삶의 이미지로 그려진다. 심리학적으로 말해서, 제재는 죄책으로 인한 불안과 그것을 억압한 결과와 다르지 않은 것이다. 신경질적이고, 통속적인 형태의 황폐함인 것이다. 이와 똑같은 방식으로 신들이 주는 보상은 상징적으로 조화가 가져오는 기쁨으로 그려진다. 신화적 상위-의식은 상징적인 방식으로 의인화된 이미지를 통하여 심급들을 결정하는 역동을 표현하는데, 그것은 모든 민족들에게 마찬가지이다.

신화적 이미지들의 수수께끼로부터 깊은 인상을 받은 반쯤 의식화된 사고는 언제나 설명적 이념들을 고안하려고 노력하였다. 앞에서도 이야기하였지만, 이런 시도들은 불가피하였다. 그것들이 목표로 한 것은 많은 신앙인들에게 감명을 주었고, 치명적인 걱정과 거기에서 비롯된 고뇌를 극복할 수 있는 공통의 희망으로 연결시키기 위하여 신화적 상위-의식의 산물들을 망각에서 지키려고 하였다. 그러나 초-의식적 기능과 그것의 상징 언어에 대한 무지 때문에 각 사람들과 사회적 삶을 전통적으로 결정해왔던 이 철학적, 신학적 이데올로기들이 충분하지 않은 것은 여전히 불가피하다.

본질적 오류에 대한 해방의 노력은 모든 문화들과 모든 시대들에서 확인된다.

점점 더 커지는 방향감각 상실의 불안은 신화적 주제인 본질적 문제에 대한 설명을 강요한다. 그것은 상위-의식적 예지의 두 가지 자료인 상징적 겉모습과 그 밑에 있는 의미를 분명하게 구분하지 않는 한 찾을 수 없다. 그것이 인간에게 내재한 책임이다.

책임성

만족의 경제(économie de satisfaction)는 무엇보다도 먼저 심급들 사이의 정신내적 관계, 말하자면 그와 그 자신의 관계에 대한 신중한 자기-결정과 관련된다.

사람은 사회에서 산다. 그래서 가장 참을 수 없는 혼란은 동기 부여가 잘못되고, 허황되게 정당화된 타인들의 행동에서 비롯된다. 이 관계들은 자신에게 발생하는 사건들을 통제할 수 없는 주체가 그것들에 의하여 정신적으로 외상을 받는 한 죄책으로 인한 불안에 집중되는 우발적인 고뇌의 원인으로 된다. 자기 통제나 외상에 대한 반추는 각자에게 고상한 동기나 미래의 왜곡된 활동을 준비하게 한다. 각 사람들은 다른 이들에게 유쾌하거나 불쾌한 흥분의 원인이 되는 것이다.

서로간의 불쾌한 흥분은 미움을 낳는다. 그 반면에 유쾌한 상호 반응은 자기-중심성의 경련을 진심, 우정, 사랑을 서로 다른 다양한 정도로 풀어 준다. 사람들은 그 자신이 자기-통제를 하지 못하는 한 다른 사람을 사랑할 수 없다. 사랑은 승화를 통해서 분노를 해소시켜야 가능한 것이다. 사랑은 하나의 감정으로서 한 사람에게 즐거움을 가져 온다. 그리고 하나의 행동인 한 사회생활에 즐거움을 가져 온다.

생물학적으로 세워진 윤리적 명령에는 인간관계에서의 조화의 요구가 들어 있다. 미움(자아와 타자 사이의 극단적인 분화)을 극복하는 것은 감상적인 이타주의가 아니라 쾌락의 경제에 기반을 둔 책임에서 온다. 그때 한 개인은 본질적 책임을 감당하면서 그 자신에 대한 연민에 사로잡힌 감상성에서 해방된다. 양가적인 다른 축은 타자에 대한 혐오의 고발이다. 그러나 환경에서 오는 짜증나는 사건 역시 허황된 자기-정당화라는 비뚤어진 양가 감정의 다른 측면을 자극하는데, 그것의 다른 축은 억압된 죄의식이다. 허영심은 죄의식의 억압 이외에 다른 것이 아니다. 허영심은 그 나름대로 신경질적인 자기-비난의 헛된 고조와 그것과 양가적으로 대조되는 타인에 대한 지나친 통속적 비난으로 나누어진다. 따라서 "억압된 허영심-죄의식"의 양가감정은 다른 비뚤어진 축인 "비난-감상성"(지나친 미움과 위선적인 사랑)과 합쳐진다. 가치들의 이런 양가성으로의 분해는 그것들이 조화뿐만 아니라 부조화를 주관하는 윤리적 법칙을 따르기 때문에 적법하다.

양가적 분해는 점점 더 모든 특성들과 모든 정신적, 물질적, 성적 욕망들로 확산된다. 그런데 그것은 만족을 잘못 계산하게 하기도 한다. 그것이 잘못된 것은 그것이 만족의 가치이기 때문이고, 분명한 것은 그것이 양가성의 법칙을 따르기 때문이다. 하위-의식적으로 강박적인 계산을 의식화하고, 의식적으로 통제할 수 있도록 의식의 문턱에 끌어올리는 것은 심리학의 몫이다. 헛된 자아-중심주의는 사람이 자신의 복지를 위해서 그의 책임을 질 때 감소된다.

> 본질적 책임을 회피하려는 각 개인의 고유한 성향 때문에 사회 법규는 외부에서 부과되고, 사회 정의는 필연적으로 불완전하다. 환경에서 오는 우발적 불안을 방비하기 위해서 만들어진 법규들이 불완전하기 때문에 그것들은 결국 지배적인 부정의의 중요한 원인이 된다. 그 상호 비난은 계급 혁명으로 확장되고, 더 나아가서 나라들 사이의 갈등으로까지 번진다. 공식적인 제도들은 사회생활에서 각 개인들에게 은밀하게 감춰진 동기 부여들보다 더 중요하지 않다.

개인의 무책임과 삶의 중요한 부정의에 대한 믿음은 사회적인 면에서 상호 공격의 형태로 표출되는 부정의의 점증하는 원인과 결과이다. 본질적인 관점에서 볼 때, 굴욕적인 결과는 책임의 법칙이 가하는 제재이다. 모든 사람들은 다른 사람들의 정의롭지 못한 공격에 노출된 것을 보고 끊임없이 불평하며, 각자는 다른 사람들의 공통된 부정의로부터 자신의 잘못을 정당화하는 변명거리를 끌어내는데, 겉으로 보기에는 그럴 듯하다. 그것은 각자의 가치가 그대로 존재하는 현실에 적응하는 것과 비뚤어진 이끌림에 저항하는 힘에 존재한다는 사실을 방해하지 않는다. 본질적인 관점에서 볼 때, 각자는 비록 다른 사람들로부터의 불안과 짜증나는 에너지 방출이라는 유쾌하지 못한 흥분들에 노출되어 있지만 그를 이끄는 유혹과 그를 비뚤어진 환경에서 벗어나지 못하게 하는 취약성에 대해서 책임을 져야 한다. 이것이 모든 민족들의 신화들 속에 감춰진 의미이다.

책임의 법칙으로부터 내재적 정의가 나온다. 각각의 행동뿐만 아니라 각각의 감정과 각각의 상상력뿐만 아니라 각각의 사고도 초-의식을 통해서 정신체계의 긍정적이거나 부정적인 배열에 영향을 주는 결정적 동기가 되는 것이다. 신화는 그것을 인간을 그의 비밀스러운 의도를 따라서 심판하는 신의 "모든 것을 보는 혜안"의 상징으로 그린다. 사실 보상과 처벌은 상위-의식의 죄책으로 인한 불안에 대한 개인의 분별 있는 태도나 무분별한 태도에서 나온다.

책임은 두말할 것도 없이 기쁨(행동할 수 있는 힘이 있다는 느낌)에 의해서나 불안(생명력이 충분하지 않다는 정확한 척도, 즉 본질적 욕망의 강도와 극복하려는 충동이 부족하다는 정확한 척도)에 의해서 개인의 균형과 불균형을 입증하기 때문에 논박할 수 없는 법칙이다.

내적 성찰의 방법

숙고(délibération)의 안내자인 신화의 이미지들이 심리학적 전(前)-지식을 품으려면 필연적으로 본능적인 상위-의식이 작용하는 내적 성찰에 의하여 정교하게 되어야 한다. 거기에 담긴 내밀한 의미가 내재적 정의나 개인적 책임 등 삶을 주관하는 진리이기 때문에 원시인들의 영혼이 만들고, 담아 놓은 본능적 이미지들에는 무책임한 경향과 싸우고, 사람들에게 영향을 주면서 각자에게 숙고를 적극적으로 촉구하는 힘이 들어 있다. 그러나 점진적으로 발달한 지성이 신화의 승화적 상상력을 능가하기 때문에 인도자 이미지는 암시 능력을 상실한다. 그래서 상상력은 상위-의식과 상위-의식의 본능적 전(前)-지식에서 벗어나고, 환경에 적응하려는 데만 관심을 쏟는 불충분한 인식에 이끌려 제멋대로 고조되고, 왜곡된다. 인식 자체가 거기에 영향을 받아서 통찰력이 흐릿해지는 것이다. 정신의 포괄적 기능은 상상력의 고조에서 나온 불안이 흘러넘쳐서 탈출구를 찾으면서 그의 특징적인 성격인 환경에 대한 지나친 염려에 사로잡힌다. 그래서 주변 환경이 만족이나 혼돈의 유일한 원천이라고 생각하고, 그 가정이 객관적 사실이라고까지 높여진다. 인식은 탐색의 가장 원시적인 기능을 따라서 유독 환경적 조건들만 개선하려고 한다. 그 자체로서 긍정적인 공리적 기술을 만들어 내려는 기능은 상상력에 의하여 고조된 욕망들을 방출하는데 사용된다. 인지는 도주의 형태를 가진 비뚤어진 상상력의 노예가 되어 새로운 시도를 하고, 고뇌의 새로운 원천들을 만든다. 사람들이 아무리 반은 상상적으로, 반은 인지적으로 상위-의식적 이미지들에 대한 믿음으로 돌아가서 점점 더 커지는 불안과 싸우려고 할지라도 허사(虛事)일 것이다. 그것들을 이해하고, 본능적으로 살 수 있는 능력을 회복 불가능할 정도로 잃어버렸기 때문에 인식은 현실에 적응하여 평범한 현실을 위한 인도자-이상을 나타내는 상징만 얻을 수 있을 뿐이다. 그 상징들은 문자 그대로 이해되면서 상위-의식으로 나아가는 능력을 결정적으로 상실하였다. 그런데 이미지들의 실재에 대한 믿음은 그것의 반대되는 양가적 축인 회의주의를 낳는다. 이렇게 잘못 동기화된 상황의 유일한 치료제가 있는데, 그것은 내적 성찰로 돌아오고, 그것을 의식적 탐색의 방법으로 삼는 것이다.

변환의 촉매로서의 불안의 역동은 진화의 형태 아래서 조만간 해방자로서의 결정을 하게 한다. 그리하여 책임의 법칙은 결국 인식이 그 전에 상위-의식에 의하여 신화적으로 작용했던 교정하는 통제를 의식적으로 맡으라고 요청할 것이다.

전통의 지속성을 깨트리는데 얼마만큼의 진화의 시간이 필요할지라도,

정신은 설명자로서 반드시 그 자신의 상징적 산물의 수수께끼를 이해해야 한다. 상위-의식적 정신의 산물들의 저변에 성찰적인 전(前)-지식이 들어 있다면, 삶의 의미는 심리학적으로 구성 가능해야 하고, 성찰적 지식으로 변환되어야 하며, 신화들을 해석하고, 관념적 언어에 응축되어 있는 고대 문화를 이끌었던 본질적 진리가 복원되어야 한다. 신화적 이미지들에 대한 오해가 고대 문화 쇠퇴의 원인이기 때문에 삶에 내재된 의미에 대한 인식 위에 의식적으로 기반을 둔 미래의 문화는 필연적으로 문화적 쇠퇴의 원인인 도덕화하고, 통속화하는 위험에 저항할 수 있는 기회가 더욱더 증가할 것이다. 변환을 가져오는 역동과 불안에 대해서 연구하기 위하여 체계적으로 이미 확립된 물리학에 내적 성찰 위에 기반을 두었고, 내재적 진화의 필연성을 따르는 심리학으로 보완하지 않으면 어디에 연구의 희망을 두어야 할까? 의식적 이해는 환경에서 일어나는 사건만 설명하거나 형이상학적 사변에 몰두하는데 머뭇거리는 대신 본질적 욕망을 추구하기 위하여 삶의 의미를 향하여 적극적으로 나아간다. 그래서 내적 성찰에 의한 통제는 향락에 빠져서 낭비하는 대신 쾌락의 경제를 달성하고, 쾌락을 기쁨 안에 응축시키려는 목적에서 욕망의 조화를 이루려고 할 것이다.

진화의 미래를 예측하려는 시도는 예언자적이거나 유토피아적이라는 비난을 받는다. 그러나 사실 유토피아가 수단들을 가지고 목표에 달성하려고 하지 않거나 노력하는데 따르는 어려움이나 기간에 대해서 헛된 희망을 품는다는 것을 알아야 한다. 실현의 수단과 어려움을 예견하는 것은 과학의 속성이며, 가장 두드러진 특성이다. 예측은 진화에 의하여 정신의 명료성을 향한 진전으로 요약되는 관찰된 현상들 전체 위에 기반을 둘 때 의미가 있을 수 있다. 그 어떤 진화론도 미래에 대한 예측에서 벗어날 수 없다. 기계적 변형주의는 막다른 골목과 무모한 예측에 다다른다. 그것은 인류와 인류의 정신-신체적 조직이 적응적 진보의 마지막이자 진화의 최종적 목표라고 주장할 수밖에 없다. 우리가 진화의 정신적 측면을 도외시하고 오직 형태적 현상으로만 생각한다면 증명할 수 없고 모순에 빠지지 않고는 살아 있는 유기체의 변환에 대한 예측은 틀림없이 불가능하다. 그러나 진화론이 미래를 고려할 때 모순이 생긴다는 사실은 모순은 이미 과거를 생각하는 방식에 내포되어 있다는 것을 말해 준다. 확대 적용의 시행이 가능한 것은 오직 정신체계가 과거의 진화로부터 시작할 때이다. 진화 곡선은 가로좌표(극복해야 할 불안)와 세로좌표(점진적인 설명에 의한 적응)에 의해서 결정된다. 인간의 수준에 와서 의식의 심급과 함께 반성의 성격을 가진 지향(orientation)의 필요성이 대두된다. 새로운 "기관들"의 창조는 이념적 성격을 가지게 되는 것이다. 변환은 이제 더 이상 전체적으로 신체 조직에만 영향을 주지 않고 신경 체계, 특히 두뇌에 영향을 준다. 불안은 이제 정신 내적 위험으로 되고, 적응은 설명적인 숙고를 통해서 이루어진다. 가장 파괴적인 위험은 숙고적 계산의 요소들(동기)에 대한 억압을 통해서 왜곡할 우려가 있는 정감적 맹목성에 내포된 숙고의 잘못에 있다. 이런 정신내적 문제들과 그것들의 파괴적 위협에 대하여 적응의 방향은 원시적인 시행착오 방법을 시행하는 암중모색으로 이루어진다. 이데올로기들조차 이런 암중모색의 결과이다. 진화의 방향을 확대 적용해 보면, 의식적인 삶의 성과, 즉 외부세계로의 분명한 지향은 정신내적 위험을 피하기 위하여 감각적으로가 아니라 이념적으로 설명할 수 있는 새로운 "기관"을 통해서 완성되는 것을 완전히 예측할 수 있다. 자기-관찰과 자기-통제의 태도를 통하여 시선을 내면으로 돌리는 것이다.

사람들은 이런 예측을 가설이라고 하는데, 그것은 정신기능의 건강과 병을 지배하는 법칙 위에 서 있다.

위생적인 내적 성찰의 필요성은 초-의식의 심리학 초기부터 인정되어왔다. 거기에 대해서 프로이드는 다음과 같이 말하였다: "당신이 당신 자신에 대한 어떤 규범을 습득하고, 올바른 인식을 얻게 될 때, 당신의 해석은 당신의 개인적 특수성과 무관하게 이루어지고, 올바르게 될 것이다. 나는 이 작업이 분석가의 인격과 무관하다고 말하는 것은 아니다. 억압된 무의식의 언어를 들으려면 어떤 종류의 예민한 귀가 필요한데, 모든 사람들에게 민감도는 모두 다르다고 말할 수 있다."31

　모든 문제들은 거기 있다. "예민한 귀"는 명시적인 심리학적 방법이 아니라 정신적 재능으로서의 내적 성찰에 대한 암시이다. 물론 프로이드의 이론에는 올바른 요소들이 들어 있고, 그것은 그에게 매우 높은 수준의 "예민한 귀"가 있었기 때문인 것이 분명하다. 그의 이론은 그가 그것을 내밀한 내적 성찰의 기반 위에 두었다는 점에서 올바르다. 그러나 그가 내적 성찰을 체계적으로 사용하는 대신 진정한 발견들을 체계적인 사변에 연결시키는데 만족하였다는 점에서 오류들과 뒤섞였다. 프로이드 자신은 그 위험을 예견하였다: "한 명 이상의 심리학자는 상황을 절망적이라고 판단하고, 모든 바보들은 자신의 (해석적) 어리석음을 지혜로 여길 것이라고 생각한다. 그러나 나는 좀 더 낙관적이라고 고백한다."32

　낙관주의는 "예민한 귀"와 "내면의 시선" 사이에 대한 근본적인 차이를 이해할 때만 정당화된다. 귀는 다른 사람이 정당화하는 것을 듣고, 예민함은 거기에서 어느 정도 예리하게 참과 거짓을 분간한다. 시선은 본다. 그러나 객관적으로 듣기 위해서는 하위-의식의 어둠을 향해서 나아가는데 적당한 명료성이 필요하다. 반면에 다른 사람의 정신체계를 들여다보면서 어둠을 뚫고 나가기는 불가능하다. 다른 사람에 대한 객관적 명료성은 그 전에 그 자신에 대한 객관화가 이루어지지 않는 한 불가능하다. 체계적인 내적 성찰인 내면의 시선만이 정신적 내면성의 진정한 인식을 얻게 해 줄 수 있다. 이 인식은 투사를 통해서 다른 사람의 정신적 배열을 객관적으로 설명하는 데 유용하다. 우리 자신의 동기를 잘못되게 정당화하는 내적 성찰은 다른 사람의 행동들과 동기들을 병적으로 해석하는 원인이 된다.

　다른 사람의 동기에 대한 모든 해석들—올바르거나 잘못된—은 투사적인 내적 성찰 위에 서 있다.

　다른 사람의 내밀한 동기들을 이해할 수 있고, 자신의 올바른 내적 성찰

31　S. Freud, *Ma vie et la psychanalyse*, 184.
32　*Ibid.*, 184.

을 정화하는데 도움이 되는 것은 예민한 귀가 아니라 자신의 동기들에 대한 내면의 시선의 명료성의 정도이다.

이 점에서 조화와 건강의 신인 아폴로 사원에 새겨진 "너 자신을 알라"라는 명기(銘記)를 떠올리는 것도 좋다. 정신 건강은 물론 조화의 조건은 자기 자신에 대한 인식인 것이다.

통속화의 정도가 너무 진전되면 설명적인 내적 성찰을 불가능해진다. 잘못의 지표인 죄책으로 인한 불안은 언제나 자기도취적 허영심으로 변환된다.

통속화와 신경질은 죄책으로 인한 불안 자체인 내적 부조화를 억압함으로써 자기 자신과 일치되고, 조화를 이루려는 병적인 시도이다.

통속화된 사람의 내적 성찰은 모든 본질적 충동들이 전체적으로 좌절돼서 어느 정도 교활하고, 세속적인 방식으로 에너지를 방출하려는 계획들만 고려하는 숙고로 축소된다. 그의 지적 명료성은 종종 클 때도 있지만 정신성이 결여돼서 삶의 의미를 찾는 데까지 나아가지는 못한다. 반면에 신경질적인 사람의 내적 성찰은 꾸준하지만 병적이다. 그는 아주 가끔 자신의 내면 상태에 대해서 설명하는 방법을 발견하여 정신적 고양에서 비롯된 쾌감으로서 죄의식에서 비롯된 불쾌감을 억누르면서 그 자신과의 일치를 다시 회복하려고 시도한다. 그러나 그의 지성은 상상력의 습격으로 쉽사리 흐려진다. 그리고 고조된 정신성은 종종 지나친 과제들로 가득 찬 거짓된 이상주의적 망상들을 쫓아다니느라고 소진된다. 그래서 신경질적인 사람은 흔히 이념적이고, 예술적인 거짓-영적 작업들에서 탁월하다. 그는 거기에서 그가 소홀히 한 본질적인 작업의 대체물을 찾는 것이다. 그것은 진정한 정신적 활동의 조건인 정신내적 작업, 특히 정신내적 질서를 이루려는 몸부림이다.

인류의 의식 수준이 아직은 반쯤만 의식화 되어 있기 때문에 모든 사람들은 서로 다른 정도로 신경질적이거나 통속적으로 왜곡되어 있다. 그의 실제적인 발달 단계는 점점 더 커지는 정신내적 위험에 맞서기 위하여 내적 탐색을 하게 하는 "내면의 시선"을 갖추는데 아직 충분하지 않은 것이다. 생물학적으로 말해서, 진화적 진전에 대한 저항은 자연스러운 현상이다. 동물들에서도 극복을 위한 노력은 다른 모든 적응 수단들이 고갈된 다음에야 비로소 촉발되기 때문이다. 생명의 특성은 획득한 형태들을 보존하려는 경향은 물론 진화하려는 추진력에도 있다. 그것은 마치 자연이 충분한 다양성을 가지고 꽃피우기 위하여 생명의 모든 표현들, 말하자면 극복과 만족은 물론 불안과 거기에서 오는 고통까지 모두 실험해 보려는 것 같다. 극복은 불안이 최고조에 도달하지 않는 한 이루어지지 않는다. 이 점에서 신경질과 통속성은 보수적 형태를 가진 적응의 한 방책처럼 생각된다. 정신내적 위험의 인식에 대한 그것들의 저항은 진화의 요구와 어려운 성취로부터 보호하려는 시도인지도 모른다. 통속적으로 도취되거나 신경질적으로 고조된 헛된 만족은 어쨌든 죄책으로 인한 불만족과 인류가 도달한 현재의 반쯤만 의식화된 상태를 견딜 수 있게 해 준다. 그와 반대로 하위-의식에서는 파괴적 악행들이 준비되고 있다. 따라서 하위-의식조차 극복을 요청하면서 생명의 충동을 위해서 돕는 것이라고 할 수 있다. 가치들을 양가적으로 분해하는 하위-의식의 파괴력은 결국 의식으로 하여금 상위-의식의 진화적 심급에서 오는 구원의 메시지를 받아들이게 하기 때문이다.

그러나 죄에 대한 고백이 정신 기능의 규칙성에 대한 이해에 의해서 뒷받침되는 조건 아래서만 수용(acceptation)은 내면의 시선과 내적 성찰의 명료성이라는 "새로운 기관"을 만들 수 있다. 현재의 것들과 귀착지에 대한 인식을 통해서 비뚤어진 쾌락은 물론 고상한 쾌락, 억압은 물론 정신화-승화에 대해서도 알 수 있다. 만족스럽거나 불만족스러운 결과에 대한 이해만이 반쯤만 의식화된 숙고가 죄에 대한 인정, 즉 겉으로 보기에는 고통스럽지만 실제로는 해방을 가져다주는 인정을 향해서 결정적으로 나아가게 할 수 있다. 그러므로 내면에 대한 성찰적 방법을 확립하려고 애쓰는 심리학은 진화의 방향에서 첫 번째 발걸음이다. 하지만 심리학의 노력은 기껏해야 고립된 변이의 첫 번째 특성이다. 동물의 수준에서 진화의 모든 기간은 이 첫 번째 지표와 종(種)의 적응적 변환 사이에 끼어 있다. 그러므로 그 어떤 것도 과학적인 내적 성찰의 방법을 나타내는 이런 형태의 변이에 반대하는 저항보다 더 자연스러운 것은 없다. 이 저항은 그 자체로 불안의 현상이다. 그 저항은 주체에 대한 적절한 관찰 방법을 채택하여 과학의 절대적 가치인 객관성이 문제시되지 않을까 하는 두려움에서 나온다. 하지만 외적 관찰을 우선적인 연구 방법으로 채택한 물리학에서도 정신 상태는 중요한 역할을 한다. 물리학에서도 관찰된 현상에 대한 해석이 필수적이며, 혁신에 대한 헛된 저항처럼 통속적 순응주의가 제일 흔하게 나타나는 진보의 장애물이다. 여기에서도 객관성을 위한 궁극적 기준은 정감성을 조절하는 것이다. 내적 성찰의 방법의 불가능성을 주장하는 모든 논의는 결국 직면해야 하는 불안이 가장 고통스러운 문제라는 사실에서 기인한다. 불안의 문제를 진지하게 대하고, 진정한 원천에까지 파고들려면 갑자기 자신의 불안을 마주하고, 그 자신의 본질적인 위험을 마주해야 한다.

정신내적 불안은 존재하며, 그 어떤 것도 그것에 대한 설명을 포기하는 것보다 더 과학 정신에 반대되는 것은 없다. 과학이 어떻게 불안에 시달리는 사람을 모른 채 할 수 있으며, 거기 대해서 무장해제 당했다고 고백하며, 설명적인 정신에 대항하면서 억압하는 불안의 편을 들 수 있을까?

이런 포기는 궁극적으로 과학과 과학의 이론뿐만 아니라 실생활의 가장 본질적인 측면과도 관계된다. 말하자면 불안의 주관적 맹목성과 정신의 객관적 통찰 사이의 내적 투쟁 때문인 것이다. 정신내적인 것은 정태적인 대상이 아니라 삶의 역동 자체가 거하는 자리이다. 분명한 내적 통찰을 가장 자주 반대하는 것은 정신 역동의 이 동요와 관계된다. 그러나 정신적 내용의 끊임없는 불안정성, 말하자면 합리적인 것과 무분별한 것 사이의 동요는 사실 내적 관찰을 제일 정당화해 준다. 그것이 내적 관찰의 필요성을 확인해 주는 것이다. 정신체계의 동요하는 역동이 없으면 내적 성찰은 아무 쓸모도 없을 것이다. 그것은 그 어떤 확인할 만한 효과도 주지 못할 것이기 때문이다. 그 어떤 병적인 것이나 치료적인 것도 보여 주지 못하는 것이다.

승화적인 것에서 비뚤어진 것으로, 비뚤어진 것에서 승화적인 것으로 변환되는 것이 동기의 본성이기 때문에 내적 성찰은 객관화되면서 실질적인 능력을 얻는다. 그것은 정신질환을 정신적으로 건강한 상태로 변환시키는 것이다. 그것이 그 자체로 방법의 수준에 도달한 진화 과정이다. 내적 관찰은 확인할 수 있는 효과들을 만들면서 동시에 하나의 체험이기도 하다. 내적 성찰이 체계적으로 불안이라는 정감을 극복하기만 하면, 그것은 과학의 모든 요청들을 담당할 수 있다. 그것은 실험 가능하고, 교육 가능한 것이다.

이런 실험적 관찰은 비록 방법론은 없을지라도 언제나 직관적으로 사용되어 왔다. 그 덕분에 자신을 극복하려는 충동을 타고난 사람들은 정감을 분별 있는 행동을 하려는 열정인 에토스로 변환시킬 수 있었다. 그러나 승화에 대한 개인적인 힘은 너무 쉽게 비뚤어진 불안의 강박적인 힘에 압도당하기 때문에 그 효율성에 대한 확신은 확립되지 못하였고, 과학의 정신화하는 노력에 의하여 충분히 뒷받침 받지 못한 것이다.

심리학이 정신내적 불안의 문제를 직면하지 못하는 한, 심리학은 그의 이름을 정당화시키지 못할 테고, 정신과 정신의 기능에 대한 진정한 과학이 되지 못할 것이다. 그 어느 것도 심리학이 인간의 삶의 근본적 현상인 죄책으로 인한 불안과 그 결정력을 문제의 등급으로 격상시키는데 반대할 수 없을 것이다. 불안의 문제는 그 제국을 과학의 영역으로까지 확장시킨다. 그것은 억압의 형태와 설명적 형태로 구성된다. 그것은 억압하면서 과학이 정신내적인 것에 대한 연구 앞에서 물러나게 하는 원인이 된다. 또한 그것은 설명하면서 과학 정신이 후퇴의 불안을 이기고, 심리학이 결국 그것의 연구 대상 앞에서 느끼는 공포를 극복하게 하는 원인이 된다. 그때 그 연구 대상은 내적 관찰이라는 너무 개인적인 야심적 방법의 등급으로 올라선다.

필자는 『동기부여의 심리학』에서 내적 성찰의 방법을 자세하게 설명한 바 있다. 이 방법은 내적 실험의 결과로서 의심할여지 없이 완벽하다.

그것은 현존하는 이런저런 이념으로 판단되어서는 안 되고, 오직 실험적으로 확인한 다음에 판단해야 한다.

체계적인 자기-관찰은 객관적인 실험이고, 학습될 수 있기 때문에 거기에서는 반드시 치료적 기술이 흘러나온다(『동기부여의 심리학』, 제2부 "치료적 적용"을 참조하시오).

다른 어느 곳보다 치료의 영역에서 심리학의 방법론의 문제가 예리하게 대두된다. 치료자 이외에 모든 사람들은 자기-관찰을 거부할 권리가 있는 것이다. 타인에 대한 관찰이 객관적으로 되려면 관찰자-치료자가 점점 더 맹목적인 정감성을 극복해야 한다.

체계적인 자기-관찰, 즉 자기-분석이 불가능하다면, 타인에 대한 분석 역시 불가능하다. 그가 원하든지 원하지 않든지 간에 모든 분석은 환자에게 내적 성찰을 하고, 자신의 잘못들을 인식하라고 초대한다. 분석가는 피분석자의 자기-관찰의 안내자가 될 수 있을 뿐이다. 안내자인 치료자가 자기-통제가 불가능하다고 변명하면서 자신에 대해서 관찰하기를 거부한다면, 그가 어떤 권리로 환자에게 자기-관찰을 기대할 수 있을까? 관심을 회고적으로 유아기의 콤플렉스들과 과거의 외상들에만 돌리게 하는 것은 언제나 현존하는 본질적 원인인 잘못된 동기부여를 위장하려는 수단이다.

분석가는 그 자신이 먼저 모든 사람들에게 있는 죄책으로 가득 찬 허영심과 자기-비난하는 감상성 및 내밀한 유혹 등의 주관적 맹목성의 원인에 대해서 규명하지 않고 피분석자에게 필수적인 자기-통제를 객관적인 방식으로 내적 성찰할 수 있도록 인도할 수 없다. 그것들이 모두 잘못된 만족을 예상하게 하는 계산의 범주적 기반이기 때문이다.

객관성을 충분히 얻으려면 교육적 분석이 바람직하다. 그러나 그것이 효율적으로 되려면 정신 기능을 비뚤어지게 하는 잘못된 만족의 하위-의식적 계산에 대한 진정한 인식에 기반을 두어야 한다. 얻어진 이 인식의 증거가 분석가는 물론 피분석자에게 그 자신을 분석으로 이끄는 태도를 부여하지 않는다면, 그것은 어디에 있을 것인가? 교육적 분석이 모든 사람들에게 객관성을 부여할 수 있다고 믿는 것보다 더 헛된 것은 없다. 어느 누구도 완전히 객관적으로 될 수는 없다. 다시 말해서, 불안을 억압함으로써 만족을 찾으려는 잘못된 정신내적 계산을 완전히 극복할 수 없는 것이다. 그러나 동기들을 거짓되게 정당화하는 것에서 벗어남으로써 점점 더 불안에서 벗어날 수는 있다. 그때 억압의 해제는 극복이 점점 더 명료해지도록 하위-의식에 의한 계산을 사용할 수 있고, 과학적으로 이해할 수 있는 등급으로 끌어 올린다. 억압의 해제는 규칙을 따라서 체계적으로 행해지며(『동기부여의 심리학』, "심리학적 계산"을 참조하시오), 시간과 에너지를 잃어버리지 않고 정감의 장애로 인한 낭비를 줄여 준다. 이런 낭비는 상상 속에서 잘못을 계속 되뇌면서 숙고를 잘못할 때 이루어진다. 숙고는 하위-의식적 동기에 의한 결정을 통제할 수 없는 한, 잘못을 되뇌는 것으로 되면서 변환된다.

그러나 심리학에서 방법론의 문제는 분석적 관찰 기술의 경우 이외에 얻어질 결과, 즉 종합의 체험과 관계된다. 환자는 반쯤 하위-의식적이고, 반쯤 상위-의식적인 서로 모순되는 평가 때문에 고통 받는데, 그것의 강박적인 차이는 조화로운 종합을 하려는 의식의 측면에 도달하지 못하게 한다. 정신건강은 올바른 평가의 기능에 의해서 얻어지기 때문에 치료를 통해서 잘못된 가치 평가, 말하자면—하위-의식적이고, 비뚤어진 동기들에 유사-승화적인 동기들을 접목시키는—잘못된 정당화를 극복하지 않는 한 효과적으로 될 수 없다. 병적 불안은 양가감정으로 이끄는 모순된 가치 평가의 결과인데, 치유 경험(종합의 획득)은 가치의 체계와 관계되는 윤리의 문제와 뗄 수 없을 정도로 연결되어 있다.

가치의 내재성

이전의 모든 발달들의 목표는 진화의 법칙(분화-재통합)에 의하여 결정되어 인간의 삶은 사람이 고뇌에 찬 불만족으로부터 진정한 방식으로 해방되고, 특히 죄책으로 인한 불안이라는 본질적인 형태로부터 해방되는 한 가치가 있다는 사실을 보여 주려는 것이었다. 해방의 노력은 인간의 본성과 이질적인 그 어떤 원리에 의해서도 부과되지 않는다. 본래부터 내재적인 인간의 가치는 분열 상태에서는 결코 만족스러운 삶을 살 수 없고, 거짓된 해방(죄를 부정하는 것)의 결과는 점진적 분열, 즉 정신체계의 분열이라는 사실에서 비롯된다. 그러므로 만족스러운 해방을 가져다주는 가치의 내재성의 문제 안에서 불안에 대한 분석이 요약되고, 절정에 도달한다. 그 때문에 비록 단편적이기는 하지만 그 목표가 진화적 불안과 퇴화적 불안의 두 가지 형태 사이를 구분하는 기간 동안 가치의 문제를 발달시키는 것이 필수 불가결하였다. 그래서 정점에 이르렀을 때 가치의 문제들에서 전체적 관점을 스케치하기 위하여 분산된 요소들을 모으는 것이 중요하다. 그것의 가장 경제적인 방법은 분석의 단계들을 요약하는 것인데, 그것은 종합을 위하여 몇 번 더 필요한 반복을 거쳐야 한다.

만족 추구의 욕구는 하등동물과 고등동물의 모든 종들을 이어주는 공통된 특징이다.

이 중요한 공통된 요청은 본래 유기체의 신체적 보존(섭식과 번식)에만 관계된다. 그러나 극복되어야 하는 불만족이 정동적 긴장의 형태로 즉시 느껴지기 때문에 내재적 명령은 무엇보다도 먼저 가장 기본적인 측면에서 이미 정신적 성격을 띠고 있다. 따라서 정신-신체적 유기체의 나눌 수 없는 전체성을 결정하는 것은 만족의 욕구이다.

또한 이 기본적 욕구는 유기체적-정신적 진화를 결정하는데, 그것은 불만족이 지속될지라도 생명의 보존을 지켜 주는 수단이다. 진화는 보존의 기본적 욕구 가운데 특별한 경우이다. 진화는 종이 환경의 불리함 때문에 치명적 위험에 노출되었을 경우 생명을 보존시키려고 한다. 고뇌에 찬 불만족은 정태적 상태에 있는 보존의 기본적 욕구를 역동적 극복으로 변환시킨다. 극복은 점점 더 명료해지는 지향의 기능을 향해서 침착하게 올라가기 때문에 진화적이다. 이 내재적 목적론은 동물의 수준에서 언제나 더 효율적인 만족의 수단들을 만들어낼 수 있는 무의식적 추진력의 형태로 드러난다. 그것들은 신체적인 측면에서 지각적 설명이 가능한 실행 기관들을 가진 본능의—정신적인 측면에서 볼 때—이미 일정한 방향으로 나아가는 다양한 기능들이다. 아직 전(前)-의식 단계에 있는 수준에서도 진화의 추진력은 이미 섭식과 성적 계열에 속하는 보존적 만족보다 더 높은 가치를 부여 받을 수 있는 전망의 요소(정신)를 지킨다. 기본적이고, 보존적인 충동들(섭식과 성욕)에 비해서 더 높은 가치를 지니고 있는 지향의 기능(본능성과 지각성)의 첫 번째 지표는 전-의식적 수준에서도 순전히 내재적인 현상으로 매우 분명하게 한계를 지니고 있다. 인간의 수준에서 더 높은 만족은 진화의 본성 때문에 이제 더 이상 예외적으로 본능적 예측이나 지각적 지향에 의존되어 있지 않다. 진화의 추진력은 명료성을 향한 상승의 요청을 펼치면서 정신적 충동으로 변환되는 것이다. 예측은 본능적, 지각적으로 선택적이며, 가치 평가적으로 이루어지기 때문이다.

그러나 가치 평가가 가치를 만들지는 않는다. 그것들은 그것들의 전-의식적 내재성과 발생학적 전개 때문에 이미 존재하고 있다.

인간의 갈등적 상황은 인간은 모든 실제적 만족이 불가능해질 정도로 욕망을 고조시키는 퇴화의 경향으로 나아가는 유일한 생명체라는 사실에 의해서 특징지어진다. 만족에 대한 욕구라는 이 중요한 중심의 한복판에서 펼쳐지는 갈등 때문에 생물학적 가치는 지향적 이상의 능력을 얻는다.

한 개인이 실현하기 어려운 만족의 내재적 요인 때문에 객관적으로 가치가 있기 때문에 이상(理想)에는 윤리적 성격이 있다. 그것은 의무로 되는 것이다. 그러나 이 의무는 각자가 본질적으로 그의 본성보다 더 깊은 것과 생명의 생물학적 자리 안에 있는 초-의식적 뿌리보다 더 깊은 것을 바라는 것 이외에 그 어떤 것도 부과하지 않는다. 의무는 그 자신의 더 높은 관심을 실현할 수 있도록 그의 본질적 자아를 사랑하는 데 있다. 그것이 기쁨(승화된 이기주의)의 조건인 의미 있는 욕망들의 조화로운 만족이다. 이 본질적 선에 악이 맞선다.

생물학적인 관점에서 볼 때, 인간의 본성과 독립적으로 존재하는 윤리적 실체와 거리가 먼 선과 악은 인간이 그 자신에게 하는 선과 악으로 축소된다. 그것은 단지 책임성과 내재적인 정의를 포함하는 경제 법칙의 또 다른 표현이다.

윤리 법칙에는 주관적인 범주만이 있지 않다. 이기주의적 형태의 자기애에서 벗어나지 않는 한 본질적인 자아를 사랑할 수 없다. 자신에 대한 진정한 만족은 허황된 과대 만족과 그 반대축인 죄책을 자아내는 불만족과 양립할 수 없다. 윤리 법칙이 부과하는 자신에 대한 객관성은 타자에 대해서 객관적으로 되게 한다.

진화 과정에 있는 주체가 생명의 가치를 실현시키면서 객관화되는 한 타자도 그의 승리와 복수 욕구의 대상이 되기를 그만 둔다. 집중과 효율성을 충분한 정도로 가지게 되면 자신에 대한 사랑은 자아를 뛰어넘게 되고, 그의 객관화에 따라서 제한적인 미움은 물론 감상적 분출의 반대가 되는 에너지를 비추게 되기 때문이다. 이것은 유보의 산물이며, 생명에너지의 생물학적 기원에서 나온다. 그리고 에너지는 세상을 향해 나아가는 사랑의 출발이다. 인간의 수준에서 진화에 의한 유보는 내적 숙고의 형태로 드러나며, 유보된 에너지를 분화시키는 동기들에 의해서 행해지는 정신내적 작업이다.

유보된 에너지를 풀어내고, 그것이 빛과 열을 가져다 줄 수 있을 정도로 강하게 만드는 방법은 자아와의 조화로운 일치를 통하여 주변 세계와 조화로운 관계를 맺는 것보다 더 좋은 것이 없다. 그리고 생물학적으로 우선적인 요청으로 이끄는 본질적 만족을 적극적으로 열망하려고 깊이 있게 서로 사랑하는 것보다 없으며, 존재할 수도 없다.

그러나 물질적 성공, 그를 사회적 세계에 의존하게 하는 야심의 만족, 즉 개인들 사이에 불화를 조성하는 외적 요인이 되는 그것들의 약속과 실망보다 내적 성공을 더 바랄 수 있는 사람은 어디 있을까? 개인의 가치 평가가 진정한 내적 성공을 지향하는 한 가치의 위계는 확립된다. 가치는 원시적인 물질적 욕구로부터 만족의 강도가 더 높은 자화(磁化)를 향하여 나아가면서 서열화 되다가 그 자체로 실현 불가능한 매력적 이상에서 절정에 도달하는데, 그것이 모든 주관적이고, 배타적인 애착에서 정화된 사랑이다.

서열화된 가치들은 동기들이 조화를 이룬 정신적 친밀감이라는 긍정적 성격은 물론 타인들과의 합리적 관계를 맺을 수 있는 적극적 행동이라는 긍정적 성격을 결정한다. 가치의 내재성은 심리학은 물론 사회학의 기초이기도 하다. 그 성격들은 그것들을 행사하는 주체는 물론 그것을 수용하는 대상인 다른 사람들에게도 긍정적으로 느껴지고, 판단된다.

주체는 그가 그 자신과 조화롭게 일치되어 있다고 느끼는 한 자신의 존재의 가치를 체험하고, 다른 사람들은 조화를 이룬 주체의 활동이 억압적인 의도에서 벗어나 있기 때문에 만족스럽다고 판단한다. 또한 다른 사람의 가치는 억압되었고, 그 자체로 아무 가치도 없는 것에서 비롯되었을 수 있기 때문에 판단의 오류라고 여겨서는 안 된다. 가치는 정의상 그것이 개인적인 면에서나 사회적인 면에서 즐거운 쾌락을 가져다주기 때문에 가치의 위계에서 주체에게 불만족을 가져다주고, 다른 사람을 불쾌하게 하는 부정적인 것들을 만드는 중요한 불쾌인 고뇌와 반대된다.

행동의 동기를 나타내는 가치의 판단은 내면에서 느껴지는 자기-판단에 의해서 보완된다. 객관적 가치 판단은 정신내적으로 자기-평가라는 주관적 성격을 가지고 있다. 자존감, 올바른 자부심은 허황된 과대평가와 정반대로 특히 뛰어난 만족감을 가져다준다.

건강한 평가가 이루어지는 내면에 그 자신과 타인들에 대한 모든 객관적인 판단의 조건들은 통합되어 있다. 그것들은 자신(허영심)과 타인(감상성)에 대한 과대평가, 자신(죄의식)과 타인(비난)에 대한 과소평가이다. 그 자신과 다른 사람에 대한 과대평가와 과소평가로 이루어진 잘못된 정당화는 본질적 만족인 자부심을 잃지 않으려고 잘못 이루어지기는 하지만 내재적인 가치들을 재구성하려는 절박한 욕구 때문에 강박적인 결정을 하게 한다.

인간은 모든 생명체들 가운데서 자부심을 가지지 않고서는 이 세상을 살 수 없는 유일한 존재이다. 그럼에도 불구하고 그에게 자부심을 주는 자기-평가는 거짓될 수 있다. 그래서 그는 자신을 과대평가하면서 자신의 가치를 잃어버릴 수 있다. 가치와 무가치의 원천은 정신내적인 것이다. 무가치의 원인은 신체적 활동일 뿐만 아니라 특히 잘못된 동기부여인 정신적 활동이기도 하다. 그것은 결국 개인의 잘못된 자부심에 이르게 된다. 그러나 그것의 가장 심각한 결과는 개인에게 부과된 문제에 대한 집단적이고 전통적인 잘못된 평가이며, 그 가운데서 가장 중요한 것은 가치의 문제이다.

가치의 문제의 양가적 해결(정신적이거나 물질적)에서 비롯된 방향감각 상실로 인한 불안에 대한 그 이전의 모든 분석은 오직 하나의 확인으로 요약된다: 전통적 오류는 동기부여를 하는 자기-결정의 초-의식적 과정에 대한 무지에 있다.

그것은 옳든지, 옳지 않든지 간에 인간의 가치와 이론들의 가치를 결정한다.

전통적 사고방식이 초-의식적 자기-결정 대신 자유의지에 대한 생각이나 평가적 자유를 도외시한 자동성에 대한 생각을 도입하는지 간에 공통적 오류는 근본적으로 비도덕적이거나 반도덕적이라고 여겨지는 인간의 본성에 대한 평가 절하에 있다. 이렇게 생각할 때 악은 자기를 객관적으로 재평가함으로써 치유될 수 있는—적어도 원리적으로—마음의 병에 있지 않다. 오히려 악은 어쩔 수 없이 타고나는 약함에 있는 듯하고, 사회적 권위나 초자연적 도움으로 표상되는 선의 원리와 반대되는 듯하다. 이렇게 잘못된 관점에서 볼 때, 선의 동기는 극복하려는 충동, 말하자면 진화하려는 자아에 대한 사랑이 아니다. 그것은 정신내적 제재인 죄책으로 인한 불안에 의하여 예리해지는 자연스러운 자화(磁化)가 아니라 사회적이거나 초-시간적 제재에 대한 공포이다.

그 반면에 내재적 의미는 진화적 목적주의이다.

그것은 삶에 합리적인 방향을 지시한다. 내재적 가치를 지시하는 것이다. 진화의 의미는 물질과 정신 사이의 본래적 불화를 극복하는 것이다.

인간의 삶의 가치는 물질적 욕망과 정신적 욕망 사이의 갈등을 극복하려는 노력에 있다.

그 어떤 것도 물질이나 정신에 절대적 가치를 부여함으로써 갈등을 화해할 수 없게 만드는 것보다 더 내재적 의미와 반대되고, 무분별하게 하는 것은 없다. 절대에 대한 사고는 이중적인 의미에서 내재적 가치를 양가적으로 만든다. 그것은 초기의 불화를 화해시키기보다 고조시키고, 그것을 인간의 생각에 겉으로 보기에 출구가 없는 것처럼 보이는 논쟁의 형태로 끌어들인다.

인간의 모든 역사는 본질적으로 이데올로기에 대한 논쟁에 의해서 결정되는데, 생각이 인간의 활동과 상호작용에 본질적 동기들로 되지 못한다면 그 어떤 중요성도 없을 것이다.

그때 유일한 출구는 인도자-동기를 수정하는 것인데, 그것과 반대되는 것이 고통스러운 방향감각 상실의 원인이다.

양가감정의 크기를 축소시키기 위하여 분석은 과도한 표현들을 그려내야만 한다. 그리고 거기에 무한한 가변성의 조합을 만들면서 가치 있는 태도와 가치 없는 태도들이 서로 스며들게 해야 한다. 모든 사람들은 사회에서 제공하는 이 또는 저 이데올로기에 의해서 상호-결정된다. 그러나 그는 본질적으로 그에게 생기를 주는 충동의 약하거나 강한 힘에 의해서 결정된다. 이데올로기의 전통은 그 자체로 받침대를 찾으려는 여러 세대들의 충동의 산물이다. 각자는 이런저런 이데올로기적인 학설을 선택하는데, 이것은 대부분의 경우 어쩌다가 부분적으로 어릴 때부터 강요에 의해서 접했던 영향 때문이다. 그러나 그 학설에 대한 충성은 반드시 순응주의적 취약성의 징표가 아니다. 그것은 때때로 독단적이거나 교리적 위장을 받아들임으로써 모순에 대한 탈출구를 찾으려는 충동의 강도를 보여주기도 한다.

모든 진영에는 관대한 기질을 가진 사람들이 있다. 그러나 어느 정도 전통적인 진영에 투쟁적 충동을 가진 사람들이 있는 것에는 분명히 역사적 전개, 즉 광신적 이상주의와 통속적 음모 사이의 균형에 달려 있다. 그러나 인류의 역사는 본질적으로 세뇌에 가차 없이 맞서려는 극복의 충동에 의해서 결정된다. 우리는 고삐가 풀린 탐욕이 가치에 대하여 방향감각을 상실한 결과라는 사실을 언제나 의심할 여지없이 이해한다. 또한 우리는 가치의 내재적 원천에 대해서도 정의하려고 해왔다. 그러나 그런 추구는 내재성이 확립되지 않는 한 자의적이다. 그것이 모든 사람들이 고통을 당하는 양가감정 사이의 내적 갈등이기 때문이다. 여기에서 고통스러운 갈등의 조화로운 완화는 그가 좋든 싫든 각자에게 그의 삶의 내재적 의미가 되고, 모든 사람에게 지침이 되는 가치인 윤리적 법칙이 된다. 사실이 그렇기 때문에 상위-의식의 본능성은 언제나 가치와 무가치 사이의 내적 갈등을 상징적으로 공식화할 수 있었다.

변화될 가능성이 있는 것은 가치의 범위가 아니라 암시적이고, 이미지적인 것에서 명시적이고, 개념적으로 되려고 시도하는 공식의 명료성뿐이다.

설명은 복잡할 수밖에 없다. 그 어떤 사람도 가치의 명령의 우회를 겪지 않고, 충동이 감소되는 것을 겪지 않고는 가치의 명령에서 벗어날 수 없다는 것을 드러내기 위하여 반드시 가치(유보된 에너지의 산물)의 생물-발생학적 설명을 간파해야 한다. 충동의 가치가 개인적이고, 집단적 만족의 강도에 의존되어 있지 않으면 전혀 중요하지 않을 것이기 때문이다.

그러나 가치의 문제들은 생명과 가치에만 관계되지 않는다. 그것들에는 죽음의 신비도 암시되어 있다.

가치와 가치의 생물-발생학적 요청 및 그것들의 사회적 독단화는 그것들이 윤리적 범위 이외에 죽음과 죽음의 신비 앞에서 느끼는 불안을 극복하려는 수단으로 생각하지 않는다면 완전히 이해할 수 없다.

또한 이 문제와 관계된 신화적 상징주의 이외에 마술적으로 암시적인 힘을 가진 위로의 시도, 의례 및 의식이 존재한다는 것은 놀라운 일이 아니다.

따라서 가장 피할 수 없는 형태의 불안을 방비하려는 집단적, 사회적 노력의 윤곽을 그리기 위해 무궁무진한 주제를 가진 불안에 대한 분석을 완수하는 것이 중요하다.

제5장
죽음에 대한 불안

　전(前)-의식적 수준에서 두려움-공포와 포기 반응은 치명적 위험의 갑작스러운 출현 앞에서 촉발된다. 자신의 미래를 내다볼 수 있는 존재인 인간은 그의 궁극적 결말이 피할 수 없는 죽음이라는 사실을 의식한다. 따라서 치명적인 위험 앞에서 느끼는 불안은 생명이 적응 과정에서 정신화를 시도함에 따라서 생명의 한 복판으로 들어온다. 두려움과 포기 반응을 불러일으키지 않는다면 생명의 역동은 종말에 대한 상상이 죽을 것 같은 불안으로 삶을 완전히 뒤덮지 않고 정신화 되면서 죽음의 불안을 정신화하는 수단을 창출하고, 그것을 형이상학적이며 성스러운 감정으로 변화시킨다. 공포가 느껴지는 위협은 이제 더 이상 갑작스럽고, 즉각적인 것으로 나타나지 않는 것이다. 그것으로부터 상상력은 질겁하는 대신 죽음이 소멸로 돌아가는 것이 아니라 설명할 수 없는 측면에서 삶과 죽음의 현상 저 너머와 관계가 된다는 사실을 깨달을 만한 시간을 얻는다. 생명 자체는 그것의 시종(始終)의 "저 편"이 무(無)라면 존재할 수 없을 것이다. 그래서 죽음은 하나의 현상이며 신비이다. 그것은 실존을 어쩔 수 없이 신비 속에 깊이 잠기게 하는 사건인 것이다.
　상위-의식적 상상은 죽음의 불가피한 측면을 고려한다. 신화적인 꿈에서 삶은 죽음을 넘어서 연장된다. 그러나 이 연장 자체는 실존의 소멸이 절대적인 것이라고 생각될 수 없다는 것을 표현하려는 시간적 지속을 나타내는 꿈같은 이미지일 뿐이다. 시간적인 것에 대한 상대적인 무(néant), 즉 그 자체로 설명할 수 없는 초-시간적인 것을 나타내는 신화적 상징은 "영원성"(Eternité)이다.

내재적 가치들은 "영원성"이라는 신화적 이미지에 의하여 상징적으로 초월된다. 이미지로의 이런 전환을 이해하기 위해서는 죽음에 대한 불안이 삶의 표현이라는 분명한 진실을 확인하는 것이 무엇보다도 중요하다. 끝이 없는 죽음 앞에서 불안을 느끼는 것은 삶과 삶의 지속이 한정되어 있기 때문이다. 죽음을 삶의 지속으로 생각하고, 그 자체가 순전한 상상인 끝없는 지속을 이상화된 존재들이 영원히 사는 것으로 그려지는 것은 살아 있는 존재들의 불안이다.

설명적 사고의 원시적 형태인 상상력은 죽음 안에서 생명을 연장시키고, 기뻐하였다. 사람들은 그렇게 하면서 그들이 하는 합리적인 활동으로부터 연상되었고, 그에 따라서 죽을 수밖에 없는 인간들이 하는 무분별하거나 분별 있는 활동의 심판자로 그려지는 초인적 존재들이 사는 저 세상에 대한 이미지를 만들고 기뻐하였다. 사람들은 그들의 실제적인 삶 이후에 불안 너머, 말하자면 소멸되지 않는 기쁨의 상징적인 장소(하늘나라)에 사는 초인적 존재들과 하나가 되는 것으로 상상했던 것이다. 그렇지 않으면 상상력은 영원히 무분별한 활동들에 대한 형벌을 치르는 장소(지옥)의 상징적 이미지를 만들면서 불안을 영속화시키기도 하였다. 이렇게 해서 분별 있는 활동이 자극되었고, 죽음에 대한 불안은 덜어졌다.

그러므로 이런 이미지들은 눈에 보이는 실재의 두 가지 자료들인 죽음의 현상과 상위-의식적 몽상 위에 근거를 두고 있다. 그러나 상위-의식적 상징주의가 삶의 두 극단인 신비로 이끄는 개인의 죽음과 가치의 출현을 가져오는 종의 진화 사이의 유추적 관계를 나타내지 않는다면 그것은 진리가 아닐 것이다. "영원성"이라는 상징은 신화로 하여금 삶의 의미를 진화적으로 펼치는 가치들이 죽음에 대한 신비의 의미를 똑같이 증언하는 것을 말한다. 설명할 수 없는 것이 창조자-원리로 상상되듯이 의미는 창조라는 의미 있는 활동으로 해석되는 것이다. 영원히 선재(先在)하는 것으로 상상되는 가치들이 아무리 진화적으로 출현할지라도 헤아릴 수 없는 것의 심층은

다 파헤쳐지지 않는다. 그러나 그 가치들은 겉으로 보이는 지표인 파악 가능한 유일한 지표처럼 생각된다.

　죽음 너머에서 삶과 삶의 가치를 영속화시키는 이미지들의 심리학적 진리는 죽음의 신비 안에 존재할 뿐만 아니라 살아 있는 동안에도 죽음에 대한 생각이 이미 욕망들의 고조에 맞서서 본질적으로 가치 있는 노력인 조화를 자극하였다는 사실에서도 나온다. 사람들이 의미 있는 활동을 하면서 삶을 만족시키면 죽음에 대한 불안은 사라진다. 삶의 내재적 가치를 실현하면서 삶을 만족시키는 기쁨을 얻는 것은 삶을 사랑하는 것이고, 삶에 대한 승화적 사랑만이 죽음에 대한 불안을 해결해 줄 수 있다. 이것은 몸의 죽음을 더 이상 두려워하지 않고, 영혼의 죽음(조화의 파괴)을 두려워하는 내밀한 불안으로 변환된다. 그 자신과 일치되어 있기 때문에 그 안에서 통합된 영혼이 가진 높은 힘은 세상에서 오는 유혹은 물론 삶의 위협적인 사건들 때문에 불안해하지 않는다. 이런 완전한 해방, 말하자면 이런 고요한 독립과 드높은 자부심(완전히 적극적인 덕성에 근거해서 모든 헛된 상상력에서 벗어난)은 심리학적으로 볼 때 기쁨(상징적으로 하늘나라라고 부른다) 안에서 느끼는 파괴할 수 없는 휴식으로 얻을 수 있는 궁극적 지혜이다. 생물학적으로 말해서, 만족의 기본적 욕구의 완전한 성취는 결정적인 반전을 통해서만 얻을 수 있는 것이다. 보존의 요구는 더 이상 신체와 관계되지 않고, 생명을 불어넣는 정신과 관계된다. 만족의 전환을 가져오는 이런 원리가 윤리적 이상에 종교적 의미를 부여하는 것은 생명력(삶과 죽음의 신비를 가장 잘 나타내는 표현)을 자극하는 충동에 대한 인식이 변화되었기 때문이다. (종교가 아닌) 종교성의 특징적 성격은—어떤 자극적 이미지에 집착하는 믿음을 넘어서—본질적 전환을 하게 하거나 제한된 힘의 범위 안에서 그런 전환을 열망하는 영혼의 힘이다. 예외적으로 강력한 힘을 가진 영혼만이 삶은 물론 죽음에 대한 모든 불안에 대해서 완전한 해방을 얻을 수 있다. 대부분의 문화 속에서 해방자, 영웅은 신화적 이미지, 즉 순수한 상징일 뿐이다. 구원 받은 존재인 부처나 구원자 그리스도 등 유일한 실현자들은 그에 대한 예증이고, 그에 따라서 위대한 문화적 시기에 영롱한 중심이 되었다. 그들이 성취한 것으로부터 나온 독특한 가치에서 비롯된 상위-의식적 상상력은 그들을 신격화시켰고, 그 사례의 암시 범위를 강화시키고, 영속화하였다. 그 다음 그것은 여러 세기에 걸쳐서 열렬한 영혼들 안에 동기 부여하는 능력의 초-의식적 초점을 만들었다. 이미지로 그려진 신성화는 모범적 성취의 암시 범위를 자극하는 수단이었다. 그들의 진정한 의미는 사는 동안 통속적인 삶을 극복하는 것이다.[33] 신앙(foi)은 형이상학적 이미지에 고착된 믿음(croyance)이 살아 있는 신앙과 그것이 활성화된 결정에 비해서 이차적인 것으로 되어야만 신화적으로 깊어질 수 있다.[34] 종(種)을 제대로 이끌어가는 진화의 이상은 이미지에 의한 암시 때문이 아니라 삶과 죽음에 대한 올바른 평가에 의해서 분별 있게 결정된다. 그것은 예외적으로 강력한 충동에 의해서 예리해진다. 모든 사람에게 서로 다른 정도의 생명력을 불어 넣고, 죽음에 이르기까지 불안을 극복하게 하며, 삶의 내재적이고, 궁극적 가치인 기쁨을 실현하려는 본질적 욕망을 실현시키게 하는 것이다. 그것이 완전히 이루어진 상태는 "하늘나라", "열반"이라는 이미지로 상징화되었다. 그 성취의 가치는 분명히 불안의 극복이 원칙적으로 인간의 능력에서 벗어나지 않는다는데 있는데, 그 능력은 인간 본성의 가능성 안에 포함되어 있다. 이런 이해는 그것들의 의미의 실제적 역량을 간직하게 하면서 이미지들을 실재(實在)로 취급할 위험에서 벗어나게 한다. 그런 활동을 안내하는 것은 이제 더 이상 몽상적 상위-의식이나 역사적 모범이 아니라 정신 기능의 법칙성에 대한 인식이다. 그것의 상위-의식적 이미지들은 상징이고, 가장 모범적이고 개인적인 실현은 실예(實例)에 불과하다. 그 법칙성에 대한 이해가 정말 강

---

[33] P. Diel, *La Divinité*, Paris, Payot, "영혼의 죽음으로부터의 부활" 참조. cf. P. Diel, 김성민 옮김, 『상징과 성서』 (서울: 달을 긷는 우물: 2022).245-272.

[34] 여기에서 디엘은 신앙(foi; 영어로 faith)과 믿음(croyance; 영어로 belief)의 차이를 부각시키는데, 믿음이 지적으로 동의하는 행위(croire: believe)에서 비롯된 것이라면, 신앙은 가볍게 믿는 상태(crédule)와 의심의 단계를 거쳐서 전존재적으로 믿는 상태를 의미한다(역자 주).

하게 될 때 극복의 충동을 동원하면서 모방이 고조되는 것을 막아주기 때문에 해방적이다.

상위-의식적 이미지들에 대한 의식적이고, 분별 있는 해방보다 훨씬 더 자주 하위-의식에서 비롯된 무분별한 형태의 분리인 불안의 억압이 생긴다.

이 억압에 의하여 죽음에 대한 불안은 강박적으로 된다. 그러나 억압적 망각 때문에 강박적 불안은 신성한 의미를 상실한다. 죽음 앞에서의 불안은 삶에 대한 고조된 사랑인 욕망들이 고조돼서 삶에 달라붙는 통속적 활동들로 변질되는 것이다. 거기에서 비롯된 다양한 계획들은 다른 사람들의 수많은 고조된 욕망들은 물론 그것을 실현하려는 그들 나름대로의 계획들과 부딪힌다. 그것으로부터 각자의 욕망은 미움, 원한, 근심의 형태로 된 우발적 불안으로 전환된다. 그것이 날카로워지면, 사람은 다른 사람에 대해서 적으로 된다. 거룩한 의미를 상실한 집단적 불안은 우리가 일반적으로 보는 것처럼 이제 더 이상 삶의 의미와 관계되지 못하고, 이기주의의 범람을 막는데 불충분한 현재의 제도들에 대해서 효과적이지 못한 집단성에 대한 불안들로 되는 것이다. 이렇게 일반화된 불안으로부터 잘못된 동기부여에서 나온 그릇된 정당화-비난들이 나오는데, 그 감추어진 가장 깊은 원인은 정신내적 고뇌이다. 죽음 앞에서 거룩한 불안을 억압하는 것이다.

거룩한 특성을 가진 집단적 불안의 질식에서 비롯된 영혼의 비참으로부터 어떻게 물질적 비참, 말하자면 유혹적 성격을 가진 사치와 음욕이 발생하는지 이해하기는 어렵지 않다. 본질적이지만 우발적인 계열의 원인과 결과가 뒤얽혀서 정신체계에 작용하면서 우발적인 결과가 본질적 원인인 동기로 다시 변환되는 것이다. 그런 이유 때문에 그 어떤 외부의 우연한 치료제도 그 의도가 개인의 가장 깊은 곳에서 본질적 치료제인 동기들의 교정을 자극하면서 뒷받침되지 못하면 효과적일 수 없다. 이런 재(再)변환이 이루어지지 않는 한, 삶은 내밀한 감정 속에서 진정한 만족에 다가가는 유일한 기회로 여겨지지 않고, 무거운 습관처럼 여겨진다. 우발적 불안은 강박적으로 우발적 치료제를 찾고, 거룩한 불안은 모든 사람들이 알듯이 결정적 실패의 위협 앞에서 불현듯 여러 가지 노력들의 허무성을 드러내면서 인습적 습관의 장막이 갈라지는 아주 드문 순간에서만 깨어난다. 죽음에 대한 생각이 드러나고, 본질적 취약성이 커다란 한—그리고 본질적 욕망이 남아 있는 조건에서—인습적인 삶의 고조된 사랑은 자살에 대한 생각으로 전환될 위험이 있다. 그것은 공포와 포기의 반응이 솟구쳤기 때문이다. 그때 삶은 전체적으로 문제시된다. 전체적으로 삶의 가치와 무가치의 문제 및 개인에 대한 문제가 중요시 되는 것이다.

거룩한 불안의 우발적 고뇌로의 하위-의식적 전환과 인습적 선동에 그 자신까지 도취시키려는 시도 및 거기에서 나온 만인에 대한 투쟁은 문화 공동체의 점진적 해체의 중요한 원인들이다.

그것이 모든 공동체들에서 위험을 막고, 고뇌를 물리치기 위하여 태곳적부터 치료제를 우선적으로 신화적 기반을 강화하는데서 찾으려고 했던 이유이다.

그러므로 신화적 기반을 가진 모든 공동체들에서 상위-의식적 인도자-이미지로부터 설명하려는 시도인 도덕적이고, 형이상학적 이데올로기들이 나왔다. 그런데 설명하려는 시도들은 철학적이고, 추상적으로 되기 전에 신학적 성격을 가지고 있었다. 그것들은 죽지 않는 신들을 의인화한 상징들 주위에 무리지어 있었던 것이다.

예를 들어서 말하자면, 다른 모든 신화적 문화에서와 마찬가지로 그리스 문화에서 신들은 심리학적 성격들을 형상화하였다. 제우스는 정신을 상징하였고, 헤라는 사랑, 아테나는 지혜, 아폴론은 조화 등을 상징하였다. 그러다가 철학은 이제 더 이상 제우스, 헤라, 아테나, 아폴론을 말하지 않고, 단지 심리학적 성격인 정신, 사랑, 지혜, 조화 등에 대해서만 말할 것이다. 이렇게 헬레니즘적 사고의 모든 찬란한 흔적을 새긴 체계들이 갖춰졌고, 그 체계는 비록 정신체계의 규칙적 기능에 대한 그 어떤 사전 연구에도 기반을 두지 않은 채 그 기능을 설명하려는 바람에 사변적으로 되거나 모순되기도 했지만 엘리트들에게 결정적인 영향을 미쳤다. 그 연구는 철학적 반성의 길을 열어주었고, 그 도구는 수 세기 동안의 노력에 의해서 연마되어야 했다.

철학적 설명은 오직 엘리트들에게만 전달되었기 때문에 그것은 모든 문화권에서 먼저 신학적으로 설명하면서 대중들에게 전달되었다. 그런데 그 설명은 대중들의 원시적 이해력에 맞추기 위하여 매우 단순하게 행해졌기 때문에 철학적 설명과 정반대되게 이루어졌다. 신학적 주석들은 신화들의 밑바닥에 있는 진리인 심리학적 문제에 전혀 관심을 두지 않았던 것이다. 그리하여 신학체계들은 정신, 사랑, 지혜, 조화 등을 이론적으로 설명하기보다 그 신들이 상징하는 특성들을 마치 실제로 존재하고, 정말 죽지 않으며, 인간의 죽을 운명을 결정하는 존재들처럼 표현하였다.

신들이 정말 존재하고, 사람들의 삶에 실제로 개입한다는 생각은 집단의 삶에 깊은 영향을 주었다. 그것은 집단적 불안의 문제 속에 있는 모든 자료들을 변화시켰던 것이다. 본래 상위-의식에서 나온 진정한 비전과 그것의 본능적 기반을 결합시켜서 공동체 구성원들을 하나로 묶을 수 있었던 연결고리는 점점 더 외향화되고, 사회화된 것이다. 그 결과 종교 제도는 믿음의 기반으로 되었고, 예배를 통해서 불안을 달래려는 수단을 담당하게 되었다. 중요성의 강조는 점차 분별 있는 활동으로부터 의례적 행동과 예배 의식으로 옮겨지고, 결국 무엇보다도 먼저 살아 있는 동안과 죽은 다음에 실제로 신의 가호를 보장하는 예배에 참석하는 것으로 되었다. "불멸하는 신"이 실제로 존재한다는 믿음은 "불멸성"의 실재에 대한 믿음을 의미한다. 종교제도의 기반인 신화는 생명의 가치뿐만 아니라 죽음의 신비까지 상징적으로 나타낸다. 하지만 신화는 상징적 이미지인 "영원성"을 무한한 지속으로 표현하는 것 이외에 그 어떤 한정 지을 수 없는 초-시간적인 것으로 말하지 않는다. 그런데 모든 민족들의 신학적 이데올로기는 상징을 문자 그대로 취급하면서 상징으로부터 사람들이 죽은 다음에 실재(réalité)라고 여겨지는 불멸성에 참여하려는 위안의 믿음을 끌어내리려고 한다. 사회적 불안, 즉 사회적 부정의 때문에 예민해진 정신내적 불안의 완화책을 저 세상에서 정당하게 보상받는 것에 대한 믿음에서 추구하는 것이다. 그러나 그 위안은 신화적 이미지가 제시하는 상위-의식적인 정신적 진실을 보지 못하게 한다. 그것은 개인적이고 사회적이며, 세속적이고 거룩한 모든 형태의 불안에 대한 유일하고, 진정한 완화제인 내재적 가치와 정의의 내면성을 보지 못하게 하는 것이다.

상위-의식에서 나온 본능적 비전의 사회화는—사람들을 너무 방황하게 하기도 하지만—인간 정신의 초-의식적 기능과 공동체적 삶의 즉각적 요청에 기반을 둔 역사적 필연이다. 점진적 적응의 관점에서 볼 때, 수많은 민족들의 종교 제도는 각각의 집단들이 안정을 보장해주는 사회적 집단으로 나뉘어서 사는 인간이라는 종의 진화 단계에 맞춰서 설립되었다. 본능에서 비롯된 상위-의식으로부터 나온 꿈의 지혜가 인간의 욕망이 다양해지고, 이기주의의 무규범성의 습격에 의하여 결정력을 잃어버리면서 공동체들이 존속되기 위하여 어쩔 수 없이 제도적 규제에 의존하게 되는 것이다. 그런데 그것이 효과적으로 되려면 반드시 그 공동체들의 본래적 근원인 상징적 가치에 닻을 내려야 한다. 그러나 이 진정한 비전들이 무너지기 때문에 그것을 강화하는 수단으로 가치들을 실체화하려고 한다. 그래서 신들의 실제적 존재에 대한 믿음을 강요한다. 그리고 믿음으로 연합된 개인들은 절대적이고 영원한 범위를 가진 정말 초월적인 것이라고 제시된 가치에 의해서 내적 숙고로 인도된다.

그러나 가치들의 사회화, 다시 말해서 신들의 실체와 신들의 실제적 존재에 대한 희망과 뗄 수 없는 그것들의 실체화는 바라는 만큼 충분한 효과를 산출하지 못했다. 사회적 불안과 숙고의 갈등을 충분히 가라앉히지 못했던 것이다. 문화적 제도만으로는 죄책으로 인한 불안을 막기에 부족하기 때문이다. 정화를 대체하는 의례와 함께 예배 의식에의 참여는 공동체의 구성원들에게 사회생활이 요구하는 직업들에 자유롭게 종사하게 한다. 의례의 암시적 효과와 그것들의 불안을 달래주는 능력은 이 능력이 단순하게 위안을 주는 정신적 원인과 연결되지 않고, 신의 개입과 연결되어 있기 때문에 그것들이 실제로 존재한다는 믿음을 강화시킨다. 신들이 사람들의 믿음 속에 살아 있는 한 공동체적인 삶은 가치의 절대성에서 나온 암시력과 어느 정도 강박적인 힘에 의해서 결정된다. 그래서 모든 형태의 고뇌와 자기-중심성은 억압되지 않고, 방비되며, 공동체의 각 구성원들이 그의 사회 조직을 안정시키는데 노력을 집중시키게 한다.

믿음들의 방패 아래 있는 조직은 각 공동체의 존재가 환경의 지속적 위험에 공격을 받기 때문에 더욱더 필요하다. 특히 조화와 가치의 이상이 그 어떤 공동체에서도 진정으로 실현되지 못하기 때문이다. 각 문화 집단 내부의 믿음에 의해서 어느 정도 통제되는 공격성은 외부로 방출된다. 제도들이 공고해짐에 따라서 그것들은 공동체에 확산되려는 경향이 있는 물질적 능력을 주는 것이다. 전쟁과 같은 사건들이 심각하게, 수도 없이 많이 일어나면, 그것들은 결국 역사적인 사건들에서 본질적이고, 거룩한 것과 관련해서 우연적인 성격을 제거하고, 그것들에 거짓된 중요성을 부여한다.

그러나 가치들에 대한 불충분한 처리는 결과적으로 집단들 사이의 공격에 의해서 소멸되지 않는다. 각각의 집단들 내면에서 이 결과들은 결국 공격적 해체와 비슷한 결과를 만들어내는 것이다. 물질적 재화를 얻기 위한 격렬한 투쟁은 마침내 각 집단의 구성원들을 지배자와 피지배자로 나눈다. 그래서 사회적 불의에 대한 투쟁은 필연적인 것처럼 제시된다. 물질적 안전에 대한 원시적 방어는 이제 정의의 이상으로 된다. 그러나 과도한 정감은 모든 불의의 진정한 원인인 잘못된 정당화, 즉 어디에서나 지배적이고, 점점 더 커지는 내면적 결정의 부조화를 망각하게 한다.

사회적 불의의 습격 아래서 죽음 이후의 정의에 대한 위안이 되는 믿음은 의심에 자리를 내어준다. 의심의 불안은 진정을 찾으면서 더 높은 가치들에 대한 비효율성을 느끼면서 길을 잃어버릴 위험이 있다. 거기에서부터 물질적 가치를 실체화시키려는 시도가 나온다. 그래서 하위-의식에서 열정이 생기고, 그것으로부터 더 높은 가치들이 절대적이라고 선언하게 된다. 그러나 그것들을 영속화하려는 잘못 때문에 그 열정은 충분히 억압되지 못한다. 사회의 붕괴는 그 때문이다. 이에 대한 유일한 치료제는 가치의 위계에 관한 이데올로기를 재건하는 것이다. 그러나 과거의 정신주의적 관념론에 대한 혐오에서 나온 재건의 노력은 기껏해야 이상주의적 유물론으로 귀결될 수밖에 없다. 가치의 위계가 정반대로 되는 것이다. 바닥에 있던 것이 꼭대기로 올라가는 것이다. 정말 더 높은 가치와 비교할 때, 물질적 안전에 대한 정당한 욕구와 경제 구조가 아무리 필수적이라고 할지라도 공동체와 공동체의 문화적 삶에서 바람직한 기반일 뿐이다.

더 나은 가치들이 절대적 등급으로 높여질수록 물질적 가치의 절대성은 더 급진적으로 된다. 그래서 정신적 유토피아가 물질적 유토피아로 전환되는 것은 모든 문화적 시기의 쇠퇴기에 공통적으로 나타났던 특징적 성격이다. 그러나 이런 특성은 기반을 변화시키는 갱신의 선구자인 만큼 퇴폐(활기를 불러일으키는 비전의 소진)의 징후이기도 하다. 유토피아가 현실적 자료들에 기반을 두지 않은 불충분한 만족의 추구—그것들이 기본적인 물질적 욕구의 충족과 진정한 정신적 열망의 욕구의 충족을 망각하여—로 정의될 때, 문화 붕괴 이후의 갱신은 진정한 가치의 회복으로 드러난다. 조로아스터, 노자, 부처, 예수 등이 그런 이들이었다.

본질적 열망은 개인들이나 이런저런 공동체에서 소진될 수 있지만 인간이라는 종의 집단적 삶에서는 결코 소멸되지 않는다. 진리의 영(靈)은 모든 신화의 심리학적 진리를 점점 더 형상화하려는 노력이 고통스러운 혼란에 빠지는 대가를 치르면서 계속해서 이어지는 문화들 위에 자리 잡는다. 횃불을 들었던 민족들에게 그 충동이 소진되었을 때 새로워진 신화적 비전을 가졌던 다른 민족들이 그 뒤를 이었다. 극복하려는 약동(élan)은 모든 시대들과 모든 문화들을 통합하는 원리이다. 그래서 과거에 얻었던 가치 있는 결과는 언제나 미래를 비옥하게 한다.

생물학적인 관점에서 볼 때, 인류의 역사는 전체적으로 우발적 고뇌와 여러 가지 형태의 본질적 불안 사이의 갈등에 의해서 특징지어지는 진화의 길을 계속하려는 끊임없는 노력으로 나타났다. 우연이라는 관점에서 볼 때, 역사는 잘못된 동요와 거기에서 비롯된 고통의 극적 연쇄의 이야기일 뿐인 듯하다. 이런 측면들에 대한 중요성을 달리 함에 따라서 극도의 비관주의로부터 지나친 이상주의로의 변화가 연속해서 일어나기도 한다.

불안에 대해서 연구할 때, 삶에서 가장 고통스러운 현상인 죽음을 연구의 장(場)에서 제외시키는 것이 가능할까? 삶에 대한 죽음의 무시무시한 지배력이 너무 크기 때문에 신화에서 나온 믿음과 이데올로기를 통한 억압과 위안은 모든 민족들에게 문화적 제도와 창작을 만들었고, 인류 전체의 과거사를 결정하였다. 따라서 죽음과 불안의 문제에 맞서는 것은 현재의 공동체적인 삶에까지 울려 퍼지고, 가장 광적인 선입견과 뿌리 깊은 편견과 싸우는 영역으로 이끄는 인도자-사상들 앞에서 입장을 취하도록 강요하였다.

인문과학은 거짓된-과학적 객관성에 대한 근심 때문에 본질적인 문제에서 거리를 두려는 경향이 있다. 그것들은 신중한 태도로 생리학, 사회학, 병리학 속에 스스로를 가두는 것이다. 그와 반면에 "심리학주의"라는 경멸적인 용어는 심리학자가 지배적인 이데올로기에 대한 비판을 삼가야 한다는 규칙에 복종하지 않는 것을 비난하려고 창안되었다. 그러나 이데올로기와 거기에서 나온 활동들은 모두 정신 현상(사고, 동기, 욕망, 의지)의 산물이다. 삶 전체는, 가장 무거운 사건에 이르기까지 정신 기능의 과거의 진화와 그것들이 다다른 명료성의 정도에 달려 있다. 현재의 삶 문제가 제대로 된 해결책 없이 남아 있다면, 그것은 사고라는 정신 기능이 정감적 맹목성 때문에 그것들을 객관적으로 설명해 주지 못하기 때문이다. 심리학이 걱정스럽게 도달하려는 것은 이 객관성이다. 그런데 정감적 맹목성과 명료한 사고의 조건에 대한 체계적 연구를 통해서 얻은 이 객관성은 심리학으로 하여금 삶의 문제에 효과적으로 맞서게 할 수 있을까? 오직 이런 대가를 통해서만 내면세계에 대한 과학은 삶에 대한 과학이 되는 진정한 역할을 감당할 수 있다.

불안이 진화의 원동력이기 때문에 내적 고뇌에 대한 발생학적 연구는 필연적으로 진화의 도정(道程)이 지금 도달한 상태로 나아간다. 하지만 그런 그림은 불안과 불안의 내적 원인이 당면한 사건에서 자세하게 분석할 수 있도록 일반적인 연구로는 이끌 수 없다. 그래서 열려 있는 관점을 전체적으로 보는 것보다 더 자연스러운 것은 없을 것이다.

죽음에 대한 불안과 집단적인 문제의 불충분한 해결 사이의 연관성이 지금보다 더 분명하게 드러난 적은 없다. 모든 사람들은 지금 어느 정도 의식적으로 내면세계에 대한 과학의 지체에서 오는 치명적 위협을 받으면서도 물질과학의 위대한 발견들의 남용을 막지 못하고, 소멸의 위협을 느끼면서 산다. 물론 심리학은 그것을 억제하는 불안을 극복하면서 물리학이 수 세대 동안 그랬던 것처럼 여러 세대에 걸친 노력을 통해서 그 지체를 만회할 수는 있을 것이다.

우리에게 남은 유일한 희망은 물리학의 발견 앞에서 느끼는 불안이 우리들이 우리 정신의 전체를 파악하기 전에 그치기를 바라는 것에 있다. 심리학은 각자의 비밀과 모든 사람들에게 억압된 잘못을 파헤치는 데 대한 두려움을 벗어버려야 한다. 그래서 심리학이 정신의 비밀을 연구하도록 대담해지기를 바라지 않는 일반적인 태도에 굴복할 때 희망은 질식되고 만다. 집단적 고뇌는 공포와 달리 불안을 외적 상황과 직접적으로 결부시키지 않고, 무엇보다도 먼저 인과론적 설명을 차단시키면서 촉발된 방향감각 상실과 결부되는 이 일반적인 규칙에서 예외가 아니다. 정신내적인 것에 대한 체계적 연구만이 하위-의식적 동기들과 정도(正道)에서 벗어난 활동들 사이의 내밀한 연계를 알아챌 수 있는 것이다. 믿음들과 이데올로기들은 방향감각 상실의 내적 원인들을 규명하는 대신 거기에서 위안을 받으려고 하면서 결국에는 집단적 불안을 악화시키고 만다.

생물학적으로 말해서, 종 전체의 역사는 지금 종의 보존이라는 기본적 욕구의 충족과 적응에의 노력을 설명하려는 면에 있어서 결정적인 전환기에 있다. 거룩한 불안은 소진되었고, 그것의 충동은 새로운 신화적 비전의 출현에 의해서 이제 더 이상 활성화되지 못한다. 개인들과 민족들은 상상력을 통해서 느끼고, 상징적으로 공식화된 가치를 적극적으로 실현시키는 능력을 상실하였다. 삶은 이제 그 어느 때보다 우발적인 불안의 다양한 형태에 노출되었다. 그것은 욕망들이 다양하게 되었고, 만족을 찾는 기술이 기계화와 선전 등 때문에 인위적으로 발달하였기 때문이다. 죄책으로 인한 불안의 개인적 억압과 집단적 억압은 병을 불러오는 폭발과 광범위한 불편을 일으켰다. 그리고 그 결과 흔히 집단적 정신병이 생겼다. 이런 상황은 틀림없이 물질적인 삶을 재구성하도록 한다. 그것은 삶의 본질적 기반을 새롭게 만들기를 강요하는 것이다. 그것은 삶의 인도자-가치의 재형성을 의미한다. 눈앞에 보이는 퇴폐적인 모습들에도 불구하고, 이 시대의 위대성은 적응하는 방식을 설명하려는 욕구가 모든 추구들을 통하여 미신적인 것을 벗어나 진정한 과학의 세기를 향해서 출구를 찾게 하는 데 있다.

　발생학적 관점에서 볼 때, 과거의 진화는 미래의 진화를 믿을 수 있도록 해 준다. 그러나 대부분의 경우 그것 역시 희망을 거짓된 승화에서 나온 잘못된 동기에 불과한 선한 의도에 두지 말고, 모든 진화의 원동력인 가치의 내재성인 변환의 촉매로서의 불안이 가진 역동에 두라고 요청한다.